Geveze

D1492913

YAZAR HAKKINDA

Doktor Ethan Kross, bilinçli zihni kontrol etme konusunda dünyanın önde gelen uzmanlarından biridir. Çalışmalarıyla pek çok ödüle layık görülen Kross, Michigan Üniversitesi'nde ve Ross School of Business'ta dersler vermekte, aynı zamanda Duygu ve Özdenetim Laboratuvarı'nın direktörlüğünü yürütmektedir. Alanında öncülük eden araştırmaları *New York Times*, *New Yorker*, *Wall Street Journal*, *USA Today*, *New England Journal of Medicine* ve *Science* gibi yayınlarda yer almıştır. Yüksek lisansını Pennsylvania Üniversitesi'nde, doktorasını ise Columbia Üniversitesi'nde tamamlamıştır. *Geveze*, yazarın ilk kitabıdır.

Geveze

KAFAMIZIN İÇİNDEKİ
DIRDIRCI SES *ve* ONU
DİZGİNLEMENİN YOLLARI

Ethan Kross

Çeviri: Ayşegül Çetin

ᵗdomingo

GEVEZE
ETHAN KROSS

Özgün ismi: Chatter
© 2021 Ethan Kross

Bu kitabın Türkçe yayın hakları Akcalı Telif Ajansı aracılığıyla alınmıştır.

Türkçe yayın hakları:
© 2021 Bkz Yayıncılık Ticaret ve Sanayi Ltd. Şti.
Domingo, Bkz Yayıncılık markasıdır.
Sertifika No: 46105

Çeviri: Ayşegül Çetin
Editör: Algan Sezgintüredi
Kapak ve sayfa uyarlama: Betül Güzhan
Özgün kapak tasarımı: Anna Kochman

ISBN: 978 605 198 197 0

I. Baskı: Ekim 2021
II. Baskı: Şubat 2022
Larus Yayınevi ve Tic. A.Ş.
Bağlar Mah. 62. Sokak Yıldızlar Plaza No:10/A
Bağcılar, İstanbul • Sertifika No: 49657
Tel: (212) 446 38 88

Tüm hakları saklıdır. Bu kitabın tümünün veya içeriğinin herhangi bir bölümünün yayıncının yazılı izni olmadan, fotokopi yöntemi dahil, elektronik ya da mekanik herhangi bir yolla çoğaltılması yasaktır.

Bkz Yayıncılık Ticaret ve Sanayi Ltd. Şti.
Harbiye Mah. Cumhuriyet Cad. Pak Apt. No: 30
Kat: 1 Daire: 3 Şişli İstanbul
Tel: (212) 245 08 39
e-posta: domingo@domingo.com.tr
www.domingo.com.tr

Bana içeri girmeyi öğreten babama
ve
iç sesimin dırdırlarına karşı başlıca panzehirlerim
Lara, Maya ve Dani'ye

Bana kalırsa insanın en büyük mücadelesi vicdanını korumaktır. Kendimle yaptığım konuşmalar hep bununla ilgili. Eylemlerimi hiç değilse daima sesini duyabildiğim, hep aktif olan iç sesimle değerlendiriyorum ve bu ses bana ne zaman doğru yolda olduğumu, ne zaman yoldan saptığımı söylüyor.

—BARACK OBAMA

Kafamın içindeki ses tam bir baş belası.

—DAN HARRIS

İçindekiler

Giriş

Oturma odamızın karanlığında dikiliyordum; parmaklarım Küçükler Ligi'nden kalma beysbol sopamın yapış yapış kauçuk sapında kenetlenmiş, parmak eklemlerim bembeyaz kesilmiş, pencereden dışarıdaki geceye bakıyor, eşimi ve yeni doğmuş kızımı hiç tanımadığım bir manyaktan korumak için umutsuzca çabalıyordum. Yaşadığım korku, o sırada nasıl göründüğüme ya da manyak ortaya çıkarsa ne yapabileceğime dair her türlü farkındalığımı silip atmıştı. Aklımda hep aynı düşünceler yinelenip duruyordu.

Hepsi benim suçum, diyordum kendime. *Üst katta daha yeni doğmuş, sağlıklı, dünyalar tatlısı bir bebeğim ve beni seven karım var. İkisini de tehlikeye attım. Ne yaptım ben? Bu işten nasıl kurtulacağım?* Bu düşünceler, bir türlü inemediğim korkunç bir atlıkarınca gibiydi.

Kapana kısılmıştım; sadece karanlık oturma odamızda değil, kendi aklımın yarattığı kâbusta da. *Özdenetim* konusunda uzmanlaşmış, bu alanda çalışmalar yürüten bir laboratuvarın başındaki bilim insanı olan ben, sonu gelmez olumsuz düşünce

sarmallarını terbiye etme ustası olan ben, sabahın üçünde elimde
küçücük bir beysbol sopasıyla pencereden dışarı bakıyor, bana
deli zırvası bir mektup yollayan o öcü yüzünden değil, kafamın
içindeki öcü yüzünden işkence çekiyordum.

Ne olmuştu da bu hale gelmiştim?

Mektup ve Dırdırcı İç Ses

O gün de herhangi bir gün gibi başlamıştı.

Erkenden kalkmış, giyinmiş, kızımın mama yemesine yardım
etmiş, altını değiştirmiş, hızlıca kahvaltı yapmıştım. Sonra karı-
mı öptüm ve evden çıkıp Michigan Üniversitesi kampüsünde-
ki ofisime gitmek üzere yola koyuldum. 2011 baharında soğuk
ama sakin ve güneşli bir gündü; hava kadar sakin ve güneşli dü-
şüncelerin habercisi gibi görünüyordu.

Michigan Üniversitesi Psikoloji Bölümü'nün bulunduğu
tuğla kaplı devasa East Hall'a vardığımda posta kutumda her za-
mankinden farklı bir şey buldum. Kutuda birikmiş bilimsel der-
gi yığınının en üstünde el yazısıyla adresimin yazılı olduğu bir
zarf duruyordu. İşyerime el yazısıyla yazılmış bir mektup gel-
mesi çok alışılmadık bir durumdu, ofisime doğru yürürken me-
rakla zarfı açıp içindekini okumaya başladım. İşte o zaman tüm
vücudumu ateş basmış olduğunu ve ensemden aşağı ter boşandı-
ğını hissettim.

Bir tehdit mektubuydu. Hayatımda aldığım ilk tehdit mek-
tubu.

Önceki hafta CBS kanalındaki akşam haberlerine konuk ol-
muş, meslektaşlarımla birlikte yürüttüğümüz bir nörobilim ça-
lışması hakkında yayınladığımız makaleden kısaca söz etmiştim.
Çalışmamız, beyindeki fiziksel ve duygusal acıyla ilgili bağlan-
tıların önceki araştırmaların ileri sürdüğünden çok daha benzer

olduğunu ortaya koyuyordu. Hatta insan beyni fiziksel ve duygusal acıyı şaşırtıcı ölçüde benzer bir şekilde kaydediyordu. Kalp kırıklığının fiziksel bir gerçeklik olduğu çıkmıştı ortaya.

Vardığımız sonuçlar beni ve çalışma arkadaşlarımı çok heyecanlandırdıysa da kısa bir haber yapma derdindeki birkaç bilim muhabiri dışında kimsenin ilgisini çekeceğini düşünmemiştik. Ama şaşırtıcı bir şekilde bulgularımız büyük ilgi gördü ve haber bir anda her yere yayıldı. Bir dakika önce bir avuç üniversite öğrencisine aşkın psikolojisi hakkında ders anlatırken, bir an sonra kendimi kampüsteki televizyon stüdyosunda şipşak bir medya eğitiminden geçerken buldum. Neyse ki çok fazla gaf yapmadan röportajı tamamlamayı başardım ve birkaç saat sonra program yayınlandı; bilim insanının on beş dakikalık şöhreti, yaklaşık doksan saniye sürmüştü.

Mektubu yazan kişinin araştırmamızın nesinden bu kadar öfkeye kapıldığı anlaşılmıyordu ama şiddet dolu çizimleri, nefret kusan hakaretleri ve son derece rahatsız edici imaları bana karşı nasıl duygular beslediği konusunda şüpheye yer bırakmıyordu; bunca hınç dolu bir insanın neler yapabileceğini düşünmekse hayal gücüme kalmıştı. Üstüne üstlük mektup uzak bir yerden gelmiyordu. Posta damgasında yazılı yeri Google'da arayınca aramızda 20 kilometre bile olmadığını gördüm. Zihnime üşüşen düşünceleri kontrol edememeye başladım. Kaderin gaddar bir cilvesiyle fiziksel hissedilecek denli şiddetli duygusal acıyı çeken bendim şimdi.

Aynı gün üniversitedeki idarecilerle yaptığımız çok sayıda konuşmanın ardından kendimi polis merkezinde, kaygı içinde görevli memurla konuşma sırasının bana gelmesini beklerken buldum. Sonunda derdimi anlattığım memur hayli nazik davrandıysa da içime su serptiğini söyleyemem. Bana üç öğüt verdi: Telefon şirketini arayıp ev numaramın herkese açık rehberden kaldırılmasını söyleyecektim, ofisimin etrafında dolaşan şüpheli birileri var mı diye tetikte olacaktım ve –en sevdiğim öğüt– kimse rutinimi öğrenmesin diye her gün işten eve dönerken farklı bir rotadan gidecektim. Hepsi bu kadardı. Özel koruma timi falan yoktu. Tek başımaydım. Duymayı umduğum rahatlatıcı cevap bu değildi.

O gün arabamla Ann Arbor sokaklarında sağa sola sapıp yolu uzatarak eve dönerken bu durumla başa çıkmamı sağlayacak bir çözüm arıyordum. Kendi kendime, *Önce gerçeklerin üzerinden bir geçelim*, dedim. *Endişelenmeme gerek var mı? Ne yapmalıyım?*

Konuştuğum polis memuruna ve pek çok başka kişiye göre bu soruların cevapları çok açıktı. *Hayır, bu konuda tasalanmana hiç gerek yok. Olur böyle şeyler. Yapabileceğin başka bir şey yok. Korkman çok normal. Sen sadece rahat ol. Ünlüler her gün boş tehditler alıyor ve kimseye bir şey olmuyor. Bu olay da kendiliğinden kapanıp gidecek.*

Gelgelelim kendimle yaptığım konuşma hiç de böyle demiyordu. Aksine, zihnimde akıp duran çaresizlik dolu düşünceler sonsuz bir döngüde tekrar ediyor, tekrar ettikçe daha da büyüyordu. *Ne yaptım ben?* diye bağırıyordu iç sesim, hemen ardından içimdeki evham kumkuması devreye giriyordu. *Güvenlik şirketini mi arasam? Bir silah almalı mıyım? Taşınsak mı? Yeni bir iş bulmam ne kadar sürer?*

Takip eden iki gün boyunca bu konuşma çeşitli şekillerde kafamda tekrarlandı ve sonunda sinirlerim allak bullak oldu. İştahım tamamen kapanmıştı, tehdit mektubu hakkında karımla sonu gelmez (ve hiçbir işe yaramayan) konuşmalar yapıyordum ve ikimiz arasında da ipler gerilmeye başlamıştı. Kızımın odasından gelen en ufak bir seste yerimden sıçrıyordum, beşiğin gıcırdaması veya kızımın gazı olduğu için mızıldanması gibi akla çok daha yatkın açıklamalar varken ben derhal kızımın başına korkunç bir şey geldiğini düşünüyordum.

Ve evin içinde volta atıyordum.

İki gece boyunca karım ve kızım yataklarında mışıl mışıl uyurken ben alt katta, üstümde pijamalarım, elimde Küçükler

Ligi beysbol sopamla oturma odasının penceresinden eve doğru gelen biri var mı diye bakarak, gerçekten de sinsice eve yaklaşan birini görürsem ne yapacağıma dair hiçbir planım olmaksızın nöbet tuttum.

En utanılası hale düştüğüm ansa ikinci gece endişelerimin tavan yaptığı sırada bilgisayarın başına geçip Google'da şu anahtar kelimelerle arama yapmayı düşündüğüm andı: "akademisyenler için özel güvenlik görevlisi". Şimdi düşününce çok saçma geliyor ama o an acilen yapmam gereken çok mantıklı bir şey gibi görünmüştü.

İçeri Girmek

Ben bir deneysel psikolog ve nörobilimciyim. Michigan Üniversitesi bünyesinde kurduğum ve yönetmekte olduğum Duygu ve Özdenetim Laboratuvarı'nda içebakış bilimi üzerine çalışıyorum. İnsanların kendi kendileriyle yürüttükleri ve hayatımızı yaşama biçimimizi güçlü bir şekilde etkileyen sessiz sohbetler hakkında araştırma yapıyoruz. Tüm meslek hayatımı bu sohbetleri —ne olduklarını, neden bunları yaptığımızı, bunların insanları nasıl daha mutlu, sağlıklı ve üretken kılabileceğini— araştırmakla geçirdim.

Meslektaşlarım ve ben kendimizi akıl tamircileri olarak görmekten hoşlanıyoruz. İnsanları laboratuvarımıza getirip karmaşık deneylere tabi tutuyor, ayrıca "yaban hayatta" yani gündelik insan deneyimlerinde inceliyoruz. Psikolojiden ve tıp, felsefe, biyoloji ve bilgisayar bilimi gibi çok çeşitli başka disiplinlerden aldığımız araçları kullanarak şöyle can sıkıcı sorular soruyoruz: Neden bazı insanlar duygularını anlamak için kendi içlerine dönüp bakmaktan fayda sağlarken bazıları aynı davranıştan büyük zarar görüyor? İnsan toksik stres altındayken nasıl sağlıklı bir biçimde akıl yürütebilir? İnsanın kendisiyle konuşmasının doğru ve yanlış biçimleri var mı? Değer verdiğimiz insanlarla onların veya kendimizin olumsuz duygu veya düşüncelerini körüklemeden nasıl iletişim kurabiliriz? Sosyal medyada karşılaştığımız sayısız diğer "ses", zihnimizdeki sesleri etkiliyor mu? Azimle bu sorulara yanıt arayarak çok sayıda şaşırtıcı keşifte bulunduk.

Söylediğimiz ve yaptığımız belli bazı şeylerin içimizdeki konuşmayı nasıl daha iyi bir hale getirebileceğini öğrendik. Beynin "sihirli" arka kapılarının kilitlerini nasıl açacağımızı; plaseboların, uğur getirdiğine inanılan nesnelerin ve ritüellerin belli şekillerde uygulanmasının bizi nasıl daha dayanıklı kıldığını öğrendik. Masamızın üstüne nasıl fotoğraflar koyarsak duygusal yaralarımızın iyileşmesinde fayda sağlayabileceğini (ipucu: doğa fotoğrafları, annemizin fotoğrafları kadar rahatlatıcı olabiliyor), peluş oyuncağa sarılmanın varoluşsal umutsuzluğa neden iyi geldiğini, zor bir günün sonunda partnerinizle nasıl konuşmanız ve nasıl konuşmamanız gerektiğini, sosyal medya hesabınıza girdiğinizde büyük ihtimalle neleri yanlış yaptığınızı ve karşı karşıya kaldığınız sorunları çözmek için yürüyüşe çıktığınızda nereye gitmeniz gerektiğini öğrendik.

Kendimizle yaptığımız konuşmaların duygularımız üzerindeki etkisine olan ilgim, bilim kariyeri yapma kararımdan çok daha önce başladı. Hatta duyguların ne olduklarını gerçekten anlamamdan önce başladı. Kulaklarımızın arasında taşıdığımız o zengin, kırılgan ve durmaksızın değişen dünyaya olan büyük merakım, ayak bastığım ilk psikoloji laboratuvarında, büyüdüğüm evde başladı.

Brooklyn'in işçi sınıfı mahallesi olan Canarsie'de, şaşılacak kadar küçük bir yaştayken bana kendi içime dönüp bakmanın önemini öğreten bir babayla büyüdüm. Tahminimce, yaşıtım olan diğer üç yaşındaki oğlanlara anne babaları düzenli diş fırçalamayı ya da başkalarına karşı kibar olmayı öğretirken babamın öncelikleri farklıydı. Kendine has sıra dışı tarzıyla babam başka her şeyden çok benim kendi içimde yaptığım seçimleri önemser ve bir derdim olduğunda beni daima "içeri girmeye" teşvik ederdi. Şöyle demeyi çok severdi: "Kendine *o soruyu* sor." Tam olarak hangi soruyu kastettiğini bilemesem de ne yapmamı öğütlediğini anlıyordum: *Cevapları kendi içinde ara.*

Babam pek çok açıdan ayaklı bir tezattı. Trafiğin hep sıkışık olduğu gürültülü New York caddelerinde diğer sürücüleri çileden çıkartmadığı veya evdeki televizyonun karşısında Yankees takımına tezahürat etmediği zamanlarda onu yatak odasında (genellikle fırça bıyığının altından sarkan sigarasıyla) meditasyon yaparken ya da *Bhagavad Gita*'yı okurken bulurdum. Fakat büyüdükçe ve yasak kurabiyeyi yemeli miyim ya da odamı toplamamak için ayak diremeli miyim'den daha karmaşık durumlarda karar vermek zorunda kalmaya başladıkça babamın öğüdü çok daha anlamlı bir hal aldı. Lisede hoşlandığım kıza çıkma teklif etmeli miydim? (Ettim ve "Hayır," dedi.) Arkadaşımı, birinin cüzdanını çalarken görürsem onunla yüzleşmeli miydim? Üniversiteyi nerede okumalıydım? Serinkanlı düşünme yeteneğimle gurur duyuyordum ve doğru kararı vermek için "içeri girme" alışkanlığım beni nadiren yanıltıyordu (ve günün birinde hoşlandığım kızlardan biri bana "Evet," diyecekti; onunla evlendim).

Üniversiteye başlayıp psikoloji alanını keşfettiğimde bunun hep yapmak istediğim şey olduğunu hissetmem çok da şaşırtıcı değil. Kaderin benim için çizdiği yoldu bu. Tüm gençliğim boyunca babamla —Yankees hakkında konuşmadığımız zamanlarda— bahsettiğimiz şeyleri inceliyor, hem çocukluğumu açıklıyor hem de yetişkinliğe giden yolu gösteriyor gibiydi. Psikoloji aynı zamanda bana yeni bir kelime dağarcığı kazandırdı. Üniversitede aldığım derslerde öğrendiğim pek çok başka şeyin yanı sıra, babamın yıllarca üzerimde uyguladığı ve ayrıksılıkla uzaktan yakından ilgisi olmayan annemin de tahammül ettiği Zen ebeveynliğin merkezinde yer alan şeyin içebakış düşüncesi olduğunu öğrendim.

En basit haliyle içebakış, kişinin dikkatini kendi duygu ve düşüncelerine yöneltmesidir. Hayal kurabilmemizi, hatırlayabilmemizi, geçmişte olanlar üzerine düşünebilmemizi ve sonra bu düşlemleri problem çözmek için kullanabilmemizi içebakış yeteneğimize borçluyuz. Benim de aralarında olduğum pek çok bilim insanı bunu, insan türünü diğer türlerden ayıran evrimsel gelişmelerin merkezindeki en önemli yetenek olarak kabul ediyor.

Demek ki babamın ebeveynlik tarzının temelinde de, içebakış yeteneğimi geliştirmemin karşıma çıkan her türlü güçlükte bana yardımcı olacağı inancı yatıyordu. İstemli içebakış daha akılcı ve faydalı seçimlere ve bu sayede olumlu duygulara yol açacaktı. Bir başka deyişle, insanın daha dayanıklı olmasına ve daha tatmin edici bir hayat sürmesine giden yol, "içeri girmek"-ten geçiyordu. Son derece akla yatkındı. Tek sorun, benim de kısa sürede öğreneceğim gibi, çoğu insan için bunun tamamen yanlış olmasıydı.

Geçtiğimiz birkaç yıl içinde yapılan çok sayıda araştırma, endişe ve üzüntü yaşadığımızda kendi içimize dönmemizin çoğu zaman faydadan çok zarar getirdiğini ortaya koydu. Bunu yapmak iş performansımızı düşürüyor, doğru karar alma yeteneğimizi baltalıyor ve ilişkilerimizi olumsuz yönde etkiliyor. Ayrıca şiddete ve saldırganlığa yol açabiliyor, bir dizi zihinsel bozukluğu daha olası hale getirebiliyor ve fiziksel olarak hastalanma riskimizi artırıyor. Duygu ve düşüncelerle başa çıkmak için zihni yanlış biçimde kullanmak, profesyonel sporcuların kariyerleri boyunca mükemmel hale getirmek için uğraştıkları becerileri yitirmelerine yol açabiliyor. Normal şartlarda mantıklı ve merhametli olan insanların mantıksız, hatta ahlaki açıdan sorgulanabilir kararlar vermelerine neden olabiliyor. Arkadaşlarınızın hem gerçek dünyada hem sosyal medya dünyasında sizden kaçmalarına yol açabiliyor. Güvenli birer sığınak olan ilişkileri savaş alanına çevirebiliyor. Daha hızlı yaşlanmamıza bile neden olabiliyor: hem dış görünüş bakımından hem de içimizdeki DNA'nın yapılanması bakımından. Kısacası, çoğu zaman düşüncelerimiz bizi düşüncelerimizin kıskacından kurtarmıyor. Aksine, sinsi bir şeyin doğmasına yol açıyor. Dırdırcı iç ses.

Dırdırcı iç ses, insana özgü içebakış yeteneğimizi bir nimetten ziyade lanete dönüştüren döngüsel olumsuz düşünce ve duygulardan oluşuyor. Performansımızı, karar verme becerimizi, ilişkilerimizi, mutluluğumuzu ve sağlığımızı tehlikeye atıyor. İşyerinde yaptığımız bir hatayı, sevdiğimiz biriyle aramızda geçen bir anlaşmazlığı düşünürken kendimizi kötü duygulara gömülüp kalmış buluyoruz. Sonra yeniden aynı şeyi düşünüyoruz. Ve sonra yeniden. İçimizdeki akıl hocasının sesini duyma umuduyla içeri baktıkça karşımıza içimizdeki tenkitçi çıkıyor.

Elbette burada sorulacak soru, *neden* sorusu. Neden insanların üzüntü ve endişe yaşadıkları bir durumda "içeri girme" ve düşünme girişimleri bazen başarılı olurken bazen kötü sonuçlanıyor? En az bunun kadar önemli bir başka soru da şu: İçebakış yeteneğimizi, yoldan çıkmaya başladığını fark ettiğimizde tekrar yola sokmak için ne yapabiliriz? Tüm kariyerim bu soruları araştırmakla geçti. Ve öğrendim ki yanıtlar daima bilinçli yaşantımızda yaptığımız en önemli konuşmaların, yani kendimizle yaptığımız konuşmaların doğasını değiştirmemize bağlı.

Varsayılan Halimiz

Yirmi birinci yüzyılın yaygın kültürel mantralarından biri, *şimdiki zamanda yaşama* tavsiyesi. Bu tavsiyenin bilgece bir yanı olduğunu kabul ediyorum. Geçmişin acısına veya geleceğin

kaygısına teslim olmaktansa şimdiki zamanda etrafımızdakiler-
le ve kendimizle bağlantı kurmaya odaklanmamızı söylüyor.
Öte yandan, insan zihnini inceleyen bir bilim insanı olarak bu
iyi niyetli mesajın biyolojimizle nasıl çeliştiğini belirtmeden de
duramıyorum. İnsan doğası sürekli şimdiki zamana tutunmaya
uygun değil. Beyinlerimiz bunu yapacak şekilde evrimleşmedi.

Son birkaç yıl içinde beynin bilgiyi nasıl işlediğini inceleme-
mize ve gerçek zamanlı davranışı gözlemlememize olanak tanı-
yan ileri teknoloji ürünü yöntemler sayesinde insan zihninin giz-
li işleyişine dair sırları açığa çıkardık. Bunu yaparken türümüze
özgü hayret verici bir şey keşfettik: Uyanık olduğumuz zamanın
üçte biri ila yarısını şimdiki zamanda *yaşamayarak* geçiriyoruz.

Nefes alıp vermek bizim için ne kadar doğalsa beynimizin
içinde bulunduğumuz zaman ve mekândan "ayrışıp" bizi geç-
mişteki olaylara, hayalimizde canlandırdığımız senaryolara ve
başka derin düşüncelere taşıması da o kadar doğal. Bu öyle temel
bir eğilim ki bir adı bile var: "varsayılan hal"imiz. Beynimizin
başka bir işle meşgul olmadığında otomatik olarak döndüğü hal
bu; hatta sıklıkla biz başka bir işle meşgulken de beynimiz bu
hale dönüyor. Bir işe odaklanmanız gerekirken zihninizin ade-
ta başını alıp başka yerlere gittiğini mutlaka fark etmişsinizdir.
Sürekli olarak şimdiki zamandan ayrılıp zihnimizdeki paralel
ve doğrusal olmayan dünyaya kayar, her dakika istemsiz olarak
"içeri" çekiliriz. Bu bilginin ışığında "zihnin yaşantısı" deyimi
yeni ve daha geniş bir anlam kazanıyor: Yaşantımızın çoğu *zih-
nimizde olup bitenlerden ibaret.* Peki böyle kayıp gittiğimizde ge-
nellikle ne olur?

Kendimizle konuşuruz.

Ve söylediklerimizi dinleriz.

İnsanlık, medeniyetin doğuşundan bu yana bu olguyla bo-
ğuşmuş. Erken dönem Hıristiyan mistikleri, sürekli araya gire-
rek sessiz düşünme pratiklerini bozan kafalarındaki sesten büyük

rahatsızlık duymuşlar. Bazıları bu sesin şeytanın sesi olduğuna bile inanmış. Aynı sıralarda Doğu'daki Çinli Budistler insanın içindeki duygusal manzarada gökyüzünü bulutlarla örten fırtınalı havalar hakkında teoriler geliştirmişler ve bu duruma "yanıltıcı düşünce" adını vermişler. Öte yandan, aynı kadim kültürlerin birçoğu iç sesin bir bilgelik kaynağı olduğuna inanmış ve bu inanç, sessiz dua ve meditasyon (babamın kişisel felsefesi) gibi binlerce yıllık uygulamaların dayanağı olmuş. Çok sayıda ruhani geleneğin iç sesimizi hem korkutucu hem de değerli bulması, iç konuşmalarımıza yönelik günümüzde de varlığını sürdüren çelişkili tutumumuzu ortaya koyuyor.

İç sesten bahsettiğimizde doğal olarak insanlar bunun hastalıklı bir şey olup olmadığını merak ediyorlar. Yaptığım sunumlarda söze başlarken genellikle katılımcılara kafalarının içinde kendi kendileriyle konuşup konuşmadıklarını sorarım. Şaşmaz bir şekilde, ellerini kaldırarak bu soruya olumlu yanıt verenler, etraflarında başka ellerin de havaya kalktığını gördüklerinde gözle görülür biçimde rahatlarlar. Ne yazık ki kafamızın içinde duyduğumuz normal sesler (örneğin bize, ailemize ya da meslektaşlarımıza ait sesler) kimi zaman zihinsel bozukluğun bir özelliği olan anormal seslere dönüşebilir. Böyle durumlarda kişi duyduğu sesin kendi zihninden değil, kendisi dışındaki bir varlıktan (örneğin, yaygın işitsel sanrılardan bazıları olan düşman kişilerden, uzaylılardan veya devletten) geldiğine inanır. Önemli bir nokta da şudur: İç ses söz konusu olduğunda, kişinin akıl sağlığından yana hastalıklı mı yoksa sağlıklı mı olduğunu belirleyen keskin bir ayrım yoktur; bu sorunun yanıtı ait olunan kültüre ve iç sesin şiddetinin derecesine göre şekillenir. İnsan beyninin bir garipliği de yaklaşık her on kişiden birinin sesler duyması ve bunları dış etkenlere bağlamasıdır. Hâlâ bunun nedenini anlamaya çalışıyoruz.

Sözün özü, öyle ya da böyle hepimizin kafasının içinde bir ses vardır. Kelimelerin akışı iç yaşantımızın öyle ayrılmaz bir parçasıdır ki konuşma bozukluklarında dahi bu akış kesintiye uğramaz. Örneğin, kekemelik yaşayan bazı insanlar kafalarının içinden konuşurken yüksek sesle konuştukları zamana kıyasla çok daha akıcı konuştuklarını söylerler. İşaret diliyle konuşan sağır insanlar da kendilerine özgü bir içsel dille kendileriyle konuşurlar. Bu konuşma, işiten insanların kendileriyle konuşurken sözcükleri kullanmaları gibi, sessizce kendi kendilerine yaptıkları işaretleri içerir. İç ses, zihnin temel öğelerinden biridir.

Eğer bir telefon numarasını unutmamak için içinizden tekrar ettiyseniz, yaptığınız bir konuşmayı aklınızda defalarca başa sararak farklı bir şey söylemiş olmayı dilediyseniz, bir sorunu çözmek ya da bir beceriyi hayata geçirmek için kendi kendinize sözlü olarak talimat verdiyseniz iç sesinizi işe koşmuşsunuz demektir. Pek çok insan kendi iç sesine her gün kulak verir ve ondan faydalanır. Bu insanlar şimdiki zamandan ayrıldıklarında çoğu zaman bunu iç sesleriyle konuşmak veya onun söylediğini dinlemek için yaparlar ve o sesin anlatacağı *çok şey* olabilir.

Sözlü düşünce akışımız öyle yoğundur ki bir araştırmaya göre, içimizden kendimizle konuşma hızımız, yüksek sesle dakikada dört bin kelime söylemeye eşdeğerdir. Nasıl bir hızdan söz ettiğimizi daha iyi anlayabilmek için şunu düşünün: Günümüz Amerikan başkanlarının her yıl Kongre açılışında yaptıkları konuşma genellikle altı bin kelime civarındadır ve bir saatten uzun sürer. Beynimizse neredeyse aynı ölçüdeki laf kalabalığını sadece altmış saniyeye sığdırır. Bu da on altı saat boyunca uyanık olduğumuz bir günde —ki çoğumuzun ortalama bir günü böyledir— iç sesimizin bu sürenin yaklaşık yarısı boyunca aktif olduğu ve teoride her gün 320 Kongre açılışı konuşması kadar konuşmaya maruz kaldığımız anlamına geliyor. Kafanızın içindeki ses, çok hızlı bir konuşmacıdır.

İç ses genellikle faydalı bir işlev görmekle birlikte, tam da ona en çok ihtiyaç duyduğumuz anda —stres düzeyimiz arttığında, karşılaştığımız risk büyük olduğunda, soğukkanlı olmakta çok zorlandığımızda ve şiddetli duygular yaşadığımızda– dırdırcı sese dönüşür. Bu dırdır bazen daldan dala atlayan bir monolog şeklindedir, bazense kendimizle girdiğimiz bir diyalog. Bazen geçmiş olayları takıntılı bir biçimde tekrar tekrar gözden geçiririz (ruminasyon), bazen de gelecekte olabilecekleri endişeyle hayalimizde kurgularız (kaygı). İç sesimiz bazen serbest çağrışımla bir olumsuz duyguya veya fikre çarpıp bir diğerine sıçrayarak ilerler. Bazen de tek bir nahoş duyguya veya görüşe saplanıp kalır. Her ne şekilde ortaya çıkarsa çıksın iç ses dizginlerinden boşandığında ve dırdırcı ses zihnimizdeki mikrofonu ele geçirdiğinde, zihnimiz bize eziyet etmekle kalmaz, aynı zamanda bizi kıpırdayamaz hale getirir. Dahası bizi kendi kendimizi baltalayan eylemlerde bulunmaya da itebilir.

İşte o zaman kendinizi gecenin geç bir saatinde elinizde gülünç derecede küçük bir beysbol sopasıyla oturma odasının penceresinden dışarıyı gözlerken bulursunuz.

Bilmece

Kariyerim süresince öğrendiğim en önemli şeylerden biri, dırdırcı iç sesi azaltmak ve iç sesimizi işe yarar bir hale getirmek için ihtiyaç duyduğumuz araçları uzaklarda aramaya gerek olmadığı. Çoğu zaman bunlar gözümüzün önünde duruyorlar ve işe koşmamızı bekliyorlar. Zaten zihinsel alışkanlıklarımızın, tuhaf davranışlarımızın, günlük rutinimizin içinde bir yerdeler; ayrıca, etkileşime girdiğimiz insanlarda, kurumlarda ve ortamlarda da bulunuyorlar. Bu kitapta bu araçları ortaya çıkarıp hem nasıl işlediklerini hem de parçaları birbirine ekleyince nasıl evrimin kendimizle yaptığımız konuşmaları yönetebilmemiz için oluşturduğu bir alet kutusuna dönüştüklerini göstereceğim.

İlerleyen bölümlerde laboratuvarı size getirecek ve kendi dırdırcı iç seslerini yenmeyi başaran insanların öykülerini anlatacağım. Eski bir Ulusal Güvenlik Ajansı ajanının, Fred Rogers'ın, Malala Yusufzay'ın, LeBron James'in ve Trobriand'lılar olarak bilinen bir Güney Pasifik kabilesinin yanı sıra, sizin ve benim gibi insanların zihinsel yaşantıları hakkında bilgiler vereceğim. Fakat bu kitaba başlarken ilk olarak iç sesin gerçekte ne olduğuna ve bizim için yaptığı bütün o muhteşem şeylere bakacağız. Ardından kendimizle yaptığımız konuşmaların karanlık yüzüne geçecek ve dırdırcı iç sesin bedenimize, sosyal yaşantımıza ve kariyerimize ne kadar korkunç zararlar verebileceğini göreceğiz. İç sesin hem yardımsever bir süper güç hem de bizi yaralayan yıkıcı bir kriptonit olmasının yarattığı kaçınılmaz gerilim, bana göre insan zihninin en büyük bilmecesi. En iyi rehberimiz olan ses nasıl aynı zamanda en acımasız eleştirmenimiz olabiliyor? Sonraki bölümlerde de dırdırcı iç sesi azaltabilecek, kendi zihnimizin bilmecesini hızla çözmemize yardımcı olacak bilimsel teknikler yer alıyor.

Dırdırcı iç sesin çaresi kendinizle konuşmayı sona erdirmek değil. Amacımız, kendimizle yaptığımız konuşmayı daha verimli kılmanın bir yolunu bulmak. Neyse ki hem zihniniz hem de içinde bulunduğunuz dünya tam da bunu yapabilmenizi sağlayacak şekilde tasarlanmış. Ama kafamızın içindeki sesi nasıl kontrol edeceğimiz konusuna gelmeden önce daha temel bir soruyu yanıtlamamız gerekiyor.

Neden kafamızın içinde bir ses var?

Geveze

Neden Kendimizle Konuşuruz

New York City kaldırımları, adsız yüzlerin aktığı otoyollar gibidir. Gün içinde kaldırımları arşınlayan milyonlarca yayanın hepsi de çok önemli bir işe yetişiyor havasındadır, yüzleri hiçbir şeyi ele vermeyen maskeleri andırır. Aynı yüz ifadeleri caddelerin altında uzayıp giden paralel dünyaya, yani metroya da hâkimdir. İnsanlar bir şeyler okurlar, telefonlarına bakarlar, kimsenin görmediği hiçliğin içindeki bir şeye gözlerini dikip otururlar ve yüzleri akıllarından neler geçtiğine dair en ufak bir ipucu vermez.

Elbette sekiz milyon New York'lunun ifadesiz yüzlerinin ardında, dünyaya karşı örmeyi öğrendikleri o boş duvarın gizlediği capcanlı dünyalar vardır: Sık sık dırdırcı iç sesle bölünen zengin ve hareketli iç sohbetlerin oluşturduğu bir düşünce dünyasıdır bu. Ne de olsa New York sakinlerinin aksilikleri kadar meşhur bir başka özellikleri de nevrozlarıdır. (Kendim de onlardan biri olarak bunu art niyetsiz söylüyorum.) Düşünün bir, o maskelerin ardına geçip iç seslerine kulak verebilseydik kim bilir neler öğrenirdik... İngiliz antropolog Andrew Irving'in 2010 yılında başladığı ve on dört ay boyunca sürdürdüğü çalışma tam da bunu yaparak yüzden fazla New York'lunun zihnini dinledi.

Irving'in umudu, insan zihnindeki sözel yaşantının en ham haline –daha doğrusu, bunun ses kaydı biçimindeki bir örneğine– ulaşmaksa da çalışmasının başlangıç noktası, ölüm farkındalığıyla nasıl başa çıktığımız sorusuna duyduğu meraktı. Manchester Üniversitesi'nde profesör olan Irving, daha önce Afrika'da yaptığı saha çalışmalarında HIV/AIDS tanısı almış insanların iç monologlarının kelimelere dökülmüş hallerini incelemişti. Tahmin edileceği gibi, hastalıkları nedeniyle bu insanların düşünceleri kaygı, belirsizlik ve duygusal acıyla yüklüydü.

Irving elde ettiği bulguları bu kez acı bir olay yaşamamış insanlarınkiyle –elbette onların da kendilerine özgü dertleri vardı ama böyle bir teşhis almamışlardı– kıyaslamak istiyordu. Bu amaçla son derece basit (ve cesur!) bir yol izledi ve sokaklarda, parklarda ya da kafelerde rastladığı New York'lulara bu çalışmaya katılmak isteyip istemediklerini sordu. Yapmaları gereken şey, Irving onları belli bir mesafeden filme alırken akıllarından geçenleri yüksek sesle söyleyerek kendilerine verilen kayıt cihazıyla kaydetmekti.

Bu teklifi bazı günler birkaç kişi kabul etti, bazı günlerse tek bir kişi. Irving çoğu New York'lunun böyle bir şeye yanaşmayacak kadar meşgul ya da şüpheci olacağını tahmin etmişti. Sonunda yüz kişiden "iç sohbet akışları" adını verdiği, uzunlukları on beş dakikayla bir buçuk saat arasında değişen ses kayıtları almayı başardı. Elbette bunların insan zihninin sahne arkasında olup bitenlere sınırsız bir erişim sağladığı söylenemez çünkü katılımcıların bazıları başkalarına yönelik bir performans gerçekleştirdikleri hissine kapılmış olabilirler. Yine de bu kayıtlar insanların gündelik yaşamda kendileriyle yaptıkları konuşmaları benzeri az bulunur bir samimiyetle ortaya koyuyor.

Doğal olarak, Irving'in çalışmasına katılan herkesin zihni alelade konularla meşguldü. Çoğu katılımcı sokakta gördüğü şeyler hakkında yorumlarda bulundu; diğer yayalar, sürücüler ve trafik gibi şeylerin yanı sıra yapmaları gereken işlerden söz etti. Fakat bu yavan konulara eşlik eden ve kişisel yaralar, üzüntüler ve endişeler üzerine hesaplaşmalardan oluşan monologlar da vardı. Çoğunlukla olumsuz içerikli bu monologlar, birbirini gelişigüzel takip eden diğer düşüncelerle aralarında hiçbir bağlantı olmaksızın, yolda ansızın karşınıza çıkan çukurlar gibi birdenbire beliriyorlardı. Örneğin, Irving'in çalışmasına katılan Meredith adlı kadının iç sohbeti gündelik konulardan ölüm kalım meselelerine son derece seri bir şekilde geçiş yapıyordu.

"Buralarda bir kırtasiye var mı acaba?" diyordu Meredith ve sonra otoyolda aniden şerit değiştirir gibi, kısa süre önce kanser teşhisi almış bir arkadaşından söz etmeye başlıyordu. "Ben de sandım ki kedisinin öldüğünü haber verecek..." Karşıdan karşıya geçip devam ediyordu: "Kedisinin ardından ağlamaya hazırlanırken bir de baktım, arkadaşıma ağlamamak için kendimi tutuyorum. Joan'sız bir New York... Ne bileyim, hayal bile edemiyorum." Burada ağlamaya başlıyordu. "Gerçi herhalde kötü bir şey olmayacak. Yüzde yirmi iyileşme şansıyla ilgili söylediklerine bayıldım. Bir arkadaşı şöyle demiş, 'Yüzde yirmi ihtimalle düşecek bir uçağa biner misin?' Tabii ki binmezsin. Gerçekten ne hissettiğini pek anlayamadım ama. Etrafına kelimelerden bir duvar örüyor."

Meredith kötü haberin içinde boğulmaktansa onunla başa çıkıyor gibi görünüyordu. Nahoş duygularla ilgili düşünceler her zaman dırdırcı iç ses değildir, bu da iyi bir örnek. Meredith olumsuzluk girdabına kapılmıyordu. Birkaç dakika sonra yeniden caddenin karşısına geçiyor ve sözel akışı o sırada yapması gereken işe dönüyordu: "Bakalım burada kırtasiye var mı? Var galiba."

Meredith sevdiği bir arkadaşını yitirme korkusuyla başa çı-
karken Tony adlı bir adam başka bir üzücü olaya saplanıp kal-
mıştı: bir ilişkideki yakınlığın yitirilmesi, hatta belki de ilişkinin
hepten yitirilmesi. Tek tük yayaların bulunduğu bir kaldırımda
omzunda çantasıyla yürürken kendine hitaben komutlar da içe-
ren düşünceleri ardı ardına sıralıyordu: "Yürüyüp gideceksin...
Bak, ya olduğu gibi kabul etmen gerek... ya da basıp gideceksin.
Arkana bakmadan gideceksin. Herkese söylememesini anlıyo-
rum. Ama ben herkes miyim? Bebeğiniz olacak yahu. Bir telefon
da mı edemedin?" Belli ki dışlandığını hissetmek onu çok incit-
mişti. Düşünceleri bu soruna bir çözüm aramak ile hiçbir yere
varamadan acı içinde debelenmek arasında gidip geliyordu.

"Çok açık, her şey çok açık. İleriye bakacaksın," diyordu
Tony. Dili sadece duygularını sesli ifade etmek için değil, bu
durumla en iyi başa çıkma yolunu aramak için de kullanıyor-
du. "Aslında," diye devam ediyordu, "bu benim için bir kurtu-
luş olabilir. Bana bebekleri olacağını söylediklerinde kendimi
biraz dışlanmış hissettim. Sanki beni aralarından atıyorlarmış
gibi. Ama şimdi düşünüyorum da belki de bu benim için bir
kaçış fırsatı. Başta bozulmuştum ama itiraf edeyim, şimdi artık
o kadar da bozulmuyorum. Bu iş bana yarayabilir." Kederli bir
sesle hafifçe gülüp içini çekiyordu. "Bunun bir kurtuluş oldu-
ğuna eminim... Artık işe olumlu tarafından bakıyorum... Önce
bozuldum ama... İkiniz artık bir aile oldunuz gibi hissettim...
Basbayağı bir aile *oluyorsunuz* işte. Ben de artık kurtuluyorum...
Dik duracaksın!"

Bir de Laura vardı.

Laura bir kafede oturuyordu, çok huzursuzdu. Boston'a gi-
den erkek arkadaşının aramasını bekliyordu. Sorun, erkek ar-
kadaşının Laura'nın taşınmasına yardım etmek için çoktan New
York'a dönmüş olmasının gerekmesiydi. Önceki günden beri

telefon bekliyordu Laura. Sonunda dün gece artık erkek arkadaşının başına öldürücü bir kaza ya da onun gibi bir şey geldiğine karar vererek bilgisayarın başına geçmiş, dört saat boyunca dakika başı sayfayı yenileyerek "otobüs kazası" kelimeleriyle arama yapmıştı. Gerçi, saplantılı bir şekilde kafasında dönüp duran kaygı verici düşünceler girdabının tek sebebinin erkek arkadaşının başına bir kaza geldiğini düşünmesi olmadığının kendisi de farkındaydı. Laura'nın hiç istememesine rağmen açık bir ilişkileri vardı ve ilişkiyi sürdürmek gitgide zorlaşıyordu. "Cinsel özgürlük için açık olacaktı," diyordu kendi kendine, "ama benim zaten böyle bir isteğim yoktu... Nerede olduğunu bilmiyorum... Şu an herhangi bir yerde olabilir. Başka bir kızla birlikte de olabilir."

Meredith üzücü haberi nispeten serinkanlı bir şekilde ele alır (bir arkadaşın kanser olduğunu öğrenince ağlamak normaldir) ve Tony duygularına hâkim olarak kendisine artık ileriye bakmayı telkin ederken, Laura zihninde hep aynı olumsuz düşünceleri döndürüp duruyordu. Buradan ileri nasıl gideceğini bilmiyordu. Bir yandan da iç monoloğu geçmişe dalıp ilişkisinin bu hale gelmesine neden olan kararlarını gözden geçiriyordu. Onun için geçmiş şu anda buradaydı; tıpkı Meredith ve Tony için olduğu gibi. Durumlarının kendilerine özgü olması deneyimlerini farklı kılmakla birlikte, üçü de çoktan olup bitmiş şeylerle hesaplaşıyorlardı. Monologları aynı zamanda geleceğe de bakıyor, neler olacağına veya ne yapmaları gerektiğine dair sorular da içeriyordu. İç sohbetlerindeki bu zamanda ve mekânda ileri geri sıçrayış, hepimizin kendi zihnimiz hakkında bildiğimiz bir şeye dikkat çekiyor: Zihnimiz doyumsuz bir zaman yolcusudur.

Anılar geçidi bazen bizi dırdırcı iç sese yönlendirse de geçmişe dönmek veya geleceği hayal etmek kendi başlarına zararlı eylemler değildirler. Zihinsel zaman yolculuğu yapabilme yetisi, insan türünün sahip olduğu son derece değerli bir özelliktir. Diğer hayvanların yapamayacağı bir şekilde deneyimlerimizi anlamlandırmamıza, daha da önemlisi gelecekteki olası durumlara karşı plan ve hazırlık yapmamıza olanak tanır. Yaptıklarımız, yapacaklarımız veya yapmak istediklerimiz hakkında arkadaşlarımızla nasıl konuşuyorsak kendimizle de aynı şekilde konuşuruz.

Irving'in deneyindeki diğer katılımcılar da iç sohbetlerinde geçmişi ve geleceği birbirine ören düşünceler arasında gidip geliyorlardı. Örneğin, yaşlı bir kadın bir köprüden geçerken, henüz küçük bir kızken babasıyla birlikte buradan geçişlerini ve o sırada bir adamın köprüden atlayarak intihar edişini hatırlıyordu. Bu olayın hafızasına kazınmış olmasının bir nedeni de babasının profesyonel fotoğrafçı olması ve o anın fotoğrafını çekmesiydi; bu fotoğraf daha sonra şehrin önemli bir gazetesinde yayımlanmıştı. Öte yanda Brooklyn Köprüsü'nden geçen otuzlu yaşlarının ortalarındaki bir adam, bu köprünün yapımında ne çok emek harcandığını düşünüyor, bir yandan da kendi kendine yeni başlayacağı işte başarılı olacağını söylüyordu. Akşam geç saatlerde Washington Square Park'ta hiç tanımadığı bir adamla buluşmayı bekleyen bir kadınsa kendisini aldatan eski bir erkek arkadaşını düşünüyor ve bu düşünce, içindeki yakınlık kurma ve ruhani aşkınlık arzusunu canlandırarak bununla ilgili hayallere dalmasına neden oluyordu. Bazı katılımcılar başlarına gelmesi muhtemel ekonomik sıkıntılardan söz ederken diğerlerinin kaygıları on yıl öncesinde meydana gelmiş bir olayın —11 Eylül olayının— etrafında dolaşıyordu.

Düşüncelerini cömertçe Andrew Irving'le paylaşan New York'lular, varsayılan halimizin alabildiğine çok renk ve çeşitlilik barındıran zengin doğasını gözler önüne seriyorlar. İç diyalogları onları bambaşka yollardan "içeri" sokarak sayısız sözel düşünce akışına dönüşüyor. Bu özel iç sohbetlerin her biri, sahibinin bireysel yaşantısı kadar kendine özgü. Yine de bu zihinsel sohbetler arasında yapısal bir benzerlik var. Sıklıkla olumsuz "içerik" üzerinde duruyorlar ve bu içeriğin çoğu da çağrışım yoluyla, bir düşüncenin diğerine yol açmasıyla gündeme geliyor. Bu sözel düşünme zinciri kimi zaman yapıcı, kimi zamansa değil. Ayrıca kayda değer süreler boyunca *kendileri* hakkında düşünüyorlar; zihinleri kendi deneyimlerine, duygularına, arzularına ve ihtiyaçlarına odaklanıyor. Nitekim varsayılan halin başlıca özelliklerinden biri, kendine odaklanan doğası.

New York'luların arasında bunlardan başka bir benzerlik daha var, evrensel manada insani bir şey: Daima orada ve söyleyecek bir şeyi olan iç ses, aklımızı kullanarak deneyimlerimizi anlamlandırmaya ihtiyaç duyduğumuzu ve bunu yaparken yardım aldığımız dilin nasıl bir rol oynadığını bize hatırlatıyor.

Sözel olmayan biçimlere bürünen duygu ve düşüncelerimiz de var şüphesiz —örneğin, görsel sanatçılar ve müzisyenler özellikle bu türden zihinsel ifadenin peşine düşerler— ama insanlar genel olarak sözcüklerden oluşan bir dünyada yaşarlar. Diğer insanlarla kurduğumuz iletişimin de (her ne kadar vücut dili ve jestler de önemli birer araç olsa da) kendimizle kurduğumuz iletişimin de büyük çoğunluğu sözcükler aracılığıyla gerçekleşir.

Beynimiz etrafımızda olup bitenlerden kopmaya doğuştan gelen yatkınlığı sayesinde zihnimiz içinde bir sohbet başlatır ve uyanık olduğumuz sürenin önemli bir kısmını bu sohbeti sürdürerek geçiririz. O halde şu önemli soruyu sormak gerekir: *Neden?* Evrim, hayatta kalmak konusunda avantaj sağlayan özellikleri seçer. Bu kurala göre, kendi kendimize konuşmanın hayatta kalmamıza bir faydası olmasaydı bu kadar çok iç sohbet yapan yaratıklar olmazdık. Gelgelelim iç sesin etkisi varlığımızın öyle temel ve ayırt edilmesi güç bir parçasıdır ki bizim için neler yaptığının çoğu zaman farkında bile olmayız.

Çoklu Görev Ustası

Nörobilimciler beynin yerine getirdiği görevlerden söz ederken aynı beyin devresini farklı amaçlar için kullanmak ve bu yolla sahip olduğumuz sınırlı nöral kaynaktan en iyi şekilde faydalanmak anlamına gelen nöral yeniden kullanım kavramına sıkça başvururlar. Örneğin, beyninizin derinliklerinde yer alan ve uzun süreli bellek yaratımını üstlenen denizatı biçimindeki hipokampus bölgesi, hareket ederken konumunuzu anlamanıza ve yön bulmanıza da yardım eder. İnsan beyni tam anlamıyla bir çoklu görev ustasıdır. Eğer böyle olmasaydı sayısız işlevlerinin hepsini yerine getirebilmesi için bir otobüs boyutlarında olması gerekirdi. İç sesimizin de tıpkı beynimiz gibi, muazzam bir çoklu görev ustası olduğu ortaya çıkıyor.

Beynin başlıca görevlerinden biri, işleyen bellek olarak bilinen motoru çalıştırmaktır. Genellikle hafıza denince insanların aklına uzun vadeli, romantik ve nostaljik bir şey gelir. Bize göre hafıza, sonsuza dek bizimle kalacak anıların saklandığı, hayat hikâyemizi oluşturan anlarla, görüntülerle ve duygularla dolu, geçmişe ait bir yerdir. Öte yandan günün her dakikasında son derece dikkat dağıtıcı bir uyaran sağanağı (sesler, görüntüler, kokular vb.) altındayken yaşamımızı sürdürebilmek için sürekli olarak birtakım ayrıntıları hatırlamamız gerekir. Bu bilgiler artık işe yaramaz olduğunda çoğunu unutacak olmamızın bir önemi yoktur. O bilginin aktif olduğu kısa süre boyunca, işlemek için ona muhtacızdır.

İşleyen bellek, bir yandan işle ilgili bir konuşma yaparken bir yandan da hiçbir ön hazırlık yapmaksızın akşam yemeğinden bahsedebilmemizi sağlayan şeydir. Sayesinde birkaç saniye önce birinin ne dediğini hatırlayabilir ve bunu süregiden sohbete anlamlı bir şekilde dahil edebiliriz. Ayrıca lokantada menüyü okuduktan sonra siparişimizi verebilmemizi (ve bir yandan da masadakilerle sohbeti sürdürebilmemizi) sağlayan da işleyen bellektir. Acil olan ama dosyalanıp uzun süreli saklanmayı gerektirecek kadar anlamlı olmayan bir konuda e-posta yazabilmemizi de ona borçluyuz. Kısacası, dış dünyada insan olarak birtakım işlevleri yerine getirebilmemizi sağlayan şey, işleyen bellektir. İşlemeyi bıraktığında veya aksadığında —çocuklarınıza öğle yemeği hazırlarken bir yandan dişlerini fırçalamaları konusunda onları uyarıp bir yandan da o günkü toplantılarınızı aklınızdan geçirmek gibi— en alelade gündelik işleri bile yapamaz hale geliriz. İç sesimizin bağlı olduğu yer, işleyen bellektir.

İşleyen belleğin önemli bir bileşeni, sözel bilgiyi yönetmekle görevli olan bir nöral sistemdir. Fonolojik döngü adı verilen bu sistemi anlamanın en kolay yolu, onu etrafımızda o sırada meydana gelen ve sözcüklerle ilişkili olan her şeyi işleyen bir aracı kurum olarak düşünmektir. İki bölümden oluşur: Yeni duyduğumuz sözcükleri birkaç saniyeliğine aklımızda tutmamızı sağlayan "içkulak" ve yapacağımız bir konuşmayı prova ederken, bir telefon numarasını ezberlerken veya bir mantrayı tekrarlarken sözcükleri kafamızın içinde tekrar etmemizi sağlayan "iç ses". Bir yandan dış dünyada verimli bir şekilde işlerimizi yaparken bir yandan da iç sohbetler sürdürebilmemiz için işleyen belleğimizin gerekli olan dilsel nöral hatları açık tutması gerekir, bu da fonolojik döngü sayesinde olur. Zihnimiz ile dünya arasındaki bu sözel geçidi çok küçük yaşlarda geliştiririz ve bu geçit oluşur oluşmaz bizi zihinsel gelişimin daha ileriki evrelerine taşır. Ama fonolojik döngünün alanı, anlık durumlara tepki vermemizden çok daha ötesini kapsar.

Sözel gelişimimiz, duygusal gelişimimizle el ele gider. Hayatımızın ilk yıllarında kendi kendimizle yüksek sesle konuşmak, *kendimizi* kontrol etmeyi öğrenmemize yardımcı olur. Yirminci yüzyıl başında dil gelişimi ile özdenetim arasındaki bağlantıyı ilk inceleyenlerden biri olan Sovyet psikolog Lev Vygotsky, çocukların yüksek sesle kendi kendileriyle konuşmalarını, bir yandan kendilerine talimatlar verirken arada bir de kendilerini eleştirmelerini ilginç bulmuştu. Çocuklarla çokça vakit geçiren herkes onların durup dururken kendi kendileriyle sohbet etmeye başladıklarını ve adeta bir başkasıyla konuşuyormuş gibi bu sohbeti sürdürdüklerini bilir. Bu sadece bir oyun ya da hayal gücü alıştırması değildir; nöral ve duygusal büyümenin bir göstergesidir.

Bu davranışın sıradan bir gelişim aşaması olduğunu düşünen dönemin önde gelen düşünürlerinin aksine Vygotsky, kendimizi kontrol etmeyi öğrenirken dilin son derece önemli bir rol oynadığını görmüştü; bu teorisi daha sonra verilerle de ortaya konacaktı. Vygotsky duygularımızı yönetmeyi bizi büyüten kişilerle (çoğunlukla ebeveynimizle) ilişkimiz esnasında öğrendiğimize inanıyordu. Üzerimizde otorite sahibi olan bu kişiler bize sözlü talimatlar verirler ve biz de bu talimatları kendi kendimize yüksek sesle, çoğu zaman tıpkı o kişilerin söylediği biçimde tekrarlarız. Başlangıçta bunu yüksek sesle yaparız. Zamanla bu mesajı içselleştiririz ve sessiz iç konuşmamızın bir parçası haline gelir. Daha sonra, gelişimimizin ileriki aşamalarında kendimizi kontrol etmek için kendi sözcüklerimizi kullanırız ve bu hayatımız boyunca böyle sürer. Hepimizin bildiği gibi, her zaman anne babamızın bizden istediği şekilde davranmayız —sözel akışımız zamanla davranışımızı yaratıcı bir şekilde yönlendiren, kendine özgü benzersiz bir şekil alır— ama erken gelişim çağındaki bu deneyimler üzerimizde önemli bir etki bırakır.

Vygotsky'nin bakış açısı iç sesimizi kendimizi kontrol etmek için nasıl kullandığımızı açıklamakla kalmaz, yetiştirilişimizin iç sohbetlerimizi nasıl "akort ettiğini" de anlamamızı sağlar. Sosyalleşme üzerine yapılmış onlarca yıllık araştırma, yetiştiğimiz çevrenin dünyayı görüş biçimimizi ve özdenetimden ne anladığımızı etkilediğini gösteriyor. Çocukken özdenetimi aile içinde ebeveynimizden görerek öğreniriz ve onların tutumları gelişmekte olan iç sesimize yansır. Babamız sürekli olarak bize bir anlaşmazlığı çözmek için asla şiddete başvurmamak gerektiğini söyleyebilir. Annemiz hiç durmadan bize hayal kırıklığına uğrasak da asla yılmamamız gerektiğini söyleyebilir. Zamanla bunları kendi kendimize yineler hale geliriz ve bunlar kendi sözel akışlarımızı şekillendirmeye başlarlar.

Elbette ebeveynimizin bize ne yapacağımızı söyleyen sesleri de çok daha geniş çaplı kültürel etmenler tarafından şekillendirilir. Örneğin, çoğu Asya ülkesinde topluluktan farklı olmak hoş karşılanmaz çünkü bunun toplumsal birliği zedelediğine inanılır. Amerika Birleşik Devletleri gibi Batılı ülkelerde ise tam tersine bağımsızlığa büyük önem verilir ve bu nedenle ebeveynler çocuklarının bireyselleşme çabalarını yüreklendirirler. Dinler ve öğrettikleri değerler de benzer şekilde hane içi normlarımız arasında kendilerine yer bulurlar. Kısacası, kültürümüzün sesleri ebeveynlerimizin iç seslerini etkiler, onların iç sesleri de bizim iç sesimizi etkiler ve bu şekilde bir araya gelen birçok kuşak ve kültür, zihinlerimizi akort eder. Bu anlamda zihinsel sohbetlerden oluşan matruşka bebekleri gibiyiz.

Ancak kültür, ebeveyn ve çocuklar arasındaki etkileşim tek yönlü işlemez. Çocukların davranış biçimleri de ebeveynlerin iç seslerini etkileyebilir ve elbette kültürümüzün şekillenmesinde ve yeniden şekillendirilmesinde biz insanlar da rol oynarız. Öyleyse bir bakıma iç sesimizin çocukken dışarıdan içimize gelerek burada yuvalandığını ve daha sonra bizim içeriden dışarıya, yani konuşarak etrafımızdakileri etkilediğimizi söyleyebiliriz.

Vygotsky'nin ömrü vefa etmediği için göremediği yeni araştırmalar bu teoriyi daha da ileri taşıyarak zengin iletişim örüntüleri olan ailelerde büyüyen çocukların iç sohbet becerilerinin daha erken geliştiğini ortaya koyuyor. Dahası, hayali arkadaşlara sahip olmanın çocuklarda iç sohbeti teşvik edebileceği anlaşıldı.

Hatta yakın geçmişte yapılan araştırmalar hayali oyunların yaratıcı düşünme, özgüven ve iyi iletişim kurma gibi pek çok istenen özelliğin yanı sıra, özdenetimi de güçlendirdiğine işaret ediyor.

İç sesin kendimizi kontrol etmemize sağladığı önemli katkılardan bir diğeri, hedeflerimize doğru ilerlerken bizi değerlendirmeye tabi tutmasıdır. Varsayılan halimiz adeta cep telefonundaki bir takip uygulaması gibi sürekli olarak bizi izler ve yıl sonunda istediğimiz o zammı alabilmek için işyerinde yeterince başarı gösterip göstermediğimizi, günün birinde bir lokanta açma hayalimize yaklaşıp yaklaşmadığımızı veya içten içe hoşlandığımız o arkadaşla ilişkimizin istediğimiz yönde gidip gitmediğini kontrol eder. Bu genellikle zihnimizde telefonun kilitli ekranında beliriveren bir hatırlatma gibi beliren sözel bir düşünceyle olur. Gerçekte zihnimizi en sık dolduran düşünceler, hedeflerimizle ilgili aniden aklımıza gelenlerdir. Bu, iç sesimizin bize amacımızı hatırlatma yoludur.

Hedeflerimize ulaşmak için gereken bir başka şey de önümüzdeki yol çatallandığında doğru seçimi yapmaktır ve bu nedenle iç sesimiz zihinsel simülasyonlar oynatmamıza olanak sağlar. Örneğin, yapacağımız sunumu en iyi nasıl gerçekleştirebileceğimizi veya yazdığımız şarkının melodik olarak nasıl ilerleyeceğini bulmak için beyin fırtınası yaparken önümüzde beliren olası farklı yollara saparız. Çoğu zaman daha sunum metnini yazmaya başlamadan veya müzik aletine dokunmadan önce en iyi permütasyona karar vermek için içebakış yetilerimize çoktan başvurmuşuz oluruz. Aynı durum ikili ilişkilerde sorun yaşadığımızda da geçerlidir; tıpkı Tony'nin New York sokaklarında yürürken ona bebekleri olacağını söylemeyen arkadaşları hakkında düşünürken yaptığı gibi. Tony zihninde arkadaşlarıyla yakın ilişkisini sürdürmenin ve onlardan uzaklaşmanın simülasyonlarını oynatıyordu. Çoklu gerçekliklerde yürüttüğümüz bu beyin fırtınaları biz uykudayken bile rüyalarımızda devam eder.

Tarih boyunca psikologlar rüyalarımızın zihnimizde ayrı bir odada olduklarını ve uyanık olduğumuz saatlerde olup bitenle bir ilgileri olmadığını düşündüler. Elbette Freud, rüyaların bastırılmış arzularımızın tutulduğu kilitli bir kutu olan bilinçaltına giden başlıca yol ve psikanalizin bu kutuyu açan anahtar olduğunu düşünüyordu. Ona göre uyurken savunma mekanizmalarımız ve uygar terbiyemiz devre dışı kalıyor, içimizdeki iblisler gizlendikleri yerden fırlayıp ortalıkta tepinerek arzularımızı meydana çıkarıyorlardı. Ardından erken dönem nörobilim geldi ve psikanalizin bütün o karanlık ve haylaz romantizmini kaldırıp yerine her şeyi beynin fiziksel işleyişiyle açıklayan soğuk, ciddi mantığı koydu. Nörobilime göre rüyalar, REM uykusu sırasında beyin sapında çakan rastgele kıvılcımların beyin tarafından yorumlanmasından ibaretti. Hafif çatlak ama eğlenceli olan cinsel sembolizm kapı dışarı edilirken, yerine çok daha bilimsel bir temele dayanan (ve müstehcenlikle uzaktan yakından ilgisi olmayan) nöronların işleyişi geçti.

Daha gelişmiş teknolojilerle yapılan güncel araştırmalarsa rüyalarımızla uyanıkken deneyimlediğimiz ve kendiliğinden gelişen sözel düşünceler arasında sahiden de pek çok benzerlik olduğunu gösteriyor. Uyanık zihnimizin uykudaki zihnimizle sohbet ettiği ortaya çıktı. Neyse ki bu sohbetin sonucu Ödipal arzuların tatmini değil.

Bize yardım edebilecek bir sohbet bu.

Günümüz araştırmalarında elde edilen bulgular, rüyaların çoğu zaman hayli işlevsel olduklarını ve büyük ölçüde gerçek hayattaki ihtiyaçlarımıza göre şekillendiklerini ortaya koyuyor. Bu anlamda rüyalara gerçeğinden biraz daha fazla saçmalık içeren bir tür uçuş simülatörü gözüyle bakabiliriz. Rüyalar başımıza gelebilecek olayların bir simülasyonunu bize yaşatarak bunlara karşı hazırlıklı olmamıza yardım ederler, dikkatimizi gerçekleşmesi muhtemel senaryolara çekerler, hatta olası tehditlere karşı bizi uyarırlar. Rüyaların bizi nasıl etkilediği konusunda hâlâ öğrenmemiz gereken çok şey olsa da günün sonunda –ya da daha doğrusu gecenin sonunda– her rüya zihnimizdeki bir *hikâyedir*. Nitekim uyanık olduğumuz zamanlar boyunca iç sesimiz bütün psikolojik hikâyelerin en temeli hakkında, kimliğimiz hakkında bağıra çağıra konuşur.

Sözel akışımız kendilik bilincimizin yaratımında son derece önemli bir rol oynar. Beynimiz otobiyografik akıl yürütmelerle hayatımızdan anlamlı bir hikâye çıkarır. Bir başka deyişle, başrolünde olduğumuz kendi hayat hikâyemizi yazmak için zihnimizi kullanırız. Bunu yapmak olgunlaşmamıza, değerlerimizi ve arzularımızı anlamamıza, bizi sürekli bir kimlikte tutarak değişime ve güçlüklere göğüs germemize yardımcı olur. Dil bu sürecin ayrılmaz bir parçasıdır çünkü günlük hayatın birbirine tam oturmayan, görünürde ilgisiz parçalarını yontup pürüzsüzleştirerek birbirine ekler ve tutarlı bir gidişat ortaya koyar. Yani hayatı "hikâyeleştirmemize" yardım eder. Zihnin sözcükleri geçmişe şekil vererek gelecekte izleyeceğimiz bir anlatı yaratır. Farklı anılar arasında gidip gelen iç monologlarımız hatırladıklarımızdan oluşan nöral bir olay örgüsü dokur. Böylelikle geçmiş, beynimizin bizim için inşa ettiği kimliğin bir parçası haline gelir.

Beynin çoklu görev becerileri son derece çeşitli ve elzemdir, tıpkı iç sesimiz gibi. Fakat iç sesimizin ne kadar muazzam bir rol üstlendiğini daha iyi anlamak için sözel düşüncelerimizin olmadığını hayal etmeye çalışalım. İmkânsız gibi gelse de bu sadece hayal ürünü bir senaryo değil. Bazı durumlarda gerçekten de yaşanıyor.

Hiçlikler Diyarına Gitmek

Jill Bolte Taylor 10 Aralık 1996 günü her sabah olduğu gibi uyandı. Otuz yedi yaşında bir nöroanatomi bilimcisiydi ve Harvard Üniversitesi'ndeki bir psikiyatri laboratuvarında beynin yapısını inceliyordu. Beyinde meydana gelen hücresel düzeydeki etkileşimleri ve bu etkileşimlerin yarattığı davranışları anlamak için kortikal manzaraların haritasını çıkarıyordu; bu alana ilgi duymasının nedeni, kendi aile geçmişiydi. Ağabeyi şizofreni hastasıydı ve her ne kadar bu hastalığı tersine çevirmek gibi bir umudu olmasa da bu durum ona zihnin gizemlerini çözmek için çalışma arzusu veriyordu. Bu yolda epey mesafe de kat etmişti; ta ki beynindeki işlevlerin aksadığı o güne dek.

Bolte Taylor koşu bandında sabah egzersizini yapmak üzere yataktan kalktı ama kendini bir tuhaf hissediyordu. Gözünün arkasında nabız gibi atan bir zonklama vardı, tıpkı dondurmayı dişlediğinizde hissettiğiniz ani ağrıyı andırıyor ama gelip gidiyordu. Koşu bandına çıkıp egzersize başladığında her şey daha da tuhaflaştı. Vücudunun giderek yavaşladığını, algısının daraldığını hissetti. Daha sonra bu hissi, "Vücudumun sınırlarını artık tanımlayamıyorum," diye ifade edecekti. "Nerede başlayıp nerede bittiğimi bilemiyorum."

Sadece fiziksel olarak vücudunun uzayda kapladığı yer algısını değil, kim olduğuna dair algısını da yitirmeye başlamıştı. Duygularının ve anılarının sanki artık başka yere taşınıyorlarmış gibi ondan uzaklaşıp gittiğini duyumsuyordu. Normal zihinsel farkındalığını şekillendiren anlık algılardan ve tepkilerden çakan kıvılcımlar birer birer sönüyordu. Düşüncelerinin biçimlerini kaybetmeye başladığını, onlarla birlikte *sözcüklerinin* de silindiğini hissediyordu. Zihnindeki sözel akış, kuruyan bir nehir gibi zayıflamıştı. Beynindeki dilsel mekanizma bozulmuştu.

Beyninin sol yarısında bir damar yırtılmıştı. İnme geçiriyordu.

Fiziksel hareket kabiliyetini ve dilsel yetilerini büyük ölçüde yitirmiş olmasına rağmen telefona ulaşıp bir meslektaşını aramayı başardı. Telefonu açan arkadaşı bir terslik olduğunu hemen anladı. Kısa süre sonra Bolte Taylor kendini bir ambulansın arka tarafında Massachusetts General Hospital'a götürülürken buldu. "Ruhumun teslim olduğunu hissettim," diyordu. "Artık hayatımın koreografı ben değildim." Öleceğinden emin, hayatıyla vedalaştı.

Ölmedi. Aynı günün öğleden sonrasında bir hastane yatağında uyandı. Hâlâ hayatta olduğuna çok şaşırmıştı ama uzunca bir süre boyunca hayat eskisi gibi olmayacaktı. Kendini bildiği andan beri duyduğu iç sesi onu terk etmişti. Daha sonra bu durumu, "Sözel düşüncelerim tutarsız, bölük pörçüktü ve aralarında uzun sessizlikler oluyordu," diye tanımlayacaktı. "Yapayalnızdım. O anın içinde yapayalnızdım, kalp atışlarımın ritmik gürültüsü dışında hiçbir şey yoktu." Düşünceleriyle baş başa bile değildi çünkü eskisi gibi düşünceleri de *yoktu*.

İşleyen belleği işlemiyor, bu da en basit görevleri bile onun için imkânsız hale getiriyordu. Görünüşe bakılırsa fonolojik döngüsü kopmuş, dağılmıştı. İç konuşması susmuştu. Artık zihninde geçmişe dönebilen ve geleceği hayal edebilen bir zaman yolcusu değildi. Kendini daha önce aklına bile getiremeyeceği bir biçimde savunmasız hissediyordu; uzayda tek başına savrulup gitmek gibi bir histi bu. Sözcüksüz bir halde, sözcüklerin zihinsel hayatına dönüp dönmeyeceklerini merak ediyordu. Sözel içebakış olmadığında o güne kadar bildiği anlamıyla bir insan değildi artık. "Dilden ve doğrusal işleme yeteneğinden yoksun kalmıştım, kendimi yaşadığım hayatla hiçbir bağlantım yokmuş gibi hissediyordum," diye yazacaktı.

En büyük kaybı ise kimliğini kaybetmekti. Neredeyse kırk yıldır iç sesi sayesinde anlatarak oluşturduğu hikâye kendi kendini silmişti. "Kafanızın içindeki o küçük sesler" dediği şeyler, "beni *ben* yapan sesler" dediği sesler susmuştu. "O halde ben hâlâ ben miydim?" diye soruyordu. "Artık yaşam deneyimlerini, düşüncelerini ve duygusal bağlılıklarını paylaşmadığım halde nasıl hâlâ Doktor Jill Bolte Taylor olabilirdim?"

Jill Bolte Taylor'ın başından geçen bu deneyimin nasıl bir şey olduğunu hayal etmeye çalıştığımda paniğe kapılıyorum. Kendi kendimle konuşma yetimi yitirmek; sezgilerime kulak vermek, yaşadıklarımı anlamlı bir bütün oluşturacak şekilde birbirine eklemek veya geleceğe dair plan yapmak için ihtiyacım olan dili kullanma yetimi kaybetmek, kaçığın birinden bir tehdit mektubu almaktan çok daha korkutucu geliyor. Ne var ki Bolte Taylor'ın hikâyesi tam da burada daha da tuhaf ve şaşırtıcı bir hal alıyor.

Bolte Taylor, onun durumunda kendimi veya bir başkasını hayal ettiğimde duyduğuma benzer bir korku duymadı. Enteresan bir şekilde, hayatı boyunca içinde sürüp giden konuşma sustuğunda o güne dek hiç yaşamadığı bir rahatlama yaşamıştı. Daha sonra, "Travma yaşamış beynimdeki gitgide büyüyen boşluk tam anlamıyla baştan çıkarıcıydı," diye yazdı. "Susmak bilmeyen dırdırcı iç sesten geriye kalan sessizliğin getirdiği ferahlamadan çok memnundum."

Kendi deyimiyle "hiçlikler diyarına" gitmişti.

Dilden ve bellekten yoksun kalmak bir yandan dehşet verici ve insana kendini çok yalnız hissettiren bir şeydi. Diğer yandansa insanı mutluluktan sarhoş edecek, kendinden geçirecek kadar özgürleştirici bir tarafı vardı. Geçmiş kimliğinden sıyrılmak, aynı zamanda her aklına geldiğinde ona acı veren anılardan, şimdiki anın stresinden ve her şeyin üzerine çöken kaygılardan kurtulmak demekti. İç sesi olmayınca dırdırcı iç sesten de kurtulmuştu. Bolte Taylor bu özgürlüğün yitirdiği her şeye değer olduğunu hissediyordu. Daha sonra inme geçirmeden önceki hayatında son derece hareketli ve gürültülü olan iç dünyasını yönetmeyi öğrenmediği için böyle hissettiğini söyleyecekti. Hepimiz gibi o da olumsuz düşünce sarmalları içine çekildiğinde duygularını denetlemekte güçlük çekiyordu.

Bolte Taylor inme geçirdiği günden iki buçuk hafta sonra ameliyat oldu ve beyninden golf topu büyüklüğünde bir kan pıhtısı alındı. Tamamen iyileşmesi sekiz yıl sürecekti. Halen beyin üzerine araştırmalarını sürdürüyor ve bir yandan da yaşadığı bu deneyimi dünyayla paylaşıyor. Bolte Taylor, içindeki tenkitçi ses sustuğunda yaşadığı muazzam minnet ve ferahlık duygusunun altını çiziyor. Şimdi kendini "akıl sağlığımız için iç konuşmamıza kulak vermenin yaşamsal derecede önemli olduğuna gönülden inanan biri" olarak tanımlıyor.

Bolte Taylor'ın başından geçenler, iç sesimizle ne kadar derinden bir mücadele içinde olduğumuzu benzersiz bir canlılıkla gözler önüne seriyor. Öylesine şiddetli bir mücadele ki bu; normal işlevlerimizi yerine getirmemize, düşünmemize ve kendimiz olmamıza olanak sağlayan sözel düşünceler akışının kesilmesi içimizde bir ferahlık uyandırabiliyor. Bu da iç sesimizin ne kadar etkili olabileceğinin çarpıcı bir göstergesi. Araştırmalar bu kadar olağandışı olmayan koşullarda da iç sesin baskın gücünü ortaya koyuyor. Düşüncelerimiz deneyimlerimizi çarpıtmakla kalmıyorlar. Kendilerinden başka her şeyi silip geçebiliyorlar.

2010 yılında yayınlanan bir çalışma tam da bu gerçeğe ışık tutuyor. Çalışmayı gerçekleştiren bilim insanları iç yaşantıların sürekli olarak dış dünyadaki yaşantıları gölgede bıraktığını keşfetmişler. Söz konusu mutluluk düzeyini tahmin etmek olduğunda, araştırmadaki katılımcıların, düşündükleri şeylerin yapmakta oldukları şeylerden çok daha belirleyici olduğu görülmüş. Çoğu insanın bunu doğrulayan acı bir deneyimi olmuştur: Mutlu olmanız gereken bir durumda (örneğin, arkadaşlarınızla vakit geçirirken veya bir başarıyı kutlarken) aklınıza düşen bir şey bütün zihninizi ele geçirir. Duygu durumunuzu belirleyen şey ne yaptığınız değil, ne hakkında düşündüğünüzdür.

İnsanların iç sesleri sustuğunda rahatlamalarının nedeni, iç sesin evrimin başımıza musallat ettiği bir lanet olması değil. Gördüğümüz gibi, kafamızın içinde bir ses var çünkü bu, New York sokaklarından uykuda gördüğümüz rüyalara dek bize eşlik eden benzersiz bir yetenek. Dünyadaki varlığımızı sürdürebilmemiz için gereken işlevleri yerine getirebilmemizi, hedeflerimize ulaşabilmemizi, yaratabilmemizi, bağlantı kurabilmemizi ve kim olduğumuzu muhteşem biçimlerde tanımlayabilmemizi ona borçluyuz. Fakat bu ses dırdırcı iç sese dönüştüğünde çoğu zaman öyle ezici bir hale geliyor ki bütün bunları unutmamıza ve belki de "Keşke iç ses diye bir şey hiç olmasaydı," dememize yol açıyor.

Sözel zihinsel akışımızı nasıl kontrol edebileceğimiz konusunda bilimin bize neler öğrettiğine geçmeden önce, dırdırcı iç sese neden müdahale etmemiz gerektiğini, yani bize verdiği zararları anlamamız gerekiyor. Yıkıcı sözel düşüncelerimizin bize —zihnimize, bedenimize ve ilişkilerimize— neler yapabileceğine yakından baktığınızda, New York sokaklarında dökülen birkaç gözyaşının ucuz atlatmak sayılacağını göreceksiniz.

Kendi Kendimizle Konuşmak
Ters Teptiğinde

*İ*lk hatalı atış basit bir şanssızlıktan ibaret gibi görünüyordu. 3 Ekim 2000 günüydü; Ulusal Lig play-off maçlarının birinci turunda St. Louis Cardinals ve Atlanta Braves arasındaki ilk maç oynanıyordu. Cardinals atıcısı Rick Ankiel, az önce fırlattığı topun tutucunun arkasında zemine çarpıp sekişini ve sonra saha arkasındaki bariyere çarpıp duruşunu izledi. Koşucu birinci kaleden ikinciye geçerken seyircilerden ölçülü, neredeyse teselli edici bir şaşkınlık nidası yükseldi —ne de olsa St. Louis'deki Busch Stadyumu, takımın kendi sahasıydı— ve bu hatalı atışın oyunun dengelerini değiştireceğine dair hiçbir işaret yoktu. Beysbolda en iyi atıcılar bile bazen ıskalar, üstelik Ankiel alelade bir atıcı değildi.

Henüz on yedi yaşındayken beysbol topunu saatte 151 kilometre hızla atabilen bir lise öğrencisi olarak takıma alınan Ankiel, yetenek avcılarına ve spor yorumcularına göre onlarca yıldır beysbol sahnesine çıkmış en iyi atıcılardan biri olabilirdi. İki yıl sonra Ulusal Lig'de çıktığı ilk maçta da izleyenleri hayal kırıklığına uğratmadı. 2000'de oynadığı ilk tam sezonda 194 vurucuyu oyun dışı bıraktı ve takımının elemelere kadar gelmesine yardımcı olan 11 zafer kazandırdı. Her şey muhteşem bir kariyerin başlangıcına işaret ediyordu. Bu yüzden o Ekim günü Atlanta Braves'e karşı oynadıkları ilk eleme turu maçında ilk atıcı olması sürpriz olmamıştı. Tek yapması gereken, hayatta en iyi yaptığı şeyi yapmaktı: Beysbol topunu fırlatmak.

Ankiel hatalı atışı aklından silmeye çalıştı. Çok ender yaptığı bir hataydı ve endişelenmeye gerek yoktu. Daha üçüncü devredeydiler ve takımı şimdiden 6-0 gibi ezici bir üstünlükle oynuyordu. Hem zaten o kadar da kötü bir atış değildi; sadece zemine çarptığında yanlış tarafa sekmiş ve tutucunun uzağına düşmüştü. Oyuna girerken kendini gayet iyi hissediyordu, silkelenip kendini toplaması yeterli olacaktı. Gelgelelim atıcı tümseğindeki yerini alırken ısırgan otu gibi yakıcı bir düşünce zihnini sarmaya başlamıştı. *Şu işe bak*, dedi kendi kendine, *bütün ülke televizyondan beni izlerken hatalı atış yaptım*. O sırada farkında değildi ama gerçekten de endişelenmesi gereken bir şey *vardı*.

Birkaç saniye sonra Ankiel tutucunun işaretlerini okudu, sol elle yaptığı o meşhur patlayıcı atışlarından birini daha gerçekleştirmek üzere gerildi ve... yine hatalı bir atış yaptı.

Bu kez seyircilerden biraz daha yüksek perdeden ve uzun bir nida yükseldi, bir şeylerin ters gittiğini hissetmiş gibiydiler. İkinci kaledeki koşucu üçüncü kaleye koştu. Ağzındaki sakızı çiğnemeye devam eden koyu renk gözlü, yirmi bir yaşındaki Ankiel'in yüzünden bir şey okunmuyor ama içinde fırtınalar kopuyordu. Tutucu topu almaya gider ve öğleden sonra güneşi altında saniyeler geçerken Ankiel zihninin kontrolden çıktığını ve sonradan "canavar" olarak tanımlayacağı zalim, tenkitçi iç sesin ipleri ele geçirdiğini hissetti. Öyle acımasız bir sözel düşünce akışıydı ki bu, yıllarca canla başla çalışarak edindiği şeyi bir anda silebiliyor, tribünlerdeki elli iki bin taraftarın sesini bastırabiliyordu.

Kaygı. Panik. Korku.

Ne kadar kırılgan ve savunmasız bir halde olduğunu –varını yoğunu ortaya koymuş gencecik bir oyuncu olduğunu– artık iliklerine kadar hissediyordu.

Ankiel pek çokları için parlak Amerikan rüyasının vücuda gelmiş haliydi: Florida'nın küçük bir kasabasında doğup büyüyen oğlan çocuğu, sıra dışı yeteneği sayesinde büyük bir başarıya ulaşıyordu. Fakat gerçekte çocukluğu hiç de öyle tozpembe geçmemişti. Sık sık kanunlarla başı belaya giren babası aynı zamanda madde bağımlısıydı; Ankiel ondan hem sözlü hem fiziksel şiddet görerek büyümüş, o yaştaki bir çocuğun taşıyamayacağı kadar ağır duygusal travmalar yaşamıştı. Beysbolu bir kariyerden çok daha fazlası olarak görmesinin nedeni de buydu. Aile yaşantısından farklı olarak kendini iyi hissettiği, işlerin kolay olduğu ve sevinçlerin yaşandığı kutsal bir sığınaktı beysbol. Oysa şimdi tuhaf ve kontrol edilemez görünen bir şeyler olmaya başlamıştı; tüm duyularının köreldiğini, içine dev dalgalar halinde dehşetin yayıldığını hissediyordu.

Yine de kendini toplamaya kararlıydı. Tüm dikkatini vücut ağırlığına, duruşuna ve koluna verdi. Tek yapması gereken, doğru pozisyonu bulmak ve tıpkı parçaları yerli yerine oturunca çalışmaya başlayan bir makine gibi atış işlemini başlatmaktı. Atışını yapmak için gerildi, topu fırlattı.

Ve bir hatalı atış daha yaptı.

Sonra bir daha.

Ve bir daha.

Cardinals daha fazla sayı vermeden Ankiel oyundan alındı. İçindeki "canavarla" birlikte yedek kulübesine giderek gözden kayboldu.

O gün atış tümseğindeki performansı hem utanç verici hem de hiç beklenmedik bir şeydi. En son bir atıcının tek bir devre süresince beş kez hatalı atış yapmasından bu yana yüz yıldan uzun bir süre geçmişti. Fakat geriye dönüp bakınca beysbol tarihinin en üzücü performanslarından biri olmasının asıl nedeni, maçtan sonra olanlardı.

Dokuz gün sonra Mets takımına karşı oynadıkları maçta Ankiel atıcı tümseğine çağırıldığında yine aynı şey oldu. Canavar yeniden ortaya çıktı ve Ankiel üst üste hatalı atışlar yaptı. Bir kez daha, üstelik daha ilk devre sona ermeden oyundan alındı. Bu maçla birlikte ulusal beysbol liginde bir atıcı olarak sürdürdüğü parlak kariyeri sona ermiş oluyordu; fakat sahada yaşayacağı utanç verici durumlar henüz sona ermemişti.

Sonraki sezonda Ankiel birkaç maçta daha atıcı olarak oyuna girdi. Bu maçlar öncesinde sinirlerini yatıştırmak için alkol almak bile zihnindeki canavarı susturamadı. Atışları hep kötüydü. Minor League'e yollandı ve burada da moral bozucu üç yıl geçirdikten sonra 2005 yılında, henüz yirmi beş yaşındayken beysbolu bırakma kararı aldı.

"Artık bu işi yapamıyorum," dedi koçuna.

Rick Ankiel bir daha asla profesyonel bir atıcı olarak topu fırlatmadı.

Bağları Çözmek ve Büyülü Dört

Süper gücünü yitiren, herkesten iyi yaptığı şeyi aniden yapamaz hale gelen ilk elit sporcu Rick Ankiel değil. Dırdırcı iç ses, iç sohbeti ele geçirdiğinde becerilerinin tıpkı külüstür bir kamyonet gibi arızalanıp yolda kaldığını görmek, yıllarca çalışarak bir yeteneği kusursuz hale getirmiş insanların zaman zaman başlarına gelen bir durum. Sadece sporcuların başına da gelmiyor. Ders planlarını ezbere bilen öğretmenlerden yatırımcılara, yapacakları ikna konuşmasını defalarca prova etmiş girişimcilere ve yılların deneyimiyle uzmanlaştıkları karmaşık bir ameliyatı yapan cerrahlara dek öğrenilmiş bir görevde ustalaşan herkesin başına gelebiliyor. Bu becerilerin neden sahiplerini ortada bıraktıkları sorusunun cevabı, kendi kendimizle yaptığımız konuşmaların *dikkatimizi* nasıl etkilediğiyle ilgili.

Hayatımızın her anında kesintisiz bir bilgi bombardımanına uğrar, sayısız görüntüye ve sese ve bu uyaranların ateşlediği düşüncelere ve duygulara maruz kalırız. Dikkat, önemli olmayanları filtreleyip önemli olanlara odaklanmamızı sağlayan şeydir. Yüksek bir ses duyunca otomatik olarak o yöne dönüp baktığımızda olduğu gibi, dikkatimizin çoğunu elimizde olmayan uyaranlara versek de insanları benzersiz kılan bir özelliğimiz, dikkatimizi vermemiz gereken şeylere bilinçli olarak odaklanabilmemizdir.

2000 sonbaharında Ankiel'in başına geldiği gibi, kendimizi ezici duyguların etkisi altında bulduğumuzda iç sesimizin yaptığı şeylerden biri, dikkatimizi toplamak ve başka her şeyi dışarıda bırakacak şekilde yoğunlaşarak sadece karşımıza çıkan engellere odaklanmaktır. Çoğu zaman işe yarayan bu taktik söz konusu öğrenilmiş ve otomatik hale gelmiş bir beceri olduğunda işlemez olur; nitekim atış yapmak Ankiel için böyle bir beceriydi. Bunun nedenini anlamak için, otomatikleşmiş davranışlar sporcuları performanslarının doruğuna çıkardığında yolunda giden şeyin ne olduğuna bakmak faydalı olabilir.

11 Ağustos 2019 günü Amerikalı jimnastikçi Simone Biles, ABD Jimnastik Şampiyonası'ndaki yer hareketleri serisinde resmi bir müsabakada triple double hareketini başarıyla tamamlayan ilk kadın olarak tarihe geçti. Bir yorumcunun o tarihte yazdığı gibi, "Akıl almaz, adeta insanüstü bir güç, koordinasyon ve çalışma gerektiren bir hareketti." Bu hareketi oluşturan adımları tek tek düşünerek yapmak imkânsız olurdu çünkü her şey göz açıp kapayıncaya dek havada olup bitiyor, insan vücudu ile yerçekimi fizik kuralları çerçevesinde karşı karşıya geliyordu.

Biles'ın başarıyla tamamladığı bu olağanüstü hareket için
–hareketin adı olan triple double'dan (üçlü ikili) da anlaşılacağı
üzere– vücudunu aynı anda iki eksende döndürmesi, bir yandan
havada üç kez kendi etrafında dönerken bir yandan da geriye
doğru iki kez perende atması gerekiyordu. Hareketi kusursuz bir
şekilde yapışını yıllar boyu beyninin ustalaştığı koşma, zıplama,
perende, ters perende, havada dönüş ve iniş gibi otomatikleşmiş
hareketlerin birleşip zirveye ulaşması olarak görebiliriz. Biles
bu hareketi gerçekleştirmek için öğrenilmesi yıllar alan ama bir
noktadan sonra beynin bilinçli kontrolüne ihtiyaç duymayan bir
dizi hareketi birbirine eklemişti. Bunları yaparken Biles'ın iç sesi
onu yönlendirmemişti; ancak hareket bittikten sonra seyircilerin
çılgın tezahüratlarına sevinmiş olabilir.

Tüm atletler gibi Biles da triple double hareketini her biri
ayrı olan hareketleri bir araya getirerek ve bunları defalarca aynı
sırada yaparak oluşturmuştu. Zamanla seriyi oluşturan hareketler birbirine eklenmiş ve kesintisiz bir akışa dönüşmüşlerdi.
Otomatik vücut mekaniği ve beyninin bu hareketleri birbirine
ekleme kabiliyeti (ve muhteşem DNA'sı) Biles'ı spor tarihine geçirmişti. Ankiel de psikolojik çöküş yaşadığı o ana dek kusursuz
hareketleri ve olağanüstü kuvvetteki koluyla benzeri bir başarı
grafiği çiziyordu. Peki, o gün atış tümseğinde ne olmuştu?

Ankiel atış hareketini oluşturan *bağları koparmıştı.*

Ankiel'in kafasının içindeki sözel akış, bir araya geldiklerinde
topu atma hareketini oluşturan fiziksel bileşenleri tek tek incelemeye başlamış, bu aşırı dikkat bir bütün halinde işleyen parçaların birbirlerinden ayrılıp dağılmalarına yol açmıştı. İlk birkaç
hatalı atıştan sonra zihninde bir adım geriye çekilerek atışın mekanizmasına; kalçasını, bacaklarını ve kolunu içeren koreografiye odaklanmıştı. İlk bakışta bu, o durumda yapılacak en doğru
şey gibi gelebilir. Geçmişte on binlerce kez kusursuz bir şekilde
gerçekleştirdiği hareket serisinde bir aksaklık olmuştu ve o da

aksaklığı gidermesi için beynini göreve çağırıyordu. Oysaki işlerin ters gitmesine neden olan şey tam da buydu.

Vergi beyannamesi doldururken hataya yer bırakmamak için hesaplamalarınızı iki kez kontrol etmek iyi bir alışkanlıktır, deneyimli bir muhasebeci bile olsanız bunun faydasını görürsünüz. Öte yandan, normalde otomatik hale gelmiş bir davranışı stres altında yaparken hareketlerinizi kontrol etmeye kalkarsanız düşünmeden yerine getirmeyi öğrendiğiniz karmaşık bir senaryoyu paramparça edersiniz. İç sesimizin bizi bir problemin içine daldırma eğilimi de aynı şekilde sonuçlanır. İç ses, parçalarının *toplamı* halindeyken işlev gören bir davranışın her bir parçasına aşırı odaklanmamıza yol açar. Sonuç: fazla analiz nedeniyle kıpırdayamaz hale gelmek, yani analiz felcidir.

Dırdırcı iç ses Ankiel'in atıcı olarak kariyerini bitirmişti ama iç sesimiz bize ihanet ettiğinde ters tepen tek şey, otomatik davranışlarımız değildir. Ne de olsa bizi hayvanlardan ayıran tek özellik, otomatik davranışlarımız değil, bilinçli olarak dikkatimizi bir şeyin üzerinde toplamak için zihnimizi kullanabilmemizdir.

Mantık yürütme, problem çözme, çoklu görev yürütme ve kendimizi kontrol etme becerilerimiz sayesinde hayatımızın iş, aile gibi önemli parçalarını bilgiyle, yaratıcılıkla ve zekâyla idare edebiliriz. Bunun için de planlı, dikkatli ve esnek olmamız gerekir, ki tüm bunları insan beyninin CEO'su olarak görebileceğimiz *yönetici işlevler* sayesinde yaparız. Bu işlevler, cesaret kırıcı bir iç sesin hücumlarına karşı savunmasızdırlar.

Yönetici işlevlerimiz, düşüncelerimizi ve davranışlarımızı arzu ettiğimiz yöne çevirebilme yeteneğimizin temelini oluştururlar. Büyük ölçüde alnımızın ve şakaklarımızın gerisinde yer alan prefrontal beyin bölgelerinden oluşan bir ağ tarafından desteklenen bu işlevler, içgüdüsel süreçlerin yetersiz kaldığı ve bilinçli olarak davranışımızı yönetmemiz gereken durumlarda devreye girer. Elimizdeki işle ilgili bilgiyi zihnimizde canlı tutmaya (işleyen bellek de yönetici işlevlerin bir parçasıdır), ilgisiz bilgiyi filtrelemeye, dikkat dağıtan uyaranları görmezden gelmeye, fikirleri evirip çevirmeye, dikkatimizi gereken yöne vermeye ve özdenetim sağlamaya —örneğin, bilgisayarda çalışırken yeni bir sekme açıp tıpkı bir tavşan deliğine dalar gibi Wikipedia'da işimizle çok da ilgisi olmayan bir sayfaya girme isteğimizi bastırmaya— yararlar. Kısacası, yönetici işlevlerimiz olmasaydı hayatımızı sürdürmek için yapmamız gerekenleri yapamazdık.

Beynimizin böyle bir nörolojik lidere ihtiyaç duymasının nedeni, dikkatimizi bir yöne vermek, akılcı bir şekilde mantık yürütmek, yaratıcı düşünmek ve görevleri yerine getirmek için çoğunlukla otomatik pilottan çıkıp bilinçli bir çaba sarf etmemizin gerekmesidir. Bunları yapmak yönetici işlevlerin bütünüyle işe koşulmasını gerektirir çünkü kapasiteleri sınırlıdır. Tıpkı aynı anda çok sayıda program açıkken yavaşlayan bir bilgisayar gibi, yönetici işlevlerimizin performansı, üzerlerindeki yük arttıkça düşer.

Bu sınırlı kapasitenin belki de en iyi örneği, büyülü dört olarak da adlandırılan olgudur; yani aynı anda aklımızda üç birimle beş birim arasında bilgi tutabilmemizdir. Amerika'daki telefon numaraları on hanelidir. 200-350-2765'i ezberlemek, 2003502765'i ezberlemekten çok daha kolaydır. İlkinde rakamları grupladığınız için üç birim bilgi ezberlersiniz, ikincide ise birbiri ardına gelen on birim bilgiyi ezberlemeniz gerekir ki bu da sistem üzerine çok daha fazla yük binmesi demektir.

Emek-yoğun bir şekilde çalışan yönetici işlevlerimiz her bir nörona ihtiyaç duyarlar fakat olumsuz bir iç ses, nöral kapasitemizin büyük bir kısmını kendine harcar. Yinelenen olumsuz düşüncelerden oluşan sözel akış tüm dikkatimizi duygusal stres kaynağına odaklarken bize başka türlü hizmet edecek olan nöronları da çalar. Bunun sonucunda yönetici işlevlerimizi bir çeşit "ikili görev"le sıkıştırırız; hem o sırada yapmak istediğimiz işi *hem de* dertli iç sesimizi dinleme işini ona yükleriz. Dırdırcı iç sesin dikkatimizi nasıl bölüp bulandırdığının nörolojik açıklaması budur. Hepimiz olumsuz bir sözel akışın ne kadar dikkat dağıtıcı olduğunu biliriz. Sevdiğiniz biriyle aranızda geçen şiddetli bir tartışmadan sonra kitap okumayı ya da dikkat gerektiren bir iş yapmayı denediniz mi hiç? Neredeyse imkânsızıdır. Tartışmadan kaynaklanan bütün olumsuz düşünceler yönetici işlevlerinizi son kapasitesine kadar kullanırlar çünkü içinizdeki tenkitçi ve onun bitmek bilmez dırdırı yönetimi ele geçirmiş, nöron kaynaklarınızı yağmalamaktadır. Kaldı ki çoğumuz için asıl sorun, bu durumdayken bir kitaptaki bilgileri aklımızda tutmaktan çok daha önemli ve ciddi sonuçları olabilecek işler yapmak zorunda olmamızdır. O sırada işimizi yapıyoruzdur veya hayallerimizin peşinden gidiyoruzdur, diğer insanlarla etkileşime giriyoruzdur veya başkaları tarafından değerlendirmeye tabi tutuluyoruzdur.

Odaklanma gerektiren işler söz konusu olduğunda, yinelenen kaygı verici düşünceler şeklindeki dırdırcı iç sesten daha beter bir sabotajcı olamaz. Sayısız araştırma bunun ne kadar güçten düşürücü olduğunu gözler önüne seriyor. Yinelenen kaygı verici düşünceler şeklindeki dırdırcı iç ses öğrencilerin sınavlardan daha düşük not almalarına, sanatçıların sahne korkusu yaşamalarına veya en ufak aksaklıkları birer felaket gibi görmelerine, iş görüşmelerinde kişinin pazarlık gücünün düşmesine sebep olur. Örneğin bir araştırmacı, insanların kaygı nedeniyle arzu ettiklerinden çok daha düşük ücretler veya bedeller teklif ettiklerini, pazarlıktan erken çekildiklerini ve daha az para kazandıklarını ortaya koymuş. Burada çok kibarca söylenen şey, bu kişilerin dırdırcı iç ses nedeniyle işlerinde çuvalladıklarıdır.

Hayatımızın herhangi bir anında iç sesimizin dengesini altüst edebilecek sayısız şey vardır. İç sesimizin dengesi bozulduğunda o sırada uğraşmamız gereken işe odaklanmakta zorluk çekeriz, çoğu zaman bu durum iç diyaloğumuzu daha da fırtınalı bir hale getirir. Doğal olarak, kendimizi böyle çalkantılı sularda bulduğumuzda kurtulmanın bir yolunu ararız. Peki ama tam olarak ne yaparız?

Otuz yıl kadar önce orta yaşlı, mülayim bir psikoloğun merakını cezbeden soru buydu işte. Araştırması sırasında dırdırcı iç sesin nelere mal olduğunu sorguladı ve dikkat dağınıklığından çok daha ağır bedeller ödediğimizi keşfetti. İç sesimiz sosyal hayatımızı da etkiler.

İtici Ses

1980'lerin sorunda Bernard Rimé adında gözlüklü bir Belçikalı psikolog, dırdırcı iç sesin başlıca özelliği olan şiddetli olumsuz duyguların insanları son derece sosyal bir süreç olan konuşmaya itip itmediğini araştırmaya karar verdi.

Rimé yaptığı pek çok araştırmada laboratuvarına insanlar getirdi ve onlara geçmişlerindeki olumsuz deneyimler hakkında başkalarıyla konuşup konuşmadıklarını sordu. Ardından dikkatini şimdiki zamana yönelterek bu insanlardan birkaç hafta boyunca günlük tutmalarını ve yaşadıkları her bir nahoş deneyimden sonra bunu sosyal ağlarındaki kişilerle paylaşıp paylaşmadıklarını not etmelerini istedi. Ayrıca laboratuvarında yaptığı deneylerde insanları kışkırtarak sonrasında yanlarındaki kişilerle tepkilerini paylaşıp paylaşmadıklarını gözlemledi.

Rimé her defasında aynı sonuca ulaştı: İnsanlar olumsuz deneyimleri hakkında başkalarıyla konuşmak için karşı konulmaz bir istek duyarlar. Ama iş bu kadarla da kalmaz. Duygu ne kadar şiddetliyse insanlar o kadar fazla konuşmak isterler. Dahası, ilerleyen saatlerde, günlerde, haftalarda, hatta hayatlarının geriye kalanı boyunca bu olumsuz deneyime dönüp ondan bahsetme sıklıkları da duygunun şiddetiyle doğru orantılıdır.

İnsanların yaşları ya da eğitim düzeyleri değişse de Rimé'nin bulguları aynıydı. Erkekler de kadınlar kadar bunu yapmaya yatkındılar. Farklı coğrafyalarda ve kültürlerde dahi aynı durum geçerliydi. Asya'dan Amerika'ya ve Avrupa'ya kadar değişmeyen bir şey vardı: Güçlü duygular tıpkı bir jet uçağını harekete geçiren yakıt gibi insanları deneyimlerini paylaşmaya itiyordu. İnsan doğasının bir kanunu gibiydi bu. Yegâne istisnalar, insanların çoğunlukla gizlemek istediği utanç duygusu veya üzerinde durmaktan kaçındıkları bazı travma türleriydi.

İlk bakışta malumun ilamı gibi gelse de bir bulgunun her durumda bu kadar tutarlı olarak ortaya çıkması hayret vericiydi. Hepimizin bildiği gibi, insanlar güçlü duygular hakkında çok konuşurlar. Genellikle arkadaşlarımızı, "Hey, bugün kendimi epey normal hissediyorum," demek için aramayız. Konuştuğumuzda ağzımızdan dökülen sözcükler, zihnimizdeki sözel akışın zirve yaptığı ve dibe vurduğu noktaların yansımasıdır.

Normal ve zararsız görünen bu davranış, olumsuz iç sesimizi *tekrar tekrar* başkalarıyla paylaşmaya dönüştüğünde dırdırcı iç sesin ve sosyal hayatın en çarpıcı ironilerinden birini doğurur: Aklımızdaki düşünceleri bize destek olmasını umduğumuz anlayışlı dinleyicilere aktarırız fakat bunun ölçüsünü kaçırdığımızda en çok ihtiyaç duyduğumuz kişileri kendimizden uzaklaştırırız. Sanki dırdırcı iç sesin verdiği acı, karşımızdaki kişinin sabrının tükenmekte olduğunu belli eden sosyal işaretlere karşı körleşmemize neden olur. Bir noktayı netleştirmekte fayda var: Bu, sorunlarınız hakkında başkalarıyla konuşmanın kötü olduğu anlamına gelmez. Fakat normal koşullarda insana yardımcı olacak bir deneyimin dırdırcı iç ses yüzünden tam tersine dönebileceğini gösterir.

Karşımızdaki insanı ne kadar çok seversek sevelim, çoğumuz bir başkasının dert yanmasını ancak bir yere kadar dinleyebiliriz.

Hele karşımızdakinin bizi dinlediğini hissetmiyorsak onun dert yanmalarına tahammül edebileceğimiz seferlerin sayısı da sınırlıdır. İlişkilerin yaşaması karşılıklılık esasına bağlıdır. Terapistimiz bizi dinlediği saat karşılığında ücret alırken arkadaşlarımızın bunu bedavaya yapmasının bir sebebi de budur. Eğer bu sohbetlerin dengesi bozulur ve hep bir taraf ağır basmaya başlarsa aradaki sosyal bağlar zayıflar.

İşin kötüsü, bu olduğunda dert yanmanın ölçüsünü kaçıran ve istemeden de olsa çevresindeki insanları uzaklaştıran kişinin problem çözme becerisi de azalır. Bu durum kişinin ilişkilerindeki aşınmayı telafi etmesini daha da güçleştirir ve sonunda zehirli bir noktaya gelip dayanan bir kısırdöngü yaratır: dış dünyadan kopma ve yalnızlık.

İlerleyen sosyal izolasyon sürecinin nasıl işlediğini daha net görebilmek için çok yaygın görülen ve adına ortaokul denen duygusal fırtınaya bakabiliriz. Binin üzerinde ortaokul öğrencisini yedi ay boyunca izleyen bir araştırmaya göre, yinelenen olumsuz düşünceye yatkın olan çocuklar, buna daha az yatkın olan çocuklara kıyasla yaşıtlarıyla daha fazla konuştuklarını bildiriyorlardı. Gelgelelim bu onlara faydadan çok zarar getiriyordu. Sosyal olarak dışlanmak ve reddedilmek, yaşıtlarının dedikodu konusu olmak, hatta şiddetle tehdit edilmek gibi bir dizi acı verici sonuca yol açıyordu.

Ne yazık ki bu araştırmada ergenlik öncesi ve ergen çocuklarda gözlemlenen durum yetişkinlikte de devam ediyor. Dahası, dert yanmak için ne kadar geçerli bir sebebiniz olursa olsun sonuç değişmiyor; dırdırcı iç sesi haddinden fazla dillendirirseniz insanları kendinizden uzaklaştırıyorsunuz. Yas tutan yetişkinler üzerinde yapılan bir çalışma, tekrarlayan olumsuz düşünceye yatkın insanların bir kayıp yaşadıktan sonra sosyal destek almak umuduyla çevrelerindeki insanlarla iletişim kurmak için daha çok girişimde bulunduklarını ortaya koydu, ki bu gayet normal.

Asıl endişe verici olan, bu insanların bu çabalarının sonucunda daha fazla sosyal sürtüşme yaşadıklarını ve daha az duygusal destek aldıklarını bildirmeleri.

Dırdırcı iç sesin insanları itici kılmasının tek nedeni, yol açtığı kontrolsüz duygusal paylaşım değil. Çatışmaları tekrar tekrar akıllarına getirip üzerinde duran insanlar saldırgan davranışa daha yatkın oluyorlar. Bu konuda yapılan bir deneyde deney yürütücüsü, katılımcıların yazdıkları makaleleri kaba bir dille eleştirmiş ve onlara hakaret etmiş. Sonrasında bu konuda ne hissettikleri üzerine defalarca düşünmeye ve konuşmaya teşvik edilen katılımcıların deney yürütücüsüne karşı çok daha düşmanca davrandıkları görülmüş. Katılımcılara deney yürütücüsüne rahatsız edici derecede yüksek sesle gürültü dinletme şansı verildiğinde, yaşadıkları deneyim hakkında tekrar tekrar düşünüp konuşmaya teşvik edilen katılımcılar diğer katılımcılara kıyasla bunu daha fazla yapmışlar. Bir başka deyişle, bana yaptığınız şey hakkında ne kadar çok dertlenirsem, bu olumsuz duyguları ne kadar uzun süre diri tutarsam sonucunda size karşı saldırgan davranma olasılığım da o kadar artar. Dırdırcı iç ses aynı zamanda öfkemizi hak eden kişilere değil, başkalarına yöneltmemize de yol açıyor. Örneğin, patronumuz bizi kızdırdığında acısını çocuklarımızdan çıkarıyoruz.

Öte yandan bu araştırmaların hiçbiri *dijital* yaşantımızı hesaba katmıyor. Rimé'nin duygular ve sosyal hayatlarımız hakkındaki çalışması, içinde bulunduğumuz internet üzerinden paylaşım çağında yepyeni bir anlam kazanıyor. Facebook ve benzeri sosyal medya uygulamaları bize iç sesimizi paylaşabildiğimiz ve başkalarının iç seslerini (ya da en azından iç sesleri olduğunu düşünmemizi istedikleri şeyleri) dinleyebildiğimiz, dünyayı değiştirecek güce sahip bir platform sağladı. Nitekim insanlar Facebook'a giriş yaptıklarında gördükleri ilk şey, cevabını herkesle paylaşmaya teşvik edildikleri şu soru: *"Ne düşünüyorsun?"*

Biz de cevabımızı paylaşıyoruz; hem de ne paylaşmak.

2020 itibarıyla yaklaşık iki buçuk milyar kişi –dünya nüfusunun neredeyse üçte biri– Facebook ve Twitter kullanıyor ve bunu sık sık kişisel iç konuşmalarını paylaşmak için yapıyor. Sosyal medyada paylaşım yapmanın doğasında bir kötülük olmadığını da söylemek gerek. Ortamlar kendiliklerinden iyi veya kötü olmazlar; tek sorun, sosyal medyanın türümüzün uzun tarihinde henüz çok yeni bir ortam olması ve burada çok zaman geçirmemiz. Bir ortamın bize faydalı mı yoksa zararlı mı olacağı, onunla etkileşimimize bağlıdır. Bununla birlikte, düşünce akışımızı canlı yayında duyurmak için hissettiğimiz güçlü arzuyu göz önüne alınca, sosyal medyanın endişe verici olduğu iki alan var: duygudaşlık ve zaman.

Hem bireysel hem de kolektif anlamda duygudaşlığın önemini ne kadar vurgulasak az kalır. Başkalarıyla anlamlı ilişkiler kurmamızın, kendimizi sık sık bir konuda dert yanarken bulmamızın (bunu yaparken başkalarından duygudaşlık bekleriz) sebebi olan duygudaşlık, toplumları bir arada tutan mekanizmalardan biridir. Bu özelliğe sahip olacak şekilde evrimleştik çünkü türümüzün hayatta kalmasına yardımcı oluyor.

Araştırmalar, başkalarının duygusal tepkilerini gözlemlemenin –örneğin, bir başkasını yüzünü buruştururken görmenin ya da sesinin titrediğini duymanın– duygudaşlığı tetikleyen etkili bir yol olduğunu ortaya koyuyor. Fakat gündelik hayatta duygudaş tepkiler yaratan incelikli fiziksel jestler, mikro mimikler ve ses tonu değişiklikleri sanal ortamda yok. Bunun sonucu olarak da beynimiz, zalimce ya da antisosyal davranışı dizginlemek gibi son derece önemli bir sosyal işlevi olan bilgiden yoksun kalıyor. Bir başka deyişle, duygudaşlığın azalması çoğunlukla siber zorbalığa ve trollemeye yol açıyor, ki bunların da sonuçları oldukça ağır oluyor. Örneğin, siber zorbalığın uzun süreli depresyon, kaygı bozukluğu ve madde bağımlılığının yanı sıra baş ağrısı, uyku bozukluğu, sindirim sistemi hastalıkları ve stresle başa çıkma sistemlerinin işleyişinde değişiklik gibi çok sayıda zararlı fiziksel etkiye yol açtığı görülmüştür.

Duygusal hayatlarımızı idare ederken önemli olan bir başka etken de zamanın geçmesi, özellikle de bizi mutsuz eden yaşantıların üzerinden zaman geçmesi. Çevrimdışı hayatta biriyle konuşacağımız zaman çoğunlukla o kişiyle görüşene kadar veya o kişi sohbet etmeye uygun hale gelene kadar beklememiz gerekir. Bunu beklerken sihirli bir şey meydana gelir: Zaman geçer ve bu sayede duygularımızı ve düşüncelerimizi daha serinkanlı bir şekilde gözden geçirme fırsatımız olur. Gerçekten de "Zaman her şeyin ilacıdır" veya "Zamana bırak" gibi tavsiyelerin etkinliği bilimsel araştırmalarla da kanıtlanmıştır.

Şimdi kendimizi dijital yaşantının hüküm sürdüğü paralel dünyaya aktaralım ve akıllı cihazlarımız sayesinde o dünyaya her an erişebildiğimizi aklımızda tutalım. Sosyal medya olumsuz bir duygusal tepkinin hemen ertesinde, aradan zaman geçip de ne hissettiğimizi ve ne yapmayı planladığımızı yeniden düşünme fırsatımız olmadan diğer insanlarla bağlantı kurmayı mümkün kılar. Yirmi birinci yüzyılın her an bağlı olabilme özelliği sayesinde, içimizdeki öfkenin en alevli olduğu anda, iç sesimiz damlara çıkıp ağzına geleni haykırmak isterken bunu yapma şansı bulur.

Mesaj yazarız. Tweet atarız. Yorum yaparız.

Aradan geçen zaman ve duygudaşlık uyandıran fiziksel etkenlerin yokluğuyla sosyal medya, iç sesin yakışıksız taraflarının kabul gördüğü bir yer haline gelir. Bu da gitgide artan çatışmalara, düşmanlığa ve hem karşılıklı taraflarda hem de muhtemelen bir bütün olarak toplumda daha fazla dırdırcı iç sese yol açabilir. Ayrıca zamanın ve duygudaşlığın araya çektiği set ortadan kalkınca normalde kendimize saklayacağımız şeyleri de paylaşmaya ve eskiden hiç olmadığı kadar fazla paylaşım yapmaya başlarız.

Tıpkı sorunlarımız hakkında başkalarıyla çok sık ve çok fazla konuşmak gibi, fazlasıyla duygusal sosyal medya gönderileri de başkalarını rahatsız eder ve bizden uzaklaştırır. Kişi bunu yaptığında dile getirilmeyen davranış kurallarını çiğnemiş olur ve diğer kullanıcılar sanal dünyada aşırı paylaşım yaparak destek bekleyen insanların bu desteği gerçek dünyada arkadaşlarından talep etmesi gerektiğini düşünürler. Tahmin edileceği gibi, depresyonda olan insanlar —sözel akış da depresyonu besler— sosyal medyada daha fazla olumsuz kişisel içerik paylaşırlar ve bunca paylaşıma rağmen depresyonda olmayan insanlara kıyasla sosyal ağlarının daha az yardımsever olduğu kanısındadırlar.

Fakat sosyal medya yalnızca aklımızdan geçen düşünce ve duyguları (kimi zaman ölçüsünü kaçırarak) paylaşacak bir platform sağlamakla kalmaz, iç diyaloğumuzu duygudaşlık ve zamanla ilgisi olmayan şekillerde de yoldan saptırır. Sosyal medya aynı zamanda başka insanların hayatımızda neler olduğunu düşünmelerini istiyorsak onları gösterdiğimiz bir yerdir ve paylaşmayı seçtiğimiz şeyler, başkalarının içindeki dırdırcı iç sesi körükleyebilir.

İnsanın kendini gösterme ihtiyacı güçlüdür. Sürekli olarak dış görünüşümüzü başkalarında uyandırmak istediğimiz izlenime göre düzenleriz. Bu hep böyleydi ama sosyal medya dışarıya yansıttığımız görüntü üzerinde gitgide daha fazla kontrol sahibi olmamızı sağladı. Sayesinde hayatlarımızın seçili kısımlarını özenle bir araya getirip sergiliyoruz ve hayatımızın Photoshop'lanmış bu versiyonunda mutsuz veya başarısız göründüğümüz ya da estetik olarak çekici olmadığımız hallerimize yer yok. Böyle bir sergilemeyle kendimizi daha iyi hissedebilir, başkalarının gözünde olumlu görünme ihtiyacımızı tatmin edebilir, iç sesimizi suyun üstünde tutabiliriz.

Gelgelelim işin bir de öbür yüzü var. Hayatımızın ışıltılı anlarını paylaşmak kendimizi daha iyi hissetmemizi sağlayabilir ama paylaştıklarımızı gören kullanıcıların da kendilerini daha kötü hissetmelerine neden olabilir. Çünkü kendimizi olumlu bir ışıkta gösterme isteğimiz ne kadar güçlüyse kendimizi başkalarıyla kıyaslama dürtümüz de o kadar güçlüdür. Ve sosyal medya beynimizdeki sosyal kıyaslama donanımını kapasitesinin çok üstünde çalıştırır. Örneğin, 2015 yılında meslektaşlarımla birlikte yayınladığımız bir çalışmayla insanların Facebook'ta edilgen bir şekilde dolaşıp başkalarının hayatlarına göz atarak ne kadar çok zaman geçiriyorlarsa o kadar çok imrenme duygusu yaşadıklarını ve sonrasında da kendilerini o kadar daha kötü hissettiklerini göstermiştik.

Duygularımızı sosyal medyada yayınlamak ve oradaki kendini sergileme kültürünün bir parçası olmak dırdırcı iç sesi bu kadar körüklüyorsa neden paylaşmaya devam ettiğimizi sorgulamak gerekir. Bu soruya verilebilecek bir yanıt, çoğu zaman insanın o sırada haz veren bir davranışı sonradan ortaya çıkacak olumsuz etkilerini bildiği halde yine de yapmasıdır. Araştırmalar bir insanı çekici bulduğumuzda veya arzu edilir maddeleri (kokainden çikolataya kadar her şey) tükettiğimizde beynimizde işleyen devrenin başkalarına kendimizle ilgili bilgi verirken de aktif hale geldiğini gösteriyor. Örneğin, 2012 yılında Harvard'lı nörobilimciler tarafından yayınlanmış oldukça çarpıcı bir araştırma, insanların kendilerine verilen parayı kabul etmektense kendileriyle ilgi bilgi paylaşmayı tercih ettiklerini ortaya koyuyor. Bir başka deyişle, sosyalleşmekten duyulan esriklik, tıpkı nöronal esriklik gibi, dopamin reseptörlerimiz için tadına doyulmaz bir deneyimdir.

Bütün bunlar dırdırcı iç sesin hem çevrimiçi hem de çevrimdışı sosyal davranışımızı yönetmesine izin verdiğimizde çoğunlukla bir dizi olumsuz sonuçla karşılaşacağımıza işaret ediyor. İçimizden veya dış dünyada yaptığımız konuşmaların verdiği en büyük hasarlardan biri, etrafımızdan alabildiğimiz desteğin azalmasıdır. Bu durum bizi gitgide daha çok yaralayan bir sosyal izolasyon kısırdöngüsü yaratır. Gerçekten de eğer dikkatle dinlerseniz, başkaları tarafından reddedilen çoğu insanın, hissettiği acıdan bahsederken fiziksel acıyı tarif etmek için kullanılan sözcükleri seçtiğini görürsünüz.

Inuitçeden Almancaya, İbraniceden Macarcaya, Kantoncadan Butan diline kadar pek çok dünya dilinde insanlar duygusal acıyı tarif etmek için fiziksel yaralanmayla ilgili sözcükleri kullanırlar; kırılmak, incinmek, yanmak bunların sadece birkaçıdır. Bunun tek sebebinin insanların mecazdan yana maharetli olmaları olmadığı anlaşılmıştır. Meslek hayatım boyunca yaptığım en tüyler ürpertici buluşlardan biri, dırdırcı iç sesin insanları sadece duygusal olarak değil, fiziksel olarak da incittiğini görmekti. Öyle ki bedenimiz üzerindeki etkileri fiziksel acıyı nasıl duyacağımızdan tutun, hücrelerimizin içindeki genlerin işleyişine dek uzanıyor.

Hücrelerimizin İçindeki Piyano

Birer birer bodrum kattaki laboratuvarımıza geldiler: New York'un kalbi kırık sakinleri.

2007 yılıydı. Meslektaşlarımla birlikte duygusal acının beyinde nasıl göründüğünü anlamak amacıyla bir çalışma başlatmıştık. Çalışmamıza katılımcı olarak alacağımız gönüllüleri rastgele seçmek yerine —çünkü o zaman laboratuvarda onları üzmenin etkili ama aynı zamanda da etik bir yolunu bulmamız gerekecekti— hâlihazırda acı çekmekte olan kırk gönüllü bulduk: Hepsi de yakın geçmişte —bildiğimiz en şiddetli duygusal işkencelerden biri olan— bir kalp kırıklığı yaşamıştı. Metro duvarlarına ve parklara ilanlar astık ve en az altı ay sürmüş tekeşli bir ilişkinin ardından terk edilmiş kişiler aradığımızı duyurduk:

YAKIN ZAMANDA İSTEMEDİĞİNİZ ZOR BİR AYRILIK MI YAŞADINIZ?
HÂLÂ ESKİ PARTNERİNİZE KARŞI GÜÇLÜ DUYGULAR MI
BESLİYORSUNUZ?

BEYNİN DUYGUSAL VE FİZİKSEL ACIYI NASIL İŞLEDİĞİYLE İLGİLİ
BİR DENEYE KATILIN!

Sekiz milyon nüfuslu bir şehirde gönüllü bulmak hiç de zor olmadı. Gönüllüleri kışkırtacak bir şey yaptığımızı belirtmeliyim. Onlardan kendilerini terk eden kişinin bir fotoğrafını getirmelerini istedik. Elbette bir sebebi vardı. Gönüllüler MRI tarama cihazında yatarken karşılıksız aşklarının nesnesine bakmalarını ve tam ayrılık anındaki duygularını hatırlamalarını isteyecektik: Böylece dırdırcı iç sesin nöral fotoğrafını çekmeyi umuyorduk. Fakat bilmek istediğimiz bir şey daha vardı: Beynin duygusal acıyı işleyişiyle *fiziksel* acıyı işleyişi arasında benzerlik olup olmadığını merak ediyorduk. Bu amaçla kollarına sıcak bir kahve fincanı değmiş hissi yaratacak kadar ısı uyguladık.

Ardından yitirdikleri aşklarının fotoğrafına bakarken alınan MRI sonuçları ile sıcak kahve simülasyonundaki sonuçları karşılaştırdık. İnanılmaz bir şekilde, beynimizde fiziksel acıyı algılayışımızda rol oynayan bölgelerle duygusal acıda rol oynayan bölgelerin büyük ölçüde örtüştüğünü gördük. Bir başka deyişle, bulgularımız duygusal acının fiziksel bir bileşeni de olduğunu gösteriyordu.

Bu sonuçlar ve aynı sıralarda başka laboratuvarlarda yapılan deneylerden elde edilen bulgular, sosyal acı gibi sahiden de tanımlanması güç kavramların bedenlerimizde olup biteni nasıl etkilediğini, özellikle de stresin ne gibi etkiler yarattığını gün ışığına çıkarmaya başlamıştı.

"Stres öldürür" demek yirmi birinci yüzyılda artık bir klişe haline geldi. Stres, günümüzde sadece Amerika Birleşik Devletleri'nde yılda 500 milyar dolarlık üretkenlik kaybına yol açan bir salgın hastalıktır. Bununla birlikte, stresin bir uyum sağlama tepkisi, yani adaptif bir tepki olduğu gerçeğini çoğu zaman unuturuz. Stres, bedenimizin bizi tehdit etmesi muhtemel durumlara karşı geliştirdiği bir yanıttır. Fakat stres *kronik* hale geldiğinde —savaş ya da kaç alarmı *hiç durmadan* çaldığında— adaptif olmaktan çıkar. Tahmin edileceği gibi, stresi aktif halde tutan başlıca unsurlardan biri, olumsuz sözel akıştır.

Tehdit elbette fiziksel tehlikeyi de içerir ancak bundan çok daha sık yaşanan bir dizi başka deneyimi de kapsar. Örneğin, altından kalkabileceğimizden emin olmadığımız durumlarla karşı karşıya kaldığımızda tehdit altında olduğumuzu hissederiz. İşsiz kalmak veya yeni bir işe başlamak, bir arkadaşla ya da aile üyesiyle tartışmak, yeni bir şehre taşınmak, bir sağlık sorunu yaşamak, sevdiğimiz bir kişinin ölümünün ardından yas tutmak, boşanmak veya suç oranının yüksek olduğu bir semtte oturmak bu durumlara örnektir. Bunların hepsi de fiziksel bir tehlikeyle karşı karşıya olduğumuzda ortaya çıkan tehdit yanıtını tetikleyebilecek olumsuz koşullardır. Beynimizdeki tehdit alarmı devreye girdiğinde bedenimiz tıpkı düşman istilasına karşı ordusunu harekete geçiren bir ülke gibi kendini hazırlar.

Birinci aşama beynin koni biçimli bir bölgesi olan hipotalamusta başlar. Hipotalamus beynin diğer bölgelerinden gelen bir tehdit mesajı aldığında damarlarınıza adrenalin salınmasına neden olan bir dizi kimyasal tepkimeyi başlatır. Adrenalin kalbinizin daha hızlı atmasını, kan basıncınızın ve enerji düzeyinizin artmasını ve duyularınızın keskinleşmesini sağlar. Hemen ardından jet motorlarınızı ateşleyerek çalışır halde tutan ve enerji düzeyinizi koruyan stres hormonu kortizol salgılanır. Bütün bunlar olurken haberci görevi gören kimyasallar tehdide anında karşılık verebilmeniz için elzem olmayan diğer tüm bedensel sistemlerin, örneğin sindirim ve üreme sistemlerinin işleyişlerini baskılar. Bir kriz anında iştahınızın veya cinsel isteğinizin yok olduğunu fark ettiyseniz nedeni bu kimyasal habercilerdir. Tüm bu değişikliklerin tek bir amacı vardır: Strese neden olan şeye hızlı karşılık verme kabiliyetinizi artırmak. Bu, o sırada gerçek hayatta karşı karşıya kaldığınız bir durum da olabilir (örneğin, evinize bir hırsızın girdiğini görmek), sadece zihninizde kurguladığınız bir durum da.

Evet, gerçekten de sadece düşünerek kronik fizyolojik stres tepkisi yaratabiliriz. İç sesimiz bu stresi beslediğinde, sağlığımız üzerinde son derece yıkıcı bir etkisi olabilir.

Sayılamayacak kadar çok araştırma, strese yanıt verme sistemlerimizin uzun süreli çalışması ile kalp damar hastalıklarından uyku bozukluklarına ve pek çok kanser türüne kadar uzanan geniş bir yelpazedeki hastalıklar arasında ilişki olduğunu ortaya koyuyor. Bu durum, kronik olarak kendini dışlanmış ve yalnız hissetmek gibi stresli deneyimlerin sağlığımıza ne kadar ağır bir bedeli olduğunu açığa çıkarıyor. Nitekim yapılan araştırmalar, güçlü bir sosyal destek ağından yoksun olmanın günde on beşten fazla sigara içmek kadar büyük bir ölüm riski faktörü olduğunu gösteriyor ki bu, aşırı miktarda alkol tüketmekten, egzersiz yapmamaktan, obez olmaktan veya hava kirliliğinin fazla olduğu bir şehirde yaşamaktan da yüksek bir ölüm riski faktörüdür.

Kronikleşmiş olumsuz düşünceler zihinsel bozukluğun sınırları içinde de bulunabilir fakat bu, dırdırcı iç sesin klinik depresyonla, kaygı bozukluğuyla veya travma sonrası stres bozukluğuyla aynı şey olduğu anlamına gelmez. Yinelenen olumsuz düşünce mutlaka bu durumların varlığına işaret etmez fakat hepsinin ortak bir özelliğidir. Bilim insanları, yinelenen olumsuz düşüncenin pek çok bozukluk için tanılar arası (transdiagnostik) bir risk faktörü olduğunu, yani pek çok zihinsel bozukluğun temelinde dırdırcı iç sesin bulunduğunu düşünüyorlar.

Öte yandan dırdırcı iç sesin stresi beslemesinin en korkunç tarafı şudur: Panik tepkimiz uzun süreye yayıldığında yol açtığı fizyolojik hasar sadece bedenimizin hastalıklarla mücadele etme ve işlevlerini sorunsuz bir şekilde yerine getirme kabiliyetine zarar vermekle kalmaz. DNA'mızın sağlığımız üzerindeki etkisini de değiştirebilir.

Üniversitede şu basit formülü öğrendim: Genler + Çevre = Biz. Dersler boyunca hocalarımız bize insan hayatının şekillenmesi söz konusu olduğunda genlerin ve çevrenin etkilerinin birbirine karışmadığını öğrettiler. Yetiştiriliş bir kutudaydı, kalıtım başka bir kutuda. Uzun zaman boyunca kabul gören bu yaygın kanı ansızın değişti. Yeni araştırmalar bu denklemin gerçekle uzaktan yakından ilgisi olmadığını pek çok bilim insanını şaşırtan bir şekilde ortaya koydu. Belli bir tür gene sahip olmanız o genin sizi etkilediği anlamına gelmiyor. Kim olduğumuzu belirleyen şey, söz konusu genlerin aktif hale gelip gelmediği.

Bunu zihninizde canlandırmanın bir yolu, DNA'nızın hücrelerinizin derinliklerine gömülü bir piyano olduğunu düşünmek. Piyanonun tuşları sizin genleriniz ve bu tuşlara çok farklı biçimlerde basmak mümkün. Bazı tuşlara hiç basılmayabilir. Bazılarınaysa sık sık ve diğer bazı tuşlarla birlikte basılabilir. Beni sizden, sizi dünyadaki herkesten farklı kılan şeylerden biri, bu tuşlara basılma biçimi. Hücrelerinizin içindeki bu genetik resitale gen ekspresyonu adı veriliyor ve bedeniniz ile zihninizin işleyişi üzerinde önemli bir rol oynuyor.

Görülen o ki iç sesimiz genetik tuşlarımızla oynamayı seviyor. Kendi kendimizle nasıl konuştuğumuz hangi tuşlara basılacağını belirleyebiliyor. UCLA'de tıp profesörü olan Steve Cole tüm meslek hayatını çevrenin ve kalıtımın hücrelerimiz içindeki çarpışmasını incelemeye adamış bir bilim insanı. Onun ve meslektaşlarının yürüttüğü çok sayıda araştırma, dırdırcı iç sesin beslediği kronik tehditle yaşamanın genlerimizin ekspresyonunu değiştirdiğini ortaya koyuyor.

Cole ve diğerleri, kronik tehdit algısıyla yaşayan insanlarda —bu duygunun kaynağı ister yalnızlık ister yoksulluğun yol açtığı stres ya da bir hastalık teşhisi olsun— benzer bir dizi inflamasyon geninin daha güçlü olduğunu keşfettiler. Bunun nedeni, hücrelerimizin kronik *psikolojik tehdit* deneyimini fiziksel olarak saldırıya uğrama tehdidi gibi son derece somut ve düşmanca bir tehdit olarak yorumlamasıdır. İç konuşmalarımız uzun bir zaman boyunca ve sık aralıklarla tehdit sistemimizi aktif hale getirdiğinde, hücrelerimize kısa vadede bizi koruma işlevi gören ama uzun vadede bize zarar veren inflamasyon genlerini tetikleyen mesajlar gönderilir. Aynı zamanda viral patojenleri etkisiz hale getirmek gibi gündelik işleri yapan hücrelerin işleyişi bastırılır ve böylece hastalıkların ve enfeksiyonların önü açılır. Cole, dırdırcı iç sesin bu etkisine "moleküler düzeyde ölüm" adını veriyor.

Güç mü, Zayıflık mı?

Olumsuz iç konuşmalarımızın zihnimiz, ilişkilerimiz ve bedenimiz üzerindeki etkilerini öğrenmek ürkütücü olabiliyor. Tüm zamanını bu çalışmalarla geçiren bir bilim insanı olarak bu araştırmanın kendi hayatım ve sevdiklerimin hayatları için ne anlama geldiğini düşünmeden edemiyorum. Kızlarımdan birinin bir konuda dertlendiğini her görüşümde kaygılanmıyorum desem yalan olur.

Yine de etrafıma baktığımda umut vaat eden örnekler de görüyorum. Okuldaki ilk yıllarında kendine güven eksikliğinde boğulan genç öğrencilerin sonraki yıllarda özgüvenleri tam, dünyaya katkı sunmaya hazır bireylere dönüştüklerini görüyorum.

Olağanüstü zorluklar içindeyken başka insanlarla bağ kurmanın yollarını bulan ve sosyal ağlarından destek alan insanlar görüyorum. Kronik stresle yaşadıkları halde sağlıklı hayatlar süren insanlar görüyorum. Büyükannem Dora, Polonya'da genç bir kadınken koca bir yılını ormanda Nazilerden saklanarak, dehşet içinde geçirmiş olmasına rağmen sonrasında ABD'de yetmiş yıl daha yaşayarak sağlıklı, mutlu bir hayat sürdü.

Birbirinin zıddı olan bu örnekler beni tekrar insan zihninin muazzam bilmecesine getiriyor: iç sesimizin nasıl hem bir güç hem de bir zayıflık olabileceğine. Zihnimizdeki düşünce akışı bizi darmadağın edebilir ama anlamlı başarılara ulaşmamızı da sağlayabilir... nasıl kontrol edeceğimizi bilirsek. İnsan türü olarak evrimleşirken bizi dırdıra boğabilen iç sesi nasıl geliştirdiysek en büyük gücümüze dönüştürecek araçları da geliştirdik. 2007'de Ulusal Lig sahalarına dönen Rick Ankiel'e bir bakmanız yeterli. Bu kez atıcı değil dış saha oyuncusu olan Ankiel, on binlerce taraftarın karşısında oynamanın baskısını göğüslemeyi başardı.

Ankiel ulusal ligde yedi yıl daha oynadı ve bu dönemde de dış sahadaki roket gibi koluyla ve plakadaki patlayıcı vuruşuyla ün yaptı. Kendini "olabilecek en kötü zamanda" kariyeri yerle bir olmuş bir atıcı olarak tanımlıyor ve şöyle diyordu: "Beş yıl boyunca takıntıya varan bir azimle mücadele ederek bu kez de topu tribünlerin en üst sırasına gönderebilen bir vurucuya ve altın kollu dış saha oyuncusuna dönüştüm. Her şey çok acayip ve muhteşemdi."

Daha da acayip ve muhteşem olansa 2018'de, emekliye ayrılmasının üzerinden dört yıl geçmişken eski profesyonel beysbol oyuncularının yer aldığı bir gösteri maçında, Braves maçında yaşadığı o talihsizlikten yaklaşık yirmi yıl sonra yeniden atış tümseğine çıkmasıydı.

Bu kez karşısındaki vurucuyu oyun dışı bıraktı.

Artık iç sesimizi kendi yararımıza kullanma tekniklerini öğrenmeye başlayabiliriz ve bunun için uzaklara bakmamıza hiç gerek yok. Bugüne kadarki en harikulade öğrencilerimden birine, Batı Philadelphia'lı bir casusa bakmamız yeterli.

Uzaklaşmak

"*B*irini öldürdün mü hiç?" diye sordu testi yürüten görevli. Bu saçma ama belli ki çok önemli soru ona başka bir yerde başka biri tarafından sorulsaydı ve tüm geleceği vereceği yanıta bağlı olmasaydı gözlerini devirerek karşılık verirdi.

"Geçen sefer de söyledim ya," dedi Tracey. "Hayır, hiç kimseyi öldürmedim."

Tabii ki öldürmedim, diye geçirdi içinden. *Daha on yedi yaşındayım! Ben katil değilim.*

ABD'nin en gizli istihbarat işlerini yürüten Ulusal Güvenlik Ajansı'nda (NSA) girdiği ikinci yalan makinesi testiydi bu. Aynı soru daha önce bir kez daha sorulmuş, Tracey'nin bedeni —kalp atış hızı ve nefes alıp verişi— ona ihanet ederken makinenin iğnesi yalan söylediğine işaret eden zikzaklar çizmişti. Şimdi, o ilk testten iki ay sonra yine Maryland'in ortasında, dışarıdan bakınca ne olduğu anlaşılmayan bu ofiste oturmuş ikinci kez yalan testinden geçiyordu.

Ya yine bana inanmazlarsa? diye düşündü ve iç sesi tıpkı rad-yodaki bir maç spikeri gibi kaygı dolu yorumlarını sıralamaya başladı. Testi yürüten görevli, aklından geçenleri hiçbir şekilde açık etmeyen bir ifadeyle onu izliyordu. Tracey sorduğu soru-nun yanıtını biliyordu: Eğer ona inanmazlarsa hayalini kurduğu gelecek tuzla buz olacaktı.

Tracey kendini bildi bileli, içine doğduğu hayattan çok daha faz-lasını istediğinin farkındaydı. Başka pek çok şeyde zorlansa da okul ve öğrenmek onun için hep çocuk oyuncağı olmuştu. Batı Philadelphia'da, suçun yoğun olduğu bir mahallede büyümüştü; ailesi yoksul değildi ama imkânları kısıtlıydı ve Tracey'ye parlak bir gelecek sunacak durumda değillerdi.

Tracey lise birinci sınıftayken Kuzeydoğu'daki bir yatılı okul programından haberdar olmuştu; ülkenin dört bir yanından ge-lecek vaat eden öğrencilerin kabul edildiği bu programda lise-nin son iki yılındaki eğitim hızlandırılmış bir şekilde veriliyor, öğrenciler seçkin üniversitelerde başarılı bir geleceğe hazırlanı-yordu. Ailesini bırakmak, büyüdüğü topraklardan kopup bam-başka bir çevreye girmek gözünü korkutsa da bir yandan da yeni insanlarla tanışmak, keskin zekâsına denk bir eğitimden geç-mek ve o güne kadar bildiği hayattan kaçmak düşüncesi çekici geliyordu Tracey'ye. Başvurusunu özenle hazırlamış ve kabul edilmişti.

Yatılı okul Tracey'yi yepyeni arkadaşlarla ve fikirlerle dolu bir dünyayla tanıştırmış ve Tracey hayatında ilk kez gerçek an-lamda sınandığını hissetmişti. Çoğu beyaz ve ayrıcalıklı aileler-den gelen yaşıtları arasında bazen kendini dışlanmış hissetmesine rağmen mutluydu.

Programa kabul edilen az sayıdaki Afrikalı-Amerikalı öğren-ciden biri olarak sık sık okul için bağış toplama etkinliklerine da-vet ediliyordu. Onunki gibi hikâyeler, zengin bağışçıları kesenin ağzını açmaya teşvik ediyordu. Bu etkinliklerden birinde NSA'in eski direktörü olan Bobby Inman adında bir adamla tanıştı.

Sohbetleri sırasında Inman, NSA'in ülkedeki en başarılı ve vatansever öğrenciler arasından seçtiği gençleri aldığı bir eğitim programından söz ederek başvurması için onu yüreklendirdi. Tracey başvurdu ve NSA'le ilk görüşmesinde girdiği yalan makinesi testinden geçemeyince bütün hayallerinin suya düşeceğinden korkmaya başladı. Neyse ki ikinci testte sinirlerine hâkim olmayı başardı ve NSA ilk seferinde ondan şüphe ettiyse bile bu kez bir katil olmadığına inandı. Tracey'nin hayatında büyük değişiklikler olmak üzereydi. İlk yalan testinde yaşadıkları, ileride onu bekleyenlerin bir habercisi gibiydi: İç sesini kontrol etmek onun için büyük bir mücadeleye dönüşecekti.

İlk bakışta bursun koşulları tam Tracey'nin istediği gibiydi. NSA Tracey'nin bütün üniversite masraflarını karşılayacak, ayrıca her ay oldukça cömert bir harçlık verecekti. Elbette bazı şartlar vardı. Yazlarını çok gizli operasyonlarda çalışacak bir analist olmak için eğitim alarak geçirecek ve mezun olduktan sonra en az altı yıl boyunca NSA'de çalışacaktı. Yine de harika bir fırsattı bu; özellikle Tracey o bahar Harvard'a kabul edildiğinde. Dünyanın en seçkin üniversitelerinden birinde bedava eğitim görecek, üstüne bir de heyecan verici bir geleceğe hazırlanacaktı.

Harvard'daki derslerin başlamasına birkaç hafta kala Tracey NSA'de çalışmanın nasıl bir şey olacağına dair ilk deneyimini yaşadı. Bir haftalık tanışma programı boyunca son derece gizli bilgilere ulaşmasını sağlayacak özel erişim yetkilerine sahip oldu. Aynı zamanda bursuyla birlikte gelen kısıtlamaların ayrıntılarını öğrendi. Üniversitede sadece NSA'in ilgi alanı olan alanlarda, yani elektrik mühendisliği, bilgisayar veya matematik alanlarında okuyabilecekti. Başka ülkelerden gelen öğrencilerle romantik ilişki yaşaması veya yakın arkadaşlık kurması yasaktı. Yurtdışında okuması yasaktı. Üniversitedeki spor takımlarından herhangi birine katılması istenmiyordu. Tracey'nin altın bileti olan burs yavaş yavaş bir çift altın kelepçeye dönüşmeye başlamıştı.

Kaldığı yurttaki diğer birinci sınıf öğrencileri özgürce yeni insanlarla tanışırken Tracey sürekli tetikteydi. Eskiden başkalarının dikkatle inceleyip süzdüğü kişi kendisi olurdu. Şimdiyse yabancı bir ülkeden gelen biriyle arkadaş olma korkusundan – hele ki böyle birinden hoşlanma düşüncesi çok daha korkunçtu– tanışma toplantılarında bir kenara çekilip diğerlerini gözlüyor, yüzlerinden ve konuşmalarından nereli olduklarını anlamaya çalışıyordu. Yaşıtları çok farklı konularda bir sürü heyecan verici ders alırken, almak zorunda olduğu matematik ve mühendislik dersleri de onu zorluyordu. Harvard'ın bahçesindeki ağaçlı yollarda koşturarak bir dersten diğerine yetişirken kafasının içindeki düşünceler bu muhteşem fırsatın o kadar da muhteşem olmayan yanlarına yoğunlaşıyordu. Yoksa büyük bir hata mı yapmıştı?

Aylar, yıllar geçti. Tracey üniversitedeki ikinci ve üçüncü yıllarında giderek daha da yalnızlaştı. Kendi deyişiyle "iç sohbetinde" boğuluyordu. Yaz tatilleri hakkında kimseyle konuşamıyordu çünkü yazlarını şifrelemeyi ve şifre çözmeyi, elektrik devresi kurmayı, çatılara gizli alıcı yerleştirmeyi öğrenerek geçiriyordu. Fakat hissettiği derin yalnızlık, dertlerinin sadece bir tanesiydi. Bir diğer sorunu, Harvard'daki en zor bölümlerden biri olan mühendislik derslerinde hayatında hiçbir derste olmadığı kadar zorlanmasıydı. Not ortalaması 3'ün altına düştüğü anda NSA programından atılacak, aldığı bursu devlete geri ödemesi gerekecekti, ki bundan daha korkunç bir olasılık düşünemiyordu.

Gitgide daha olumsuz bir hal alan iç sesi onu yiyip bitiriyordu. Sınavlardan önce zihni, gereken notu alamadığı takdirde olacaklar üzerine endişe verici düşüncelerle dolup taşıyordu. Kaygı içinde kıvranırken takıntılı bir şekilde kurşunkaleminin ucunu çiğnemeye ve saçlarını parmağına dolayıp kıvırmaya başlamıştı. Garip bir şekilde onu rahatlatıyordu bu tikler. Her şeyin yolunda olduğu izlenimi vermek için ne kadar çabalasa da o ilk yalan makinesi testinde onu yarı yolda bırakan bedeni bir daha, bu kez farklı bir şekilde onu hayal kırıklığına uğratıyordu. Notları hakkında kaygılanmaya başladığı dönemde hemen yüzünde kistik akneler çıkıyor, içleri iltihap dolu bu şişlikler ancak kortizon iğneleriyle geçiyordu. Sanki yüzeyin altında kaynayıp duran dırdırcı iç ses artık içine sığmaz olmuş, gözeneklerinden taşmaya başlamıştı. Tracey bu şekilde daha ne kadar devam edebileceğini bilmiyordu.

Ona sadece iki seçeneği varmış gibi geliyordu: Ya programdan atılacak ya da kendisi bırakacaktı.

Duvardaki Sinek Olmak

İç sohbetleri birer olumsuzluk havuzuna dönüşmüş pek çok insanınki gibi Tracey'nin hikâyesi de aslında mesafeyle ilgili bir meseledir; sorunlarımızla aramıza koyduğumuz ya da koymadığımız mesafeyle ilgili.

Zihnimizi bir fotoğraf makinesinin merceği gibi düşünebiliriz; iç sesimizse merceğin odağını ayarlayan bir düğmedir. En basit tanımıyla dırdırcı iç ses, bir şeye fazla yaklaşıp o konuda bizi sakinleştirebilecek bütün diğer düşünme biçimlerini dışarıda bırakacak şekilde odaklandığımızda duygularımızın alevlenmesidir. Bir başka deyişle, perspektifimizi kaybederiz. İnsan kendi durumunu bu kadar dar bir açıdan gördüğünde karşısındaki sorun, olduğundan çok daha büyük görünür ve iç sesin olumsuz tarafı konuşmaya başlar; beraberinde yinelenen olumsuz düşünce ve onun eşlikçileri olan stres, kaygı ve depresyon gelir. Elbette bakış açınızı daraltarak bir konuya odaklanmak kendi başına bir sorun değildir. Aksine, zorlandığımız durumlarla ve bunların yarattığı duygularla başa çıkarken çok işimize yarayan bir özelliktir bu. Fakat sorunlarımıza saplanıp kaldığımızda ve esnek bir şekilde geri çekilip daha geniş bir açıdan bakma becerimizi —yani perspektifimizi— yitirdiğimizde iç sesimiz olumsuz düşünceleri yinelemeye başlar.

İç sesimiz perspektif kaybına uğrayıp yoğun ve olumsuz duygular doğurduğunda, beynimizin özgönderimsel işlem (kendimiz hakkında düşünme) ve duygusal tepki üretimiyle ilgili kısımları aktif hale gelir. Bir başka deyişle, stres tepkisinden sorumlu donanımımız ateşlenerek kanımıza adrenalin ve kortizol salmaya başlar, bu da olumsuz duygularımızın yoğunlaşmasına, olumsuz sözel akışımızın daha da şiddetlenmesine ve daha da fazla odaklanmamıza yol açar. Sonuç olarak bizi duygusal anlamda zorlayan durumlarla karşılaştığımızda daha yapıcı bir yaklaşım benimsememizi sağlayacak geniş bakış açısından yoksun kalırız.

Öte yandan, beynimiz bir güçlükle karşı karşıya kaldığımızda sadece ona odaklanmayı değil, ondan *uzaklaşmayı* da becerebilecek şekilde evrimleşmiştir. Fakat stresli durumlarda bunu yapmak çok daha zordur. İnsan zihni esnektir, tabii onu nasıl esneteceğinizi bilirseniz. Ateşiniz çıktığında düşürecek bir ilaç alabilirsiniz. Benzer şekilde zihnimizin de bir psikolojik bağışıklık sistemi vardır: Düşüncelerimizi kullanarak düşüncelerimizi değiştirebiliriz ve bunu da araya mesafe koyarak yaparız.

Elbette psikolojik mesafe bir sorunu ortadan kaldırmaz. Örneğin, Tracey üzerinde büyük bir baskı oluşturan gelecek kaygısından biraz geriye çekilerek daha az kaygı duyduğu bir duruma geçebilseydi de hâlâ NSA'e borçlu ve geleceği okuldaki başarısına bağlı olurdu. Benzer şekilde, Rick Ankiel başarılı atış yapmayı sürdürebilseydi bile hâlâ yüz binlerin televizyondan izlediği play-off maçlarında atış plakasına çıkıyor olacaktı. Mesafe sorunlarımızı çözmez, sorunları çözme olasılığımızı artırır. Sözel akışımızın üzerine çöken bulutları dağıtır.

O halde büyük soru şudur: Dırdırcı iç ses saldırıya geçtiğinde aramıza nasıl psikolojik mesafe koyacağız?

Şu işe bakın ki Tracey Harvard'daki birinci yılında kaldığı yurt odasında oturmuş bunları düşünürken ben de onun güneyinde, karayoluyla üç buçuk saat uzaklıkta bulunan Manhattan'daki Columbia Üniversitesi'nin rengi atmış Schermerhorn Binası'nın bodrum katında oturmuş, çok benzer bir soruyu düşünüyordum: İnsanlar yinelenen olumsuz düşünce girdabına kapılmadan olumsuz düşünceleri hakkında düşünebilirler mi? Nasıl? Çoğunluğun Marshmallow Adam lakabıyla tanıdığı, alanında çığır açan bir bilim insanı olan danışmanım Walter Mischel'le birlikte Columbia'da eğitim görmeyi seçmemin nedeni, bu soruya yanıt bulma umudumdu.

Walter, bugün pek çok insanın marshmallow deneyi olarak bildiği özdenetim inceleme paradigmasını geliştirdiği için psikoloji alanında görkemli bir ün kazanmıştı. Söz konusu deneyde laboratuvara getirilen çocuklara basit bir seçim şansı sunuluyordu: İsterlerse şimdi bir marshmallow yiyebilirlerdi ama eğer deneyi yapan kişi dönene kadar beklerlerse iki marshmallow yiyebilirlerdi. Bu deneyde, bekleyebilen çocukların önlerindeki marshmallowu hemen yiyen çocuklara kıyasla okul hayatları boyunca sınavlarından daha yüksek notlar aldıkları, daha sağlıklı bireyler olarak yaşlandıkları ve yetişkinlik döneminde stresle daha iyi başa çıktıkları görülmüştü. Marshmallow deneyi (asıl adı hazzı erteleme deneyidir) bu çarpıcı uzun vadeli etkileri belgelemekten daha da ötesini başarmış, bilimin insanların kendi kendilerini kontrol etmek için kullanabilecekleri araçlara dair anlayışında devrim niteliğinde bir değişim yaratmıştı.

Columbia'ya geldiğimde Walter ve o sırada doktora sonrası araştırma öğrencisi olan Özlem Ayduk, insanların acı verici deneyimler hakkında dırdırcı iç sese kapılmadan düşünebilmelerini sağlamak konusuyla ilgilenmeye başlamışlardı. O zamanlar yinelenen olumsuz düşünceyle başa çıkmanın başlıca yolunun *dikkat dağıtma* olduğu kabul ediliyordu. Pek çok çalışma, insanların olumsuz sözel düşünceye kapıldıklarını hissettiklerinde dikkatlerini zihinlerindeki sorundan başka bir şeye yönelttiklerinde kendilerini daha iyi hissettiklerini ortaya koymuştu. Ne var ki bu yaklaşımın da bir dezavantajı vardı: Dikkat dağıtma, yarayı iyileştirmeden sadece üzerini örten bir yara bandı gibi kısa vadeli bir çözümdü. Gerçek hayatın zorluklarından kaçmak için sinemaya giderseniz çıktığınızda bütün o güçlükler hâlâ yerli yerindedir. Bir başka deyişle, gözden uzak olan şey her zaman zihninizden de uzak olmaz çünkü olumsuz duygular ilk fırsatta uyanmak üzere oldukları yerde beklemeye devam ederler.

Gariptir, o sıralarda psikolojik mesafe düşüncesi psikoloji dünyasında gözden düşmüştü. Zihin sağlığı konusunda ileri gelen isimlerden biri ve bilişsel terapinin kurucularından olan Aaron Beck, 1970 yılında hastalara kendi düşüncelerini tarafsız bir gözle incelemeyi öğretmenin −bu tekniğe "uzaklaşma" adını veriyordu− terapistlerin danışanlarıyla çalışırken kullanabilecekleri temel araçlardan biri olduğu önermesinde bulunmuştu. Ne var ki sonraki yıllarda uzaklaşma kaçınmayla, yani sorunlar hakkında *düşünmemekle* bir tutulur hale geldi. Hâlbuki bana göre uzaklaşmak mutlaka kaçınma içeren bir şey değildi. Teoride zihninizi, sorunlarınıza daha uzaktan bakarak onları bir çerçeveye oturtmak için de kullanabilirdiniz.

Bu yaklaşım, kişinin bir kenarda durup düşüncelerinin akışını izlediği ve onlarla etkileşime geçmediği farkındalık (mindfulness) pratiğinden farklıdır. Burada o düşüncelerle *etkileşime geçmek* amaçlanır ama bu, onlara mesafeli bir perspektiften bakarak yapılır ki bu da duygusal kaçınmadan farklıdır. Babamın bana öğrettiği şeyin temelinde bu yaklaşım yatıyordu ve büyürken zamanımın büyük bir kısmını bunu yaparak geçirmiştim. Böylece Walter, Özlem ve ben insanların deneyimlerinden "bir adım geriye çekilerek" onlar üzerine daha etkili bir şekilde düşünebilecekleri yollar aramaya başladık. Bunu yaparken hepimizin sahip olduğu bir araç bulduk: hayal gücümüzü kullanarak *zihnimizde canlandırma* becerisi.

İnsan zihninin güçlü bir optik cihaz olarak tarif edebileceğimiz bir kabiliyeti vardır: kendinizi uzaktan görme kabiliyeti. Anlaşılan, geçmişteki nahoş deneyimleri veya gelecekteki olası kaygı verici senaryoları düşündüğünüzde zihninizdeki bu beyaz perdede bazı sahneler oynamaya başlıyor. Bunlar bir bakıma telefonunuza kaydettiğiniz videolar gibidir. Fakat bu sahneler her seferinde aynı oynamaz. Araştırmaların ortaya koyduğu gibi, anılarımızı ve hayallerimizi hep aynı perspektiften görmeyiz. Örneğin, bazen bir olayı anımsarken onu kendi gözümüzden, birinci elden deneyimlediğimiz haliyle anımsarız. Bazense sanki olayı başka bir açıdan seyrediyormuşuz gibi kendimize *dışarıdan* bakarız. Duvardaki bir sineğe dönüşürüz. Peki, bu yeteneğimizi iç sesimizi daha iyi yönetmek için kullanabilir miyiz?

Bu sorunun yanıtını bulmak için Özlem, Walter ve ben laboratuvarımıza katılımcılar davet ettik. Bir grup katılımcıya tatsız bir deneyimlerini kendilerinin yaşadığı haliyle baştan sona akıllarından geçirmelerini söyledik. Diğer gruptan da tatsız bir deneyimlerini akıllarından geçirmelerini ama bu kez olaya duvardaki bir sinek açısından bakmalarını, kendilerini dışarıdan bakan biri gibi izlemelerini istedik. Ardından katılımcılardan benimsedikleri bakış açısından bakarak duygularını incelemelerini istedik. İki grubun sözel akışları arasındaki fark oldukça çarpıcıydı.

Olayın içine gömülenler —yani olayı ilk elden yaşadıkları şekliyle akıllarından geçirenler— duygularına ve bu duyguların yarattığı sözel akışa kapılıp gidiyorlardı. Düşünce akışlarını tarif ederken dönüp dolaşıp ne kadar acı çektiklerine geliyorlardı. "Adrenalin yüklüyüm. Öfkeliyim. İhanete uğradığımı hissediyorum," diye yazmıştı bir katılımcı. "Kızgınım. Mağdur edildim. İncitildim.

Ayıplandım. Ezildim. Hor görüldüm. Aşağılandım. Terk edildim. Değerim bilinmedi. Dışlandım. Sınırlarım çiğnendi." Katılımcıların "içeri girip" iç sohbetlerini inceleme girişimleri daha fazla olumsuz duygu doğurmaktan başka bir işe yaramıyordu. Öte yandan, duvardaki sinek grubundan tam tersi cevaplar geliyordu.

Olayın içine gömülenler tıpkı dipteki yosunlara takılıp kalır gibi derinlerdeki duygulara takılıp kalırken *uzaktan bakanlar* olaya daha geniş bir açıdan bakıyorlar ve kendilerini daha iyi hissediyorlardı. "Tartışmayı daha net bir şekilde görebildim," diye yazıyordu bir katılımcı. "Başlangıçta durumu kendi açımdan görüyordum ama sonra arkadaşımın neler hissettiğini anlamaya başladım. Yaptığı şey mantıksız olabilir ama neden öyle davrandığını şimdi anlıyorum." Bu gruptakiler daha berrak ve çok katmanlı düşünmeye başlıyor, bekleneceği gibi olayları dışarıdan bakan bir gözlemcinin bakış açısıyla değerlendiriyorlardı. Anımsadıkları olaydan yapıcı bir hikâye çıkarmayı başarıyorlardı. Bu deney, yaşadıklarımıza bir adım geriden bakmanın iç sesimizin tonunu değiştirmek açısından faydalı olabileceğini gösterdi bize.

Kısa süre sonra hem bizim hem de başka araştırmacıların yaptığı başka çalışmalar, bu şekilde uzaklaşmanın stres altındayken insanların kalp damar sisteminde ortaya çıkan savaş-ya da-kaç tepkisini dizginlediğini, beyindeki duygusal aktiviteyi azalttığını ve normalde dırdırcı iç ses için son derece elverişli bir koşul olan kışkırtılma durumunda dahi kişilerin daha az düşmanlık ve şiddet gösterme isteği hissettiklerini ortaya koydu. Ayrıca bu uzaklaşma tekniğinin sadece rastgele seçilen üniversite öğrencilerinde değil, iç ses işkencesini çok daha aşırı düzeylerde yaşayan kişilerde de işe yaradığını gördük. Örneğin, depresyondaki kişilerde veya kanser hastası çocuklarının gördüğü acı verici tedavileri kabullenmeye çalışan son derece kaygılı ebeveynlerde. Yine de bu noktada bulgularımız hâlâ kısıtlıydı. Uzaktan bakmanın sadece *o anda* nasıl bir etki yarattığını biliyorduk. Uzun vadeli etkileri olup olmadığını, insanların olumsuz düşünceleri yineleyerek geçirdikleri zamanı kısaltıp kısaltmadığını da öğrenmek istiyorduk. Bu sorunun yanıtını tek merak eden biz değilmişiz.

İlk çalışmamızı yayınlamamızın üzerinden kısa bir süre geçmişti ki Belçika'daki Leuven Üniversitesi'nde Philippe Verduyn liderliğindeki bir araştırma ekibi, insanların laboratuvar dışındaki gündelik hayatlarında sorunlarıyla aralarına mesafe koyma eğilimlerinin duygusal anlamda zorlandıkları süre üzerinde bir etkisi olup olmadığını inceleyen son derece akıllıca tasarlanmış bir çalışma dizisi geliştirdiler. Bulgularına göre, öfke veya üzüntüye yol açan olayların ardından yaşananlara uzaktaki bir gözlemcinin bakış açısından bakmak, insanların olumsuz duygular yaşadıkları süreyi kısaltıyordu. Uzaklaşmak, dırdırcı iç sesin tutuşturduğu küçük çalıları koca bir yangına dönüşmeden söndürebiliyordu.

Ne var ki uzaklaşmanın bu dizginleyici etkisinin istenmeyen bir sonucu da vardı. Uzaklaşmak hem olumsuz *hem de* olumlu duyguları hafifletiyordu. Bir başka deyişle, işyerinde terfi aldıysanız ve bir adım geriye çekilip kendinize paranın ve statünün aslında bir önemi olmadığını, herkesin sonunda ölüp gideceğini hatırlattıysanız sevinciniz azalır. Buradan alınacak ders şudur: Olumlu deneyimleri hakkıyla yaşamak istiyorsanız o anda yapacağınız son şey duvardaki sinek olmak. Olumlu deneyimleri dibine kadar dalarak yaşayın.

Duygusal yaşantılarımız hakkında düşünürken hepimizin psikolojik olarak söz konusu yaşantıya gömülmeye ya da ondan uzaklaşmaya meyilli olduğumuzu anlamıştık artık; üstelik sadece birine kilitlenmiş değiliz, ikisini de yaşayabiliriz. Eğilimlerimiz iç sesimizin örüntülerini şekillendirir ama neyse ki bakış açımızı bilinçli olarak değiştirme yeteneğimiz de iç sesimizi şekillendirme gücüne sahiptir.

Verduyn'un ve bizim araştırmalarımıza ek olarak aynı sıralarda yayınlanan birçok başka araştırma da uzaklaşmanın insanların duygularını kontrol etmelerinde nasıl bir rol oynadığına dair anlayışımızı değiştirmeye başladı. Örneğin, Stanford Üniversitesi'ndeki araştırmacılar tarafsız bir gözlemci perspektifi benimsemenin uzun vadede yinelenen olumsuz düşünceyi azalttığını keşfettiler. Atlantik Okyanusu'nun öte yakasında, Cambridge Üniversitesi'ndeki araştırmacılar insanlara "büyük resmi görmeyi" öğretmenin zihni ele geçiren işgalci düşünceyi (yönetici işlevleri sekteye uğratan türden düşünceyi) ve acı verici anılardan kaçınmayı azalttığını ortaya koydular. Yapılan başka çalışmalar, insanın rahatsız edici bulduğu bir görüntüyü sadece zihninde küçültmesinin bile ona bakarken yaşadığı rahatsızlığı azalttığını gösterdi.

Uzaklaşma kavramını eğitime uyarlayan çalışmalar da yapıldı. Dokuzuncu sınıf öğrencileri neden derslerine çalışmaları gerektiğini büyük resmi görerek düşünmeye teşvik edildiklerinde —örneğin, okulda yüksek notlar almanın istedikleri işe girmelerine ve topluma faydalı yetişkinler olmalarına yardımcı olacağı vurgulandığında— not ortalamalarının yükseldiği ve sıkıcı ama önemli ödevleri daha dikkatli yaptıkları ortaya çıktı. Demek ki uzaklaşmak sadece bizim için sarsıcı olan durumlarda yaşadığımız yoğun duygularla değil, tekdüze eğitim ve çalışma hayatlarının gündelik bir parçası olan hüsran duygusu ve can sıkıntısı gibi, daha ufak çaplı ama önemli güçlüklerle de başa çıkmamıza yardımcı oluyor.

Bütün bunlar bize bir adım geriye çekilmenin, insanların günlük hayatlarında karşı karşıya kalabilecekleri çok çeşitli durumlarda dırdırcı iç sesi kontrol edebilmeleri için etkili bir yol olduğunu gösterdi. Fakat iş bu kadarla kalmayacaktı; zihinsel uzaklaşmanın oldukça önemli bir başka konuda —bilgelik konusunda da— olumlu etkileri olduğunu görecektik.

Süleyman'ın Paradoksu

Milattan önce 1010 yılı civarıydı. Kudüs'te Batşeba adlı bir kadının annelik hayalleri nihayet gerçek olmuştu. İlk çocuğunu doğumdan kısa bir süre sonra kaybetmiş, şimdiyse sağlıklı bir erkek bebek dünyaya getirmiş ve ona Süleyman adını vermişti. İncil'in bize anlattığına göre Süleyman sıradan bir bebek değildi. Golyat'ı öldüren meşhur Kral Davud'un oğluydu. Süleyman büyüdüğünde Yahudi halkının kralı oldu. Eşsiz bir liderdi: Hem savaşçılığı hem ekonomi alanındaki keskin zekâsı hem de bilgeliğiyle itibar kazanmıştı. İnsanlar sırf ona akıl danışmak için uzak diyarlardan kalkıp geliyorlardı.

Süleyman'ın çözdüğü anlaşmazlıklar arasında en bilineni, aynı çocuğun annesi olduklarını ileri süren iki kadın arasındaki anlaşmazlıktır. Süleyman kadınlara çocuğu ortadan ikiye bölüp paylaşmalarını salık verir ve bu çözüme karşı çıkan kadının çocuğun gerçek annesi olduğunu anlar. Kaderin cilvesine bakın ki, söz konusu kendi hayatı olduğunda Süleyman'ın muhteşem zekâsı işe yaramaz gibidir. Ayran gönüllüdür, âşık olunca gözü hiçbir şey görmez ve farklı dinlere mensup yüzlerce kadınla evlenir. Onları mutlu etmek yolunda hiçbir masraftan kaçınmayarak kendi tanrılarına ibadet edebilmeleri için gösterişli tapınaklar ve mabetler yaptırır. İşler öyle bir hale gelir ki kendi tanrısından ve halkından kopar ve bu kopuş, sonunda milattan önce 930'da krallığının çöküşüne varır.

Herkese bilgelik dağıtan Kral Süleyman'ın kendi hayatına aynı bilgelikle bakamayışı, insan zihninin en temel özelliklerinden birine dair çarpıcı bir dırdırcı iç ses meseli gibidir: Başkalarına bakarken sahip olduğumuz mesafeli ve keskin bakışı kendimize bakarken yitiririz. Bilimsel veriler, bunun İncil'den alınma bir alegoriden ibaret olmadığını gösteriyor: Hepimiz bundan mustaribiz. Her ne kadar bu olguya adını verebilecek pek çok hikmet sahibi tarihi karakter varsa da meslektaşlarım ve ben bu taraflı olma durumuna "Süleyman'ın paradoksu" diyoruz.

Amerikan tarihindeki en bilge adamlardan biriyle, Abraham Lincoln'la ilgili pek de bilinmeyen bir hikâyeye bakalım. 1841 yılında Lincoln hem kariyerinden hem de gönül ilişkilerinden yana dardadır. Bir avukat olarak mesleğinde istediği noktaya gelememiştir. Ayrıca nişanlısı Mary'ye karşı duygularından şüpheye düşmüştür çünkü başka bir kadına âşık olmuştur. Bu sorunlar altında ezilerek sonunda depresyona girer; bir tarihçi onun bu dönemine "Lincoln melankolisi" adını verir.

Aradan bir yıl geçer; umutları yeniden yeşermiş, zihnindeki şüphelerden kurtulmuş olan geleceğin ABD başkanı, yakın arkadaşı Joshua Speed'in nişanlılığı hakkında benzeri şüphelere kapıldığına tanık olur. Bu kez farklı bir rolde olan Lincoln, bir yıl önce kendisinin başa çıkamadığı bu durumla ilgili arkadaşına son derece aklı başında öğütler verir. Speed'e sorunun nişanlı olduğu kadından değil, kendi kafasındaki aşkla ilgili fikirlerden kaynaklandığını söyler. Daha sonra yazar Doris Kearns Goodwin'in *Team of Rivals* (Rakipler Takımı) adlı kitabında anlattığına göre, Lincoln bu olayla ilgili "Speed'in gönül işlerine karşı gösterdiği derin anlayışa kendi ilişkilerine bakarken de sahip olsaydı belki de 'o fırtınalı dönemden hiç geçmeyeceğini'" söyler.

Uzaklaşmanın nasıl olup da bilgelik getirdiğine bakmadan önce, pratik hayatta bilgeliğin ne anlama geldiği üzerinde durmakta fayda var. Psikoloji gibi her şeyi titizlikle tanımlayan bir alanda, bilgelik gibi muğlak bir kavramı tarif etmek ilk bakışta zor görünebilir. Yine de bilim insanları bilgeliğin en belirgin özelliklerini tanımlamışlardır. Bunlardan biri, belirsizlik içeren bir problem dizisini ele alırken zihni yapıcı bir şekilde akıl yürütmek için kullanmaktır. Bilgece düşünmede pek çok bakımdan "büyük resmi" görme vardır; örnek olarak, kendi bilgisinin sınırlarını bilmek, hayattaki farklı bağlamların ve bunların zaman içinde nasıl dönüşebildiğinin farkında olmak, başka insanların başka bakış açılarına sahip olduğunu kabul etmek ve çatışan bakış açıları arasında uzlaşma sağlamak sayılabilir.

Çoğu zaman bilgeliği yaşla özdeşleştiririz çünkü insan ne kadar çok yaşamışsa o kadar çok belirsizlikle karşı karşıya kalmış ve bunlardan ders çıkarmıştır, diye düşünürüz. Oysa yapılan araştırmalar her yaştan insana uzaklaşmayı ve bu yolla bilgece düşünmeyi öğretebileceğimizi gösteriyor.

2015 yılında Igor Grossman'la birlikte yürüttüğümüz bir araştırmaya bakalım. Katılımcılarımıza bir açmazdan bahsettik ve durumun nasıl sonuçlanacağına dair tahminde bulunmalarını istedik. Bir grup katılımcıdan partnerlerinin onları aldattığını hayal etmelerini istedik. Diğer gruba ise aynı şeyin bir arkadaşlarının başına geldiğini hayal etmelerini söyledik; durumla aralarına psikolojik mesafe koymanın pratik bir yoluydu bu.

Partnerinizin sizi aldatmasına verilebilecek en bilgece tepkinin kızmak olduğunu düşünebilirsiniz; anlaşılabilir bir tepki bu. Biz araya konan mesafenin çatışmayı azaltıp azaltmayacağını ve bunun verilen tepkiyi nasıl etkileyeceğini merak ediyorduk. Beklediğimiz gibi, durumun bir başkasının başına geldiğini hayal eden insanlar çok daha bilgece tepkiler verdiler. Aldatan tarafla uzlaşmaya varmanın daha önemli olduğunu düşünüyorlardı ve o tarafın bakış açısını duymaya daha istekliydiler.

Tıbbi kararlar verme üzerine yapılan araştırmalar da insanların Süleyman Paradoksu'ndan kaçınabilmek için uzaklaşmayı nasıl kullanabileceklerini gösteriyor. Sağlığınızla ilgili önemli bir karar almak zorunda kalmak, doğuracağı sonuçları düşününce, dırdırcı iç sesin tavan yaptığı bir durumdur. Fiziksel acıyla veya hastalıkla ilgili belirsizlik, hele ki ölüm olasılığı, sözel akışımızı kaygıyla şişirir ve bu da sağlıklı düşünmemize engel olarak yanlış kararlar vermemize yol açabilir ve o yanlış kararlar sağlığımıza daha da fazla zarar verebilir.

Bu konuda yapılmış geniş katılımlı bir araştırmada bir grup bilim insanı, insanlara iki seçenek sundu: Ya hiçbir şey yapmayacaklardı ve kanserden ölme olasılıkları yüzde on olacaktı ya da ölümle sonuçlanma olasılığı yüzde beş olan yeni bir tedaviyi kabul edeceklerdi. Söz konusu sağlık olduğunda insanların bir şey yapmaktansa hiçbir şey yapmamayı tercih ettiğini gösteren önceki araştırmalarla tutarlı bir biçimde, katılımcıların yüzde 40'ı ölüm olasılığı daha yüksek olan seçeneği tercih etti. Öte yandan, aynı katılımcılardan bir başkası için bu kararı vermeleri istendiğinde sadece yüzde otuz biri kötü olan seçeneği tercih etti ki bu muazzam bir farktır. Yüzdeler arasındaki bu farkı her yıl kanser tanısı alan insan sayısına −18 milyon− uyarladığınızda, 1,5 milyondan fazla insanın kendileri için en iyi olan tedaviden kaçındığı sonucu çıkıyor. Zihinsel mesafe koyamamaktan kaynaklanan bu bilgelik eksikliği, hayatımızın başka alanlarını da etkileyebilir.

Hızlı ve Yavaş Düşünme adlı kitabın yazarı, Nobel Ödüllü psikolog Daniel Kahneman, "içeriden bakmayı" bırakmak ve "dışarıdan bakmayı" öğrenmek deneyiminin kendisine çok şey kattığını yazıyor. Söylediği üzere, içeriden bakış düşüncenizi kendi koşullarınızla sınırlar. Neyi bilmediğinizi de bilmediğiniz için bu bakış açısı çoğu zaman olası engellere dair yanlış tahminlerle sonuçlanır. Öte yandan, dışarıdan bakış daha geniş bir olasılık yelpazesi görür ve dolayısıyla daha doğru tahminlerde bulunur. Karşınıza çıkabilecek engelleri daha iyi öngörebilir, bunlara göre hazırlanabilirsiniz.

Kahneman'ın bakış açıları aslen geleceğe dair isabetli tahmin yürütmeyle ilgili olsa da yapılan araştırmalar, kişinin kendi dışına çıkabilmesinin −zihinsel uzaklaşma demenin bir başka yolu− genel olarak karar vermeye olumlu etkisi olduğunu söylüyor. Gereksiz bilgi kalabalığını bir kenara itmemize −örneğin, araba satın almak için farklı özellikleri ve fiyatları karşılaştırırken− ve bu sayede daha net bir görüş edinmemize yardımcı olur. Kahneman'ın geniş kitlelere duyurduğu "kayıptan kaçınma" yani insanların ellerindekini kaybetmeye karşı, kazanmaya karşı olduklarından çok daha hassas olmaları eğilimini dizginleyebilir. Dahası, insanların farklı görüşler karşısında daha uzlaşmacı ve hoşgörülü olmalarını sağlayabilir. Igor'la birlikte 2008 ABD başkanlık seçimlerinden hemen önce yaptığımız bir araştırmada, insanlardan destekledikleri adayın seçimi kaybettiği bir geleceğe uzaktan (başka bir ülkede yaşadıklarını hayal ederek) bakmalarını istediğimizde, siyasi görüşlerinde çok daha ılımlı olduklarını ve rakip adayı destekleyen insanlarla işbirliği fikrine çok daha açık olduklarını gördük.

Zihinsel uzaklaşmanın kişiler arası ilişkilerdeki ve bilgece düşünme üzerindeki olumlu etkisi, bu beceriyi iç sesimizin susmak bilmediği bir başka önemli hayat alanı olan romantik ilişkilerde de son derece faydalı kılıyor. Meslektaşım Özlem'le birlikte zihinsel uzaklaşmanın yakın ilişkide olunan kişiyle uyumda nasıl bir etkisi olacağını merak ettik. Yirmi bir gün boyunca insanların romantik partnerleriyle tartışma esnasındaki uzaklaşma eğilimlerini inceledik. İlişkilerindeki sorunlar hakkında düşünürken insanların "olayın içine gömülmeyi" mi yoksa "uzaktan bakmayı" mı seçtiklerinin tartışma biçimlerini de etkilediğini gördük. Olayın içine gömülen biri, partneri soğukkanlı bir biçimde tartıştığında aynı biçimde karşılık veriyor, o da sabır ve sevecenlik gösteriyordu. Gelgelelim partnerleri en ufak bir öfke ya da aşağılama belirtisi gösterdiği anda olayın içine gömülenler de aynı biçimde karşılık veriyorlardı. Uzaktan bakanlarsa partnerleri soğukkanlı bir biçimde konuşurken soğukkanlıydılar. Fakat partnerleri şiddetli duygulara kapıldığında dahi onlar problem çözme becerilerini koruyabiliyorlar, bu da çatışmayı hafifletiyordu.

Bu araştırmanın bulgularını daha da ileriye taşıyan bir sonraki çalışmamızda, çiftlere ilişkideki anlaşmazlıklar üzerine düşünürken zihinsel olarak uzaklaşmayı öğretmenin, romantik duyguların aşınmasına karşı bir tampon oluşturduğunu gördük. Bir yıl süresince ilişkideki çatışmalara yirmi bir dakika boyunca uzaktan bakarak çözüm aramak, çiftlerin bir aradayken daha az mutsuzluk yaşamalarını sağladı. Tam anlamıyla bir aşk iksiri olduğu söylenemese de uzaklaşmak, aşk ateşinin sönmesine engel oluyor gibi görünüyor.

Tüm bu araştırmalar bize bir adım geriye çekilmenin kendimizle yaptığımız konuşmaların doğasını değiştirme konusunda ne kadar faydalı olabileceğini gösteriyor. Bunun yanında, daha genel anlamda başımıza gelen ve dırdırcı iç sesi yoğun biçimde kışkırtan −belirsizlik içeren ve bilgelik gerektiren− olaylarda nasıl bilgelikle akıl yürütebileceğimizi de gösteriyor. Fakat bu araştırmaların bana göre en çarpıcı yanı, psikolojik mesafe koymanın ne kadar çok yolu olduğunu ve zihnimizin bize perspektif kazandırmak için ne kadar çok seçenek sunduğunu görmek oldu. Gelgelelim kimi zaman bilgelikten çok daha fazlasına ihtiyaç duyarız. Tracey'nin Harvard'da öğreneceği gibi, zihnimizdeki zaman makinesinin gücünden faydalanarak yaratacağımız yeni hikâyelere −uzaklaşmamızı sağlayan hayal ürünü anlatılara− ihtiyacımız vardır.

Zamanda Yolculuk ve Kalemin Gücü

Tracey her gece yurttaki odasında oturup kurşunkaleminin arkasındaki silgiyi çiğniyor, akneleri yüzünden kendini berbat hissediyor, bir yandan gizli ajan eğitiminin gereklilikleri, diğer yandan seçkin bir üniversitede yapayalnız bir burslu öğrenci olmanın baskısı altında eziliyor, susmak bilmeyen iç sesi onu derin bir umutsuzluk girdabına sürüklüyordu. Kaygı ve çaresizlik içinde nihayet Harvard'daki ve NSA'deki terapistlere başvurdu.

Ne yazık ki bu görüşmelerin de pek bir yardımı olmadı. Hâlâ eskisi kadar yalnızdı.

Acaba?

Tracey bir hobi olarak ailesinin tarihçesini çıkarma işine merak sarmıştı, belki de bu meşgalenin bir şekilde kendisine yardımı olacağını hissetmişti. Bu dünyaya gelmesini sağlayan uzun olaylar ve insanlar zinciri ona büyüleyici geliyordu. Böylelikle okulun tatile girdiği ve NSA'de bulunmak zorunda olmadığı zamanlarda geçmişinden hikâyelerin izini sürmeye başladı. Bu yolda akrabalarıyla Michigan Gölü'nün etrafında motosiklet turlarına çıktı, Kaliforniya'daki Merritt Gölü'nün kıyılarında yürüyüşler yaptı, iki halasıyla birlikte New Orleans'taki Fransız Mahallesi'nin yapış yapış sokaklarında dolaştı, Orta Teksas'ta yaşamış atalarının yangında kül olmuş çiftliklerinin aşağısında yer alan mezarlığın farklı köşelerine dağılmış aile mezarlarının taşlarından kâğıda desen aktarma çalışmaları yaptı.

Tracey akrabalarının içtenlikle paylaştıkları hikâyeleri dinledikçe Michigan, Kalamazoo'ya yerleşen ilk Afrikalı-Amerikalı ailelerden biri olmanın güçlüklerini anladı. Büyük büyükannesinin bir büyücü olduğunu ve sonradan Tracey'nin büyük büyükbabası olacak beyaz bir adamla ilişki yaşadığını öğrendi, büyük büyükannesinin kötü ruhları kovmak için okuduğu duaları duydu. Akrabalarına yönelttiği dikkatli ama ısrarlı sorular sonucunda ailesinin ABD'de yaşadığı en zulüm ve baskı dolu dönemin ayrıntılarını öğrendi. Atalarının köle olduğunu, büyük büyükbabalarından birinin linç edildiğini, bir başkasının Konfederasyon Ordusu'na alındığını öğrendi. Ayrıca George Washington'la aralarında akrabalık bağı olduğunu da öğrendi.

Tracey aile tarihinin derinliklerine daldıkça Harvard'a döndüğü zamanlarda kendini gitgide daha sakin hissettiğini fark etti. Bir yandan atalarının başlarından geçenleri öğrenirken bir yandan da köleliğe zorlanmış o insanların torunu olarak dünyanın en saygın üniversitelerinden birinde başarılı olabileceğini dünyaya gösterdiğini hissediyordu. Harvard'da yaşadığı güçlüklere rağmen, kendi tarihini öğrenmek ona perspektif kazandırmış, kendisini kuşbakışı görmek ne kadar çok yol kat ettiğini anlamasını sağlamış, hatta atalarının kendisiyle gurur duyacağını düşünmeye başlamıştı. Ayrıca aile büyüklerinin göğüs gerdiği zulümden haberdar olunca kendi yaşadığı zorluklar gözünde küçülmüştü. Yüksek notlar alamayacağını veya istediği kişiyle romantik bir ilişkiye giremeyeceğini düşündüğünde duyduğu kaygıyı köle olarak hayatta kalmaya çalışan atalarının katlandıkları işkencelerle kıyaslayınca kendi mücadelesi çok daha hafif kalıyordu. Sadece kendi hayatına değil, okyanusu sağ salim aşıp gelen ve zaman içinde ABD'de tutunup kök salan atalarının nesiller boyu hayatlarına da duvardan bakan bir sinek olmuştu. Bu bakış, iç sesini dindirmekte son derece etkili olmuştu.

Tracey'nin kişisel hayatında yaşadığı bu deneyimi bilimsel olarak destekleyen, kişinin zihninde stratejik zaman yolculukları yapmayı olumlu kişisel anlatılar oluşturmak için bir araç olarak kullanabileceğini ve bu yolla olumsuz iç diyalogların yönünü değiştirebileceğini gösteren çok sayıda çalışma var. Fakat zaman yolculuğunun faydaları geçmişe kuşbakışı bakarak bugüne dair olumlu bir hikâye örmekten ibaret değil. *Gelecekten bakma* olarak adlandırılan bir araçtan, yani zihninizde *geleceğe* seyahat etmekten de faydalanabilirsiniz. Yapılan araştırmalar, zorlandıkları bir deneyim esnasında insanlara yarın değil de on yıl sonra bu deneyim hakkında neler hissedeceklerini sormanın, olayı doğru bir perspektife yerleştirmelerine büyük ölçüde yardımcı olduğunu göstermiştir. Bu soruyu sormak, insanların o anki deneyimlerinin geçici olduğunu anlamalarını sağlıyor ve bu da onlara umut veriyor.

Bir bakıma, gelecekten bakma bize bilgeliğe özgü bir bakış açısı sunar: Dünyanın hiç durmadan değiştiğine ve içinde olduğumuz koşulların da değişeceğine dair bir anlayıştır bu. Olumsuz deneyimler söz konusu olduğunda hayatın bu yönünün farkına varmak muazzam bir rahatlama sağlayabilir. Örneğin, bu yüzyılın belki de dırdırcı iç ses açısından en zorlayıcı olayıyla, 2020 COVID-19 salgınıyla baş etmeme yardımcı olan şey buydu.

Okullar kapanıp karantina başladığında ve dışarıdaki dünya suskunlaştığında milyonlarca insan gibi benim de zihnimde dırdırcı iç ses vızıldamaya başladı. Sosyal mesafe çocuklarımı nasıl etkileyecek? Haftalarca evden çıkmadan nasıl yaşayacağım? Ekonomi düzelecek mi? Salgın sona erdiğinde kendimi nasıl hissedeceğime odaklanmak, bunun geçici bir dönem olduğunu fark etmemi sağladı. Türümüzün uzun geçmişinde başlamış ve bitmiş sayısız salgın gibi COVID-19 da önünde sonunda bitecekti. Bu düşünce, iç sesimin tutunduğu bir can simidi işlevi gördü.

Meslektaşım Özlem, gelecekten bakmanın sevilen bir kişinin yitirilmesi gibi büyük ve sarsıcı olayların yanı sıra, belli bir tarihe yetiştirilmesi gereken işler gibi daha küçük ama önemli stres kaynaklarıyla başa çıkmayı da kolaylaştırdığını keşfetti. İşin en güzel yanı, bu tekniğin yalnızca kendinizi daha iyi hissetmenizi sağlamakla kalmaması, ilişkilerde ve yaşanan tartışmalarda karşı tarafı suçlama eğilimini azaltıp affetme eğilimini artırarak aşk hayatınızın da daha yolunda gitmesine yardımcı olması.

Tracey bir yandan aile tarihçesi projesini yürütürken bir yandan da üniversite hayatının devamı boyunca günlük tuttu. Bu alışkanlık da onun psikolojik mesafe koyması için bir araç işlevi gördü. Günlük tutmak muhtemelen yazının icadı kadar eski bir buluş olsa da insana sağladığı psikolojik tesellinin farkına ancak yakın geçmişte varabildik. Bu alandaki araştırmaların büyük bir kısmı psikolog James Pennebaker öncülüğünde yapıldı. Pennebaker uzun ve başarılı meslek hayatı boyunca insanların başlarına gelen en üzücü ve olumsuz deneyimler hakkında on beş-yirmi

dakika boyunca günlük tutmalarının –bir başka deyişle, olan bi-
teni hikâyeleştirmelerinin– kendilerini daha iyi hissetmelerini,
doktora daha az gitmelerini ve daha güçlü bir bağışıklık siste-
mine sahip olmalarını sağladığını gördü. Başımıza gelenlere bir
hikâye anlatıcı perspektifinden bakarak günlük tutmak, deneyi-
mimizden uzaklaşmamızı mümkün kılar. Kendimizi olanlardan
daha bağımsız hissederiz. Tracey yıllarca günlük tuttu ve bu alış-
kanlığın ona çok büyük yardımı oldu.

Tracey iç diyaloglarını sakinleştirmenin yaratıcı yollarını
bulması sayesinde Harvard'daki öğrenciliği sona ererken akne
sorunundan ve tiklerinden kurtulmuş, harika bir not ortalaması
tutturmuştu. İç sesini dizginlemeyi başarmıştı. Harvard'dan me-
zun olduktan sonra NSA'de çalışmaya başladı ve sekiz yıl boyun-
ca dünyanın dört bir yanındaki çatışma bölgelerinde son derece
gizli operasyonlarda görev aldı. Gördüğü yüzlerce saatlik ileri
seviyede dil eğitimi sayesinde Arapçayı ve Fransızcayı anadili
gibi konuşabiliyordu; bu sayede çoğu bugün hâlâ gizli tutulan
görevlerin gerektirdiği rollere bürünmekte zorluk yaşamadı.
ABD'nin en üst düzey yetkililerine, hatta Beyaz Saray'a iletilen
istihbaratı sağlayanlardan biriydi. Pek çok açıdan, lisedeyken
NSA bursunu ilk duyduğunda hayalinde canlanan aksiyon film-
lerine yaraşacak o heyecan dolu, hareketli hayatı yaşadı. Tracey
hâlâ günlük tutuyor.

Bugün ABD'nin en seçkin üniversitelerinden birinde ders ve-
riyor (ve artık devlet için çalışmıyor).

Psikolog olmanın, özellikle de iç sesi kontrol etme üzerine ça-
lışan bir psikolog olmanın tuhaf yanı, araştırmalarınızdan ne
kadar çok şey öğrenirseniz öğrenin, kendinizden kaçamamanız.
Demeye çalıştığım, ben de "içeri girdiğimde" mesafe koymayla
ilgili bildiğim onca şeye karşın hâlâ kaybolabiliyorum. Taciz-
cimden gelen tehdit mektubunu aldığımda yaşadığım durumun

başka bir açıklaması yok. Dırdırcı iç sesimi sakinleştirmek için kullanabileceğim —duvardaki sinek açısından bakmak, tarafsız bir gözlemci açısından bakmak, gelecekte kendimi nasıl hissedeceğimi hayal etmek, günlük tutmak gibi— bir dizi uzaklaşma aracı olduğunu biliyordum. Yine de...

O anın içine gömülüp kalmıştım.

İçimdeki dırdırcı sesten başka şey duymaz olmuştum.

Süleyman'ın paradoksunu yaşıyordum.

Tek yapabildiğim, panik halindeki iç sesimi yüksek sesle konuşturmaktı. Doğal olarak bu da eşimle aramızda epey gerilim yarattı ve onun sergilediği mesafeli bakış açısı bile beni içimde akıp duran diyalogdan koparamadı. Dırdırcı iç sesin baskısı o kadar yoğundu ki ondan asla kurtulamayacağımı hissediyordum. Derken, ansızın bir yol buldum.

Kendi adımı söyledim.

Ben "Sen"e Dönüştüğünde

Saat sabahın üçüydü; üstümde pijamalarımla oturmuş, evdeki ofisimin penceresinden bakıyor, dışarıda neler olduğunu seçmeye çalışıyordum. Gecenin karanlığında hiçbir şey göremiyordum ama o korkutucu mektubu da mektubu yazanın —*Dexter*'dan ve *Testere* filmlerinden esinlenerek hayalimde oluşturduğum— delilikle çarpılmış yüzünü de zihnimde apaçık görebiliyordum.

Uzunca bir süre sonra bakışlarımı pencereden ayırdım.

Ne yaptığımın pek de ayırdında olmaksızın masamın başına gittim, oturdum, bilgisayarımı açtım. Her nasılsa içine battığım korkunun derinliklerinde bile bunun böyle sürüp gidemeyeceğini anlamıştım. Uykusuzluk beni tüketmişti, yemek yemiyordum, işime odaklanmakta güçlük çekiyordum. Yorgunluktan bulanık görür bir halde elimden geldiğince azimli bir şekilde "içeri" girdim ve bu dertten bir çıkış yolu aradım. İçebakış önceki günlerde pek işe yaramamıştı ama bu kez soruna odaklanmaya çalıştım. *Bir koruma tutsam nasıl olur?* dedim kendi kendime. *Üniversite hocalarını koruma konusunda uzman biri.*

Şimdi geriye dönüp bakınca bu düşünce gülünç ve aptalca geliyor ama o sırada hiç de öyle gelmiyordu. Google'da Orta Batı'daki korkmuş profesörleri korumak konusunda özel eğitim almış korumalar diye arama yapmak üzereydim ki bir şey oldu. Durdum, bilgisayarımdan uzaklaşıp arkama yaslandım ve içimden *Ethan, ne yapıyorsun?* dedim. *Çılgınlık bu!*

İşte o zaman garip bir şey oldu: Kafamın içinde kendi adımı söylemek, kendime sanki başkasıyla konuşuyormuşum gibi hitap etmek, derhal bir adım geri çekilmemi sağladı. Ansızın önümdeki soruna çok daha tarafsız bir bakış açısıyla odaklanabildiğimi fark ettim. ABD donanmasından ayrılmış askerlerin kurduğu, profesör koruma amaçlı özel bir sektör olabileceği düşüncesi, birkaç dakika önce bana gayet mantıklı gelen bu fikir, şimdi gözüme gerçekte olduğu gibi, yani *deli saçması* gibi görünüyordu.

Bir kez bunun farkına varınca başka şeylerin de farkına varmaya başladım: *Elde beysbol sopasıyla evin içinde volta atmak ne işe yarayacak?* diye düşündüm. *Zaten evde son teknoloji ürünü bir alarm sistemi var. O mektubu aldığın günden bu yana tedirginlik yaratacak başka hiçbir şey olmadı. Büyük ihtimalle boş bir tehditten ibaretti. Öyleyse neden endişeleniyorsun? Eskisi gibi hayatın tadını çıkar. Aileni düşün, öğrencilerini düşün, araştırmalarını düşün. Bir sürü insan hiçbir yere varmayan tehditler alıyor. Bundan çok daha kötüleriyle başa çıktın. Bunun da üstesinden gelirsin.*

Ethan, dedim kendime, *git yat.*

Bu düşünceler açık yaraya sürülen merhem gibi zihnime yayılırken ofisimden yatak odamıza doğru yürüdüm. Kalp atışlarım yavaşladı, duygularımın ağırlığı azaldı. Kendimi daha hafif hissediyordum. Usulca yatağa süzülüp karımın yanına uzandığımda o mektubu ilk aldığım andan itibaren umutsuzca yapmak istediğim şeyi nihayet yapabildim: Dişlerimi sıkmadan gözlerimi kapadım, yatak odasının kapısına tuzak kurmadan ve Küçükler Ligi beysbol sopamı sıkı sıkı tutmadan sabaha kadar deliksiz bir uyku çektim.

Kendi adımı söylemek beni kurtarmıştı. Saldırgan tacizcimden değil, kendimden.

O geceyi takip eden günler ve haftalar boyunca olanlar üzerine düşündüm. Bir tarafta özdenetim konusunda uzman bir psikolog olduğum halde özdenetim bir yana, mantıklı düşünme yetimi dahi kısa süreliğine de olsa kaybetmiş olmamın rahatsız edici ironisi vardı. Diğer taraftaysa kendimle sanki başkasıyla konuşuyormuşum gibi konuştuğumda duygularımın ve iç konuşmalarımın kontrolünü yeniden ele geçirmiş olmam gibi bilimsel açıdan son derece merak uyandırıcı bir gözlemde bulunmuştum. Normalde kişinin kendisine adıyla hitap etmesi eksantrik davranışla, narsisizmle ya da bazen zihinsel bozuklukla ilişkilendirilir; fakat kendimde bunların hiçbirini görmüyordum. Bana göre, en azından o kriz anında, iç sesimi bir şekilde dizginlememi sağlayan şey, yine kendi iç sesimdi.

Üstelik öyle bir niyetim olmadığı halde bunu yapmıştım.

Psikolojide frekans yanılsaması adı verilen klasik bir bulgu vardır. Örneğin, yeni bir kelime öğrendiğimizde baktığımız her yerde o kelimeyi görmeye başlamamız bu olguyla açıklanır. Gerçekte o kelime —ya da yakın geçmişte dikkatinizi çekmiş şey her ne ise o— öteden beri çevrenizde olağan bir sıklıkta bulunmaktadır ama o zamana kadar beyniniz ona karşı duyarlı olmadığı için görmemişsinizdir; bu durum, zihinsel bir yanılsama yaratır.

Muazzam bir duygusal stres altındayken kendimle konuştuğumu fark ettikten sonra ben de benzeri bir durum yaşadım. Zihnimde yer alan, insanların kendileriyle başka biriyle konuşur gibi —adlarıyla ve birinci tekil şahıs dışındaki zamirlerle hitap ederek— konuşmaları örüntüsünü tanıma yazılımı aktif hale geldi. Önce bunu izleyen birkaç ay boyunca, sonra da takip eden yıllar boyunca, bu davranışın dikkat çekici örneklerini gitgide daha fazla görmeye başladım.

Tehdit mektubu 2011 baharında gelmişti ama dikkatimi çeken ilk örnek, 2010 yazında basketbol yıldızı LeBron James'e dair hatırladığım bir olaydı. Kendimi bildim bileli Knicks taraftarı olduğum için içten içe LeBron James'in New York'a gelip epey bocalamakta olan takımımı kurtaracağını umut ediyordum. Onun yerine LeBron James ESPN ekranlarına çıktı ve kariyerini başlattığı ve yükselttiği Cleveland Cavaliers'dan ayrılıp Miami Heat'e transfer olacağını açıkladı. Oldukça riskli ve –kendi deyişiyle– zor bir karardı bu. LeBron, ESPN yorumcusu Michael Wilbon'a, "Duygusal bir karar vermek istemedim," dedi. Bir an sonra, duygusal bir karardan kaçınma kararını açıklamasının hemen ardından, kendinden birinci tekil şahıs zamiriyle bahsetmeyi bırakıp adını soyadını söylemeye başladı: "LeBron James için en iyisini yapmak istedim, LeBron James kendisini mutlu etmek için ne yapacaksa onu yapmak istedim."

Birkaç yıl sonra, gelecekte Nobel Barış Ödülü kazanacak olan Malala Yusufzay'ın "The Daily Show with Jon Stewart" programına konuk olduğu bir videoya denk geldim. 2012 yazında on dört yaşında olan Malala, ailesiyle birlikte Pakistan'daki Svat Vadisi'nde yaşarken bir insanın alabileceği en korkutucu haberlerden birini almıştı: Taliban, kız çocuklarının eğitim hakkını savunduğu için onu öldürmeye yemin etmişti. Stewart bu habere nasıl bir tepki verdiğini sorunca Malala'nın verdiği yanıt, kendine adıyla hitap ederek konuşmanın çok önemli bir rol oynadığını açığa vuruyordu. Yaşadıklarını birinci tekil şahıs zamiri kullanarak anlattıktan sonra, sıra o en korkutucu ana geldiğinde Stewart'a, "Kendime, 'Sen olsan ne yapardın Malala?' diye sordum," dedi. "Sonra kendime cevap verdim: 'Malala, eline bir ayakkabı al ve adama vur'… Ama sonra dedim ki, 'Eğer bir Talib'e ayakkabıyla vurursan senin de ondan bir farkın kalmaz.'"

Baktığım her yerde örnekler görmeye devam ediyordum. Bazıları pop kültürü bağlamındaydı; mesela oyuncu Jennifer

Lawrence *New York Times* muhabiriyle yaptığı oldukça duygusal bir söyleşi sırasında bir an durup kendi kendine, "Pekâlâ, kendine hâkim ol, Jennifer," diyordu. Bazılarıysa bunca zamandır gözümüzün önünde olan tarihi olaylardı. Kendinden üçüncü tekil şahıs gibi bahsetmeye "illeizm" deniyor; bunun meşhur bir örneğini Jül Sezar'ın, kendisinin de katıldığı Galya Seferi'ne dair yazdıklarında görebiliriz. Sezar yaptıklarını anlatırken kendisinden "o" diye bahsediyordu. Amerikan tarihçisi Henry Adams da 1918'de yayınlanan ve Pulitzer Ödülü kazanan özyaşamöyküsünü tamamen üçüncü tekil şahısta anlatmıştı. Nitekim kitabına isim verirken de aynı üsluba sadık kalmış, *Eğitimim* ya da benzeri bir ad yerine *Henry Adams'ın Eğitimi* demeyi tercih etmişti.

İnsanların kendileriyle konuşurken kendilerine adlarıyla hitap etmeleri ya da ikinci, hatta üçüncü tekil şahıs kullanmaları konusundaki gözlemlerimi öğrencilerimle ve meslektaşlarımla da paylaştım. Bunun üzerine laboratuvarda yaptığımız bir görüşme sonucunda dil ve mesafe arasındaki ilişkiyi incelemeye başladık. İnsanın kendisiyle —etraftakilerin tepkisini çekecek ve sosyal davranış kurallarına aykırı düşecek şekilde yüksek sesle değil, içinden konuşurken— adını kullanmasının iç sesi kontrol etmeye yarayan bir araç olabileceğine dair güçlü bir izlenim edindik.

Elbette etrafımda gördüğüm bütün "deliller" başkalarının anlattığı olaylardan ibaretti. Yine de bilimsel bir dayanağım olmasa da insan davranışında ortak bir örüntü var gibiydi. Yıllarca meslektaşlarımla birlikte psikolojik uzaklaşma yaklaşımlarını incelemiştik fakat bulduğumuz tüm teknikleri öğrenip uygulamak hem zaman hem de konsantrasyon gerektiriyordu. Oysaki yoğun baskı altında olduğum bir anda zihnimden kendime adımı söyleyerek seslenmek için ne zaman ne de çaba harcamıştım. İnsanın kendisiyle bir başkasıyla konuşur gibi konuşması da başlı başına bir psikolojik uzaklaşma yolu olabilir miydi?

Adını Söyle

"Ciddi misiniz?" diye sordu deney katılımcımız.

"Evet," dedi deneyi yapan kişi. "Beni takip edin."

Katılımcıyı peşine takıp koridorda ilerlemeye başladı.

Laboratuvarımıza gelen diğer gönüllüler gibi bu katılımcı da sadece dil ve duygu üzerine bir deneye katılacağını biliyordu. Laboratuvara gelene kadar bilmediği şeyse yöntem olarak insanları strese sokmanın bilinen en etkili yollarından birini kullandığımızdı: Katılımcılara yeterli hazırlanma süresi vermeden topluluk karşısında bir konuşma yapacaklarını söylüyorduk. Böylelikle içimizden kendimizle konuşurken kendimize adımızla hitap etmenin ve birinci tekil şahıs dışındaki zamirleri kullanmanın (örneğin, "sen" demenin) bizim yarattığımıza benzer koşullarda paniğe kapılan iç sesi kontrol etmeye nasıl bir faydası olabileceğini daha iyi anlamayı umuyorduk.

Laboratuvara geldiklerinde katılımcılara bir topluluk karşısına çıkacaklarını ve hayallerindeki işe alınmayı neden hak ettiklerine dair beş dakikalık bir konuşma yapacaklarını söyledik. Sonra onları küçük ve penceresiz bir odaya götürüp hazırlanmak için beş dakikaları olduğunu söyledik. Bu arada not da alamıyorlardı. Fikir şuydu: Bazı katılımcılardan konuşmayı yapmadan önce kendi kendilerine düşünürken birinci tekil şahıs zamiri dışındaki zamirleri kullanmalarını isteyecektik; bunu yapmak durumla aralarındaki zihinsel mesafeyi artıracak ve gerginliklerini azaltacaktı.

Teorimizin tek dayanağı benim yaşadıklarım ya da Malala'nın, LeBron James'in ve diğerlerinin konuşma biçimleri değildi. Daha önceden yapılmış araştırmalar da birinci tekil şahıs zamirini sık kullanmanın —sürekli "ben" diyerek konuşmanın— olumsuz duyguya işaret eden güvenilir bir gösterge olduğunu ortaya koyuyordu. Örneğin, iki ayrı ülkedeki altı laboratuvarda yaklaşık beş bin kişiyle yapılmış geniş çaplı bir araştırmada, birinci tekil şahıs kullanma ile olumsuz duygu arasında oldukça kuvvetli bir ilişki olduğu görüldü. Bir başka araştırmaysa insanların Facebook gönderilerindeki birinci tekil şahıs kullanımı sıklığını hesaplayarak gelecekte yaşayacakları ve tıbbi olarak kayıtlara geçecek olan depresyonu tahmin etmenin mümkün olduğunu gösterdi. Bütün bunlar şu anlama geliyor: Kendi kendinizle konuşurken "ben", "bana", "beni", "benim" gibi birinci tekil şahsa ait sözcükleri kullanmak, deneyimin içine dilsel olarak gömülmenin bir biçimi olabilir.

Doğal olarak akla şu soru geliyor: Bir insanın kendisi hakkında düşünürken birinci tekil şahıs olarak düşünme eğilimini azaltmakla kalmayıp kendisiyle başka bir insanla etkileşim kuruyormuş gibi konuşmasını sağlarsak ne olur? Düşüncemize göre, kendinize adınızla ve ikinci/üçüncü tekil şahısla hitap etmek duygusal bir mesafe yaratıyordu çünkü bunu yapmak aslında kendinizle konuşurken başkasıyla konuşuyormuşsunuz hissi uyandırıyordu. Örneğin içinizden, *Neden bugün iş arkadaşıma öyle bağırdım?* diye sormak yerine *Neden Ethan bugün iş arkadaşına öyle bağırdı?* diye sormak.

Beş dakikalık hazırlık süresi sona erdiğinde katılımcıları rastgele iki gruba ayırdık: Birinci gruptakiler yapacakları konuşma hakkında duydukları kaygı üzerine düşünecekler ve düşünürken birinci tekil şahıs zamiri olan "ben"i kullanacaklardı. İkinci gruptakiler de aynı şeyi düşünecekler fakat bunu yaparken birinci tekil şahıs zamiri dışındaki zamirleri kullanacaklar ve kendilerine adlarıyla hitap edeceklerdi. Ardından onları bir koridordan geçirip dinleyiciler olarak tanıttığımız grubun karşısına çıkardık; dinleyiciler aslında yüzlerinde kayıtsız bir ifadeyle oturma konusunda eğitim almış kişilerdi. Ayrıca konuşmacının tam karşısında son derece dikkat dağıtıcı bir şekilde konumlandırılmış koca bir kamera duruyordu. Gösteri zamanı gelmişti.

Tahmin ettiğimiz gibi, öncesinde kendileriyle mesafeli iç konuşma yapan katılımcılar, deneyime gömülerek iç konuşma yapanlara kıyasla daha az çekingenlik ve utanma hissettiklerini bildirdiler. Ayrıca konuşmalarını bitirdikten sonra kendi performansları üzerine daha az düşünmüşlerdi. Zihinsel deneyimlerini tanımlarken iç seslerinin ne kadar gergin olduklarını ya da ne kadar zorlandıklarını vurgulamak yerine, aslında ortada korkulacak bir şey olmadığını, burada kaybedecekleri hiçbir şey olmadığını vurguladığını söylediler.

Dikkat çekici bir şekilde, videoları inceleyip deneyden elde ettiğimiz verileri daha derinlemesine işlediğimizde iki grup arasındaki tek farkın katılımcıların duygusal tepkileri olmadığını gördük. Konuşma videolarını izleyen dinleyiciler de mesafeli iç konuşma yapan gruptakilerin daha iyi performans gösterdiklerini düşünüyorlardı.

Zihnimizde saklı olan yeni bir uzaklaşma aracını gün yüzüne çıkarmıştık: *mesafeli iç konuşma*. Bizimkinin ve daha sonra başkalarının yaptığı deneylerin de ortaya koyduğu gibi, birinci tekil şahıs zamiri olan "ben"den ikinci tekil şahıs zamiri olan "sen"e ya da üçüncü tekil şahıs zamiri olan "o"ya geçmek, duygusal mesafe yaratan bir mekanizmayı harekete geçiriyor. Öyleyse mesafeli iç konuşma insan dilinin içine gizlenmiş bir psikolojik hile yazılımıdır. Ve bunu çok çeşitli alanlarda kendi yararımıza kullanabileceğimizi biliyoruz.

Konuyla ilgili yapılan diğer araştırmalar, mesafeli iç konuşmanın tıpkı duvardaki sinek açısından bakmak ve benzeri uzaklaşma stratejileri gibi, kişinin başkaları üzerinde daha iyi bir ilk izlenim uyandırmasını sağladığını, stresli problem çözme görevlerinde performansı artırdığını ve bilgece fikir yürütmeyi kolaylaştırdığını gösteriyor. Ayrıca rasyonel düşünmeyi de teşvik ediyor. Örneğin, 2014 yılında Ebola krizinin tavan yaptığı sırada ABD'de de bu salgının yayılacağını düşünerek dehşete kapılan insanlar vardı. Bunun üzerine ABD'nin her yerindeki insanlarla internet üzerinden bir çalışma yaptık. Ebola kaygısı yaşayan insanlara Ebola konusunun gelecekte ne olacağını düşünmelerini ve bunu yaparken "ben" diye düşünmek yerine kendilerine kendi adlarıyla hitap etmelerini söylediğimizde, kaygıya gerek olmadığına dair daha gerçeğe dayalı sebepler bulduklarını gördük, ki bu da kaygı ve risk algısı düzeylerinin düştüğüne işaret ediyordu. Büyük olasılıkla hastalığa yakalanacaklarını düşünmekten vazgeçmişlerdi; bu hem gerçeğin daha doğru bir yansımasıydı hem de paniğe kapılmış iç seslerinin dizginlendiğini gösteriyordu.

Ayrıca araştırmalar, meslek hayatımda karşılaştığım dırdırcı iç sesi en çok kışkırtan senaryolardan birinde, sevdiğimiz insanlarla ahlaki değerlerimiz arasında kaldığımızda da mesafeli iç konuşmanın yardımı olduğunu gösteriyor. Örneğin, tanıdığımız biri bir suç işler ve onu korumak ya da cezalandırmak arasında bir karar vermemiz gerekir. Yapılan çalışmalar bu türden bir iç çatışma doğduğunda insanların tanıdıkları kişiyi ihbar etmektense korumaya kayda değer ölçüde daha meyilli olduğunu gösteriyor. Günlük hayatta verilen kararlarda bu olguyu sık sık, örneğin şu anda çocuk tacizinden hükümlü hekim Larry Nassar'ı engellemekte başarısız olan üniversite yöneticilerinin ve jimnastik takımı yetkililerinin kararlarında gözlemliyoruz.

Eğer bazı insanları korumaya meyilli olmamızın nedeni onlara çok yakın olmamızsa mesafeli iç konuşmanın bizi kendimizden ve diğerleriyle aramızdaki ilişkilerden uzaklaştırarak bu korumacı eğilimleri azaltması beklenir. Nitekim yaptığımız pek çok deneyde tamı tamına bunu gördük. Örneğin, öğrencilerimle yaptığımız bir çalışmada, insanlardan sevdikleri birinin başkasına ait bir kredi kartını gizlice kullanmak gibi bir suç işleyişine şahit olduklarını ve ardından bir polis memurunun onlara herhangi bir şey görüp görmediklerini sorduğunu zihinlerinde canlandırmalarını istedik. Böyle bir durumda ne yapmaları gerektiğini düşünürken kendi kendilerine adlarıyla hitap eden katılımcılar (örneğin kendilerine *Maria hangi gerçekleri göz önünde bulundurarak bu kararı veriyor?* şeklinde soru sorarak düşünenler) şahit oldukları ciddi suçları polise ihbar etmeye daha meyilliydiler.

Bu bulgular kendi kendimizle konuşmanın gücünü ortaya koydu fakat bu konuşmayı son derece değerli kılan bir başka özelliği mercek altına almadı: hızı. Kendimi sakinleştirmek için kendime adımla hitap ettiğimde dikkatimi çeken bir şey, bunun şaşırtıcı derecede kolay olduğuydu. Normalde duygularımızı dengelememiz zaman alır. Zihninizde zaman yolculuğu yaparak belli bir konuda gelecekte ne hissedeceğinizi hayal etmenin veya duygu ve düşüncelerinizi gözden geçirmek için günlük tutmanın, hatta sadece geçmiş bir deneyimi duvardaki sinek açısından görmek için gözlerinizi kapatıp zihninizde canlandırmanın ne kadar çok çaba gerektirdiğini bir düşünün. Bunların hepsi denenmiş ve etkinlikleri kanıtlanmış mesafe koyma araçlarıdır. Fakat bunca çaba gerektirdikleri için şiddetli duygular hissettiğimiz anda bunları hemen uygulamaya geçirmek her zaman kolay olmaz.

Şimdi başıma geleni düşünün. Tek yaptığım kendi adımı söylemekti; iç sesim tıpkı yol çatalında aniden yön değiştiren bir araç gibi bambaşka bir yöne sapıvermişti. Duygu düzenleme stratejilerinin pek çoğunun aksine, mesafeli iç konuşma hızlı ve etkili görünüyordu. Bu nasıl olabilmişti?

Dilbilimde şahıs zamirleri gibi kimin konuştuğuna bağlı olarak anlamı değişen kelimelere (ben ve sen gibi) deiktik ifadeler denir. Örneğin Dani, "*Sen* de geliyor musun?" diye sorduğunda ve Maya, "Evet ama *sen* beni bekleme," diye cevap verdiğinde "sen" kelimesinin anlamı değişir. Önce Maya, sonra Dani anlamına gelir. Çocuklar çoğunlukla dilin bu özelliğini iki yaşına geldiklerinde anlarlar ve bu şekilde perspektif değiştirmeyi inanılmaz bir hızla, milisaniyeler içinde yapabilmeye başlarlar.

Deiktik ifadeler kavramı bazı sözcüklerin perspektifimizi değiştirme konusunda ne kadar güçlü olduklarını da gösterir. Biz de mesafeli iç konuşmanın benzeri bir mekanizmayı kullanarak çok az bir çabayla perspektifte otomatik bir değişim yaratıyor olabileceğini düşünüyorduk. Michigan State Üniversitesi'nden psikolog Jason Moser'la birlikte dile ve psikolojik mesafeye bu açıdan bakarak mesafeli iç konuşmanın ne hızda işe yaradığını ölçecek bir deney tasarladık. Fakat bu kez insanların iç seslerini dinlemek yerine beyinlerine baktık.

Deneyimizdeki katılımcılara rahatsız edici buldukları bir fotoğrafa her bakışlarında neler hissettiklerini ya deneyime gömülen bir dil kullanarak (*Ne hissediyorum?*) ya da uzaktan bakan dil kullanarak (*Jason ne hissediyor?*) düşünmelerini söyledik. Bunu yaparlarken elektroansefalogramla beyinlerindeki elektrik aktivitesini izledik; böylece beyindeki farklı psikolojik işlemlerin ne hızda meydana geldiğini belirleyebilecektik.

Elde ettiğimiz sonuçlar, rahatsız edici fotoğraflara baktıktan sonra hissettikleri üzerine mesafeli dil kullanarak düşünen katılımcıların beyinlerinde çok daha düşük düzeyde duygusal aktivite olduğunu gösterdi. Fakat en önemli bulgu, katılımcıların mesafeden kaynaklanan rahatlamayı hissetmelerine kadar geçen süreydi. Olumsuz resme baktıktan sonraki bir saniye içinde katılımcıların duygusal aktivitelerinde değişimler olduğunu gördük.

Bir saniyecik. Hepsi buydu.

Bizim için en az bu kadar heyecan verici olan bir başka bulguysa bu tür kendi kendine konuşmanın yönetici işlevlere aşırı bir yük bindirdiğine işaret eden hiçbir delil olmamasıydı. Bu çok önemliydi çünkü daha çok çaba gerektiren uzaklaşma teknikleri bir nevi Madde-22 durumu yaratacaktı: Kafamızın içinde vızır vızır işleyen dırdırcı iç ses bizi odaklanmak, uzaklaşmak ve iç sesimizin kontrolünü yeniden ele almak için ihtiyaç duyduğumuz nöral kaynaklardan da yoksun bırakıyordu. Mesafeli iç konuşma ise bu açmaza düşmeden işliyor, düşük düzeyde çaba harcayarak yüksek düzeyde sonuç veriyordu.

Eğer kendimiz hakkında düşünürken kullandığımız sözcükleri değiştirmek, stresle başa çıkmak için hiper hızlı bir uzaklaşma sağlayabildiyse mantıken iç sesimizin akışı üzerinde de bir etkisi olmalıydı. Mesafeli iç konuşmanın, hepimizin sahip olduğu bir kapasiteyi, stres kaynaklarını birer tehdit olarak değil, üzerlerinden aşıp geçeceğimiz birer engel olarak görme kapasitemizi kullanarak bunu başardığını anladık. Şimdi bunun nasıl işlediğini görmek için eski bir komşumuza uğrayalım.

İşe Koyul, Fred

1968-2001 yılları arasında Amerika Birleşik Devletleri'nde büyüdüyseniz ya da çocuk sahibi olduysanız Fred Rogers'ın otuz dakikalık efsanevi televizyon programı *Mister Rogers' Neighbourhood*'daki (Bay Rogers'ın Mahallesi) sakinleştirici sesini hatırlarsınız. Oysaki serinkanlı ekran görüntüsünün ardında Rogers da hepimiz gibi iç sesinin işkencelerine maruz kalıyordu. Bunu biliyoruz çünkü 1979 yılında, televizyon programına üç yıl ara verişinin ardından geri döndüğünde kendine yazdığı bir mektupta içindeki tenkitçi olanca acımasızlığıyla boy gösteriyordu:

Tekrar senaryo yazabileceğimi söyleyerek kendimi mi kandırıyorum? Hayal dünyasında mı yaşıyorum? Bilmiyorum. İşe koyulmazsam asla bilemeyeceğim. Neden... kendime güvenmiyorum? Aslında bütün mesele bu... ve bir de yaratım sancısını tekrar çekmek istemem. BUNCA YIL SONRA BİR NEBZE OLSUN HAFİFLEMEDİ.

Acaba bütün yaratıcı sanatçılar, yaratmaya çalışırken lanetlenmiş gibi bu acıyı çekiyorlar mı? Neyse artık, vakit geldi ve ne yapacaksam ŞİMDİ yapmam gerekiyor. İŞE KOYUL, FRED. İŞE KOYUL.

Rogers'ın ne kadar kırılgan olduğunu çarpıcı bir şekilde gözler önüne seren bu mektup, içindeki dırdırcı iç sese en ham haliyle tanık olmamızı, sürekli değişen iç sesini en ön sıradan izlememizi sağlıyor.

Mektubun ilk dörtte üçlük kısmı kendinden şüpheyle, kendini tenkitle, hatta umutsuzlukla dolu bir iç konuşmadan oluşuyor. Fakat kendine yazdığı bu mektubun ilerilerinde Rogers'ın durumu başka bir açıdan değerlendirmeye başladığını görebiliyorsunuz. Olanca güvensizliğine karşın, önündeki işi yapması gerektiğini fark ettikçe içindeki tenkitçinin sesi de kesiliyor: "Vakit geldi ve ne yapacaksam ŞİMDİ yapmam gerekiyor." Sonra da harekete geçiyor. Mesafeli iç konuşma yapıyor —kendine adıyla hitap ediyor— ve kendine aslında bu televizyon programını pekâlâ da yazabileceğini söylüyor. Rogers bakış açısındaki bu değişimle işe koyularak yirmi iki yıl daha çalıştı ve bu arada kendimizi güçsüz hissettiğimiz bir durumda hepimizin karşı karşıya kaldığı o yol ayrımını da gözler önüne serdi.

Psikologlar, insanları stresli bir duruma soktuğunuzda yaptıkları ilk şeyin (genellikle farkında olmadan) kendilerine iki soru sormak olduğunu göstermişlerdir: *Bu koşullarda benden beklenen ne? Benden bekleneni karşılayacak kişisel kaynaklarım var mı?* Eğer durumu hızlıca gözden geçirip üstesinden gelemeyeceğimize karar verirsek stres kaynağını bir *tehdit* olarak algılamaya başlıyoruz. Öte yandan, eğer durumu değerlendirip onunla gerektiği şekilde başa çıkabileceğimize karar verirsek stres kaynağını *aşılacak bir engel* olarak görüyoruz. İç sesimizin neler söyleyeceği tamamen kendimizle konuşurken önümüzdeki güçlüğü ne şekilde ele aldığımıza bağlı. Bekleneceği gibi, stres kaynağını ne kadar yapıcı bir çerçevede görürsek o kadar olumlu sonuçlar elde ediyoruz. Bu yaklaşım Rogers'ın yaratım sürecinin zorluğunu kabullenmesine ve buna karşın yaratmaya devam etmesine olanak tanıdı.

Rogers'ın mektubunda ortaya koyduğu şeyi destekleyen çok sayıda araştırma yapılmıştır. Matematik sınavına girmekten, yoğun baskı altında performans göstermeye ve toplumsal kalıplar içinde sıkışıp kalmanın yıpratıcı etkilerine dek her durumda insanlar karşılarındaki güçlüğü bir tehdit olarak değil, üstesinden gelinecek bir engel olarak gördüklerinde düşünceleri, duyguları ve performansları iyileşmiştir. Fakat tıpkı Rogers'ın kendini yüreklendirmek için kendine adıyla hitap etmesinden de anlaşılacağı gibi, bakış açınızı değiştirerek karşınızdaki güçlüğü aşılacak bir engel olarak görmenizi sağlayan kritik hamle, mesafeli iç konuşmadır.

Yapılan araştırmalar mesafeli iç konuşmanın insanların stresli durumları birer felaket olarak algılamak yerine üstesinden gelebilecekleri engeller olarak görmelerini ve kendilerine cesaretlendirici, "Bunu başarabilirsin," şeklinde öğütler vermelerini sağladığını gösteriyor. Örneğin, meslektaşlarımla birlikte yürüttüğümüz bir araştırmada katılımcılardan yakın gelecekteki stres verici bir olay üzerine en derin duygu ve düşüncelerini yazmalarını ve bunu yaparken kendileriyle olayın içine gömülerek veya olaya uzaktan bakarak konuşmalarını istedik. Yazılanları analiz ettiğimizde duruma üstesinden gelinecek bir güçlük olarak bakan katılımcıların yüzde yetmiş beşi, olaya uzaktan bakarak iç konuşma yapanlar grubundan çıktı. Çarpıcı bir tezat oluşturacak şekilde, duruma bir tehdit olarak bakanların yüzde altmış yedisi, olayın içine gömülerek kendileriyle konuşanlar grubundaydılar.

O sırada katılımcıların zihinlerinde neler olup bittiğini görmek için olaya gömülen gruptaki bir kişinin yazdıklarına bakalım: *İş görüşmesinde hata yaparsam işe alınmayacağımdan korkuyorum.*

Ve ben mutlaka hata yaparım. Ne diyeceğimi şaşırırım, hep aşırı gergin olurum. Sonunda gerginlik yüzünden kötü geçen iş görüşmeleri, kötü geçen iş görüşmeleri yüzünden gerginlik şeklinde bir döngüye kısılıp kalırım. İşe alınsam bile iş görüşmelerinden ödüm kopar.

Aynı anda mesafeli iç konuşma grubundakilerin iç sesleri bambaşka bir telden çalıyordu. Örneğin, hoşlandığı kişiyle buluşmaya gidecek bir katılımcı, yaşadığı güven eksikliği hakkında şöyle yazıyordu: *Sakin ol, Aaron. Altı üstü bir randevu, herkes biraz gergin olur. Yapma ya, ben sanki bunu bilmiyordum! Abartma. Hadi ama topla kendini. Bunu yapabilirsin.*

Deneyimleri aşılacak birer engel ya da tehdit olarak algılama konusunda dilin ne kadar etkili olduğunu görmek için sadece düşünceleri analiz etmek şart değil. Vücut dillerinde de bunu görmek mümkün. Psikolojik açıdan bir engelle veya tehditle karşılaştığımızda vücudumuzun verdiği biyolojik sinyaller birbirinden çok farklıdır. Bir insanı tehdit olarak gördüğü bir durumla karşı karşıya bıraktığınızda kalbi hızla vücuduna kan pompalamaya başlar. Bir insanın karşısına bir engel çıkardığınızda da aynı şey olur. Fakat iki durum arasında son derece önemli bir fark vardır: Kanı vücutta dolaştıran damarların tepkisi. İnsan bir tehdit algıladığında damarları büzüşerek daralır ve kan geçişi zorlaşır, zamanla bu durum damar yırtılmalarına ve kalp krizine neden olabilir. Hâlbuki insan, karşısındaki güçlüğü aşılacak bir engel olarak gördüğünde damarları genişler ve kan vücutta rahatça dolaşabilir.

Lindsay Streamer, Mark Seery ve Buffalo Üniversitesi'ndeki meslektaşları, mesafeli iç konuşmanın insanların kalp damar sistemi işleyişinde bu tür bir değişime yol açıp açmayacağını görmek istediler. Daha basit bir deyişle, mesafeli iç konuşma yaparak sadece zihninizi değil, vücudunuzu da önünüzdeki sorunu tehditten ziyade aşılacak bir engel olarak görmeye ikna edebilir misiniz? Umulduğu gibi, topluluk karşısında konuşma

yapmadan önce kendilerine adlarını söyleyerek mesafeli iç ko-
nuşma yapanların kalp damar sistemleri, bir engeli aşmaya hazır-
lanan kişilerinki gibi tepki verdi. Kendileriyle olaya gömülerek
konuşanların biyolojik tepkileriyse ders kitaplarındaki tehdit
tepkisi tanımıyla birebir örtüşüyordu.

Yetişkinlere bu denli yardımcı olan mesafeli iç konuşma, ço-
cuklara da faydalı olabilir miydi? Anne baba olarak başlıca gö-
revlerimizden biri, çocuklarımıza zor buldukları ama önemli
olan durumlarda —örneğin, ders çalışmaları gerektiğinde— sebat
etmeyi öğretmektir. Bu sorudan hareketle yola çıkan psikologlar
Stephanie Carlson ve Rachel White, Batman Etkisi olarak ad-
landırılan bir olguyu keşfettiler.

Yaptıkları bir deneyde bir grup çocuktan, uzun ve yorucu
bir ev ödevine benzeyen can sıkıcı bir görevi yaparken bir süper
kahraman rolüne bürünmelerini istediler. Çocuklar söz konusu
süper kahraman olduklarını hayal edecekler ve kendilerine o ka-
rakterin adıyla hitap ederek görevde ne aşamada olduklarını so-
racaklardı. Örneğin, deneye katılan kız çocuklarından biri Kâşif
Dora olmuştu ve kendi kendine, "Dora sıkı çalışıyor mu?" diye
soruyordu. Carlson ve White bu şekilde çalışan çocukların, ken-
di kendilerine "ben" diyerek yaptıkları görev hakkında konuşan
çocuklardan daha uzun süre çalıştıklarını gördüler. (Kendi ken-
dilerine adlarıyla hitap eden çocukların bulunduğu üçüncü grup
da "ben" grubundan daha uzun süre görevi yapmayı sürdürdü.)

Bu olguyu daha stresli durumlara uyarlayan araştırmalar, me-
safeli iç konuşmanın çocukların bir ebeveynin kaybı gibi durum-
larla daha sağlıklı bir şekilde başa çıkmalarını sağladığını orta-
ya koydu. Örneğin bir çocuk, "Ne olursa olsun, babaları onları
seviyordu ve yaşadıkları iyi şeyleri düşünmeleri gerekiyordu...
iyi anılara tutunup kötü olanları bırakabilirler," diyordu. Öte
yandan, olayın içine gömülen bir dil kullanan çocukların trav-
ma sonrası stres bozukluğu semptomları yaşama olasılıkları daha

yüksekti ve daha kaçıngan, sağlıksız başa çıkma yollarına eğilim gösteriyorlardı. Çocuklardan biri, yürek paralayan şu cümleleri söylemişti: "Son anlarındaki hali hâlâ gözümün önünde. Keşke acı çekmesi gerekmeseydi. Öyle öldüğü için çok üzgünüm."

Tüm bu bulgular, çeşitli durumlardaki içebakış esnasında kendimizle konuşurken kullandığımız sözcüklerde küçük bir değişiklik yaparak dırdırcı iç sesi nasıl kontrol edebileceğimizi gösteriyor. Bu aracın ne kadar faydalı olduğunu görünce, insanların duygularını kontrol altına almalarına yardımcı olacak başka mesafeli konuşma yolları olup olmadığını öğrenmek istedik. Meslektaşlarımla birlikte buna benzer başka tekniklerin de olduğunu keşfettik ama bunlar o kadar üstü kapalı, yaygın ve yerleşmiş tekniklerdi ki fark edilmeleri neredeyse olanaksızdı.

Evrensel "Sen"

Tehdit mektubunu aldıktan sonra yaşadığım dırdırcı iç ses kendime adımla hitap ettiğim ana dek dayanılmazdı ama geçici bir rahatlama yaşadığım bir an daha vardı: görüştüğüm polis memurunun bana toplum nezdinde tanınmış kişilerin sık sık bu tür tehditler aldığını ve bunların hemen hemen hiçbirinin gerçekleşmediğini söylediği an. Tehdit algısıyla düşünmeye derinlemesine gömülmüş olduğum için —o sırada o mektup hiç de üstesinden gelebileceğim bir engel gibi *görünmüyordu*— bu bilgi korkularımı dindirmemişti. Ama bir umut ışığı belirmişti.

Kendimi eskisi kadar yalnız hissetmiyordum.

Deneyimleri *normalleştirmek* bize psikolojik bir rahatlama sağlar; bu olayın bir tek bizim başımıza gelmediğini, başkalarının da benzer şeyler yaşadığını bilmek, ne kadar tatsız olursa olsun bunun da hayatın bir parçası olduğunu bilmek bizi rahatlatır. Yas tutarken, ilişkilerimizde iniş çıkışlar yaşarken, kariyerimizde bir sorunla karşılaştığımızda, ebeveynlikte zorlandığımızda veya başka türlü bir güçlük yaşadığımızda probleme odaklanır ve kendimizi ıstırap verici bir biçimde yapayalnız hissederiz. Fakat başkalarıyla konuşup onların da benzer şeyler yaşadığını fark ettiğimizde, ne kadar zor olursa olsun bunun herkesin başına gelebileceğini görür ve perspektif kazanırız. *Başkaları yapabildiyse*, diye mantık yürütür iç sesimiz, *ben de yapabilirim*. Bize sıra dışı gelen şeyin aslında sıradan bir şey olduğunu anlarız. Bu da bizi rahatlatır.

Peki ama başkalarının güçlüklerle nasıl başa çıktığını ve bu olaylardan ne gibi dersler çıkardığını dinleyerek başımıza geleni normalleştirmek yerine, aynı etkiyi yaratan bir kendiyle konuşma biçimi bulabilir miyiz? Demek istediğim, dilin yapısında zaten bulunan ve kişisel deneyimlerimizi daha evrensel açıdan görmemizi sağlayan bir şey olabilir mi?

2015 yılının Mayıs ayında Facebook'un COO'su Sheryl Sandberg'ün eşi ve Silikon Vadisi girişimcisi David Goldberg, Meksika'da birlikte tatilde oldukları sırada koşu bandında geçirdiği trajik bir kaza sonucu hayatını kaybetti. Sandberg yıkılmıştı. Goldberg'le beraber kurduğu hayat yok olmuş, sanki tüm geleceği elinden koparılıp alınmıştı. Eşinin ölümünün ardından üzerine çöken ve onu adeta nefessiz bırakan yasla başa çıkmanın bir yolunu bulmak zorundaydı. Bu amaçla günlük tutmaya başladı. Anlaşılabilir bir tercihti çünkü bildiğimiz gibi günlük tutmak, faydalı bir duygusal mesafe koymanın etkili yollarından biridir. Fakat yazılarından en azından birinde —Facebook'ta paylaştığı bir tanesinde— kullandığı sözcükler, ilginç bir şeyi daha ortaya koyuyordu. Sandberg'ün paylaşımındaki şu sözcüklere dikkat edin (sözcükleri ben italik yaptım):

Bence her trajedide bir seçim yapma şansı var. Hiçliğe teslim *olabilirsin*; *kalbini*, *ciğerlerini* dolduran, düşünme, hatta

nefes alma *yetini* kısıtlayan boşluğa *kendini bırakabilirsin.* Ya
da bir anlam bulmaya *çalışabilirsin.*

İlk bakışta tekrar tekrar ikinci tekil şahsa, "sana" hitap ederek
yazması tuhaf görülebilir. Akla gelebilecek en acı verici kişisel
deneyimlerden biri hakkında yazarken doğal olarak kullanacağı
zamirin "ben" olması beklenir. Fakat o "sen" demeyi seçmişti ve
burada yaptığı şey, bu kitapta da bahsettiğimiz mesafeli iç konuş-
ma değildi. İkinci tekil şahıs kullanıyordu çünkü yaşadığı güçlü-
ğün evrenselliğini anımsatmak istiyordu. Adeta şöyle diyordu:
"Benim yerimde *kim olsa* hiçliğe teslim olabilir; kalbini, ciğerle-
rini dolduran, düşünme, hatta nefes alma yetisini kısıtlayan boş-
luğa kendini bırakabilir. Ya da bir anlam bulmaya çalışabilir."

Sandberg "sen" hitabını bu şekilde kullanan tek kişi değil.
Etrafınıza baktığınızda gündelik konuşmalarda, televizyon ve
radyo programlarında, şarkı sözlerinde benzeri kullanımları gö-
rebilirsiniz. Hatta bir kez bu olgunun farkına vardığınızda, kötü
bir maçın ardından röportaj veren sporcuların ya da karşılarında-
ki engeller hakkında konuşan politikacıların deneyimlerini daha
geniş bir çerçeveye oturtmak için "sen" deyişlerini fark etme-
mek imkânsız hale geliyor.

Elbette soru şu: Neden böyle yapıyoruz? Neden son derece
kişisel duygularımızdan bahsederken başkasına hitap etmek için
kullanılan bir sözcüğü –sen sözcüğünü– kullanıyoruz? Meslek-
taşlarım Susan Gelman ve Ariana Orvell'le birlikte bu kullanıma
"jenerik 'sen'" ya da "evrensel 'sen'" adını veriyoruz. Bunun psi-
kolojik mesafe yaratmaya yarayan bir başka dil hilesi olduğunu
keşfettik.

Evrensel "sen" hakkında bildiğimiz ilk şey, insanların bunu
kişisel tercihlerinden değil, herkes için geçerli olan normlardan
bahsederken kullandıkları. Örneğin, arkadaşınızla emekli olmuş
ve hep görmek istediği yerlere seyahat etmeye başlamış ortak

bir tanıdığınızdan bahsettiğinizi varsayın. "O kadar boş vaktin olunca istersen dünyayı gezersin," dediğinizde buradaki "sen" o sırada konuşmakta olduğunuz arkadaşınız değil, emekli olmuş tanıdığınızın durumundaki herkes anlamındadır. Fakat arkadaşınız size, "Sen emekli olunca ne yapacaksın?" diye sorduğunda, "Ben de seyahat etmek istiyorum," şeklinde, birinci tekil şahıs kullanarak cevap verirsiniz. Bir başka deyişle, evrensel "sen"i bireysel tercihleri belirtmek için değil, genelgeçer şeyleri ifade etmek için kullanırız.

Ayrıca insanların olumsuz deneyimleri anlamlandırmak için de evrensel "sen"i kullandıklarını biliyoruz. Tıpkı Sandberg'ün Facebook paylaşımında yaptığı gibi, bizi zorlayan olayları sadece bizim başımıza gelen şeyler olarak değil, genel olarak hayatın bir parçası olarak görmek için bunu yaparız. Örneğin, yaptığımız bir araştırmada, katılımcılardan olumsuz bir deneyimlerini zihinlerinde canlandırmalarını veya o olaydan alabilecekleri dersleri düşünmelerini istedik. Olaydan ders çıkarmaya çalışan katılımcılar, olayı yeniden yaşıyormuşçasına düşünen katılımcılara oranla beş kat daha fazla evrensel "sen"i kullandılar. Bu yolla, yaşadıkları kişisel bir güçlüğü dünyanın genel işleyişine bağlıyorlardı. Deneyimlerinden ders çıkarmaları istenen katılımcılar, "Bazen bir adım geri çekilip sakinleştiğinde olayları farklı bir açıdan görürsün," ve "Olaylara farklı açıdan bakan birinden çok şey öğrenebilirsin," gibi cümleler kuruyorlardı.

Bu tür normalleştirmeler, dırdırcı iç sese saplanıp kaldığımızda yitirdiğimiz perspektifi bize geri kazandırır. Böylelikle deneyimlerimizden ders çıkarırız ve bu da kendimizi daha iyi hissetmemizi sağlar. Bir başka deyişle, konuşurken evrensel "sen"i kullanmamız hiç de tesadüfi değildir. Bu, insan dilinin bize sunduğu duygu yönetimi araçlarından biridir.

Peki, kendimle konuşup uykuya daldıktan sonra ne oldu?

Ertesi sabah uyandım ve hayat normale döndü. Kahvaltıda eşimle o günkü planları hakkında sohbet ettim, işe gitmeden önce kızımla oynadım, geçen üç gün boyunca ihmal ettiğim bütün öğrencilerime ve araştırmalarıma geri döndüm. Mesafeli iç konuşma, dırdırcı iç sesimi kontrol etme yetimi bana geri kazandırmıştı. Sanki işkencecim de bana daha fazla eziyet edemeyeceğini anlamıştı; o mektubun yazarı beni bir daha rahatsız etmedi. Yine de kaygı verici bir düşünce zihnimde çakılı kaldı.

Yineleyen olumsuz düşüncelerimin tepe noktasındayken bir sürü insanla konuşmuştum. Yardım istemiştim. Arkadaşlarımla, ailemle ve meslektaşlarımla yaptığım konuşmaların istisnasız hepsi, bana onlardan destek gördüğümü hissettirmişti. Ama hiçbiri durum hakkında kendimi daha iyi hissetmemi sağlamamıştı. Hiçbiri mesafeli iç konuşma kadar iç sesimi sakinleştirmemişti.

Aradaki bu farkın nedeni, insan zihninin bir başka büyük gizemine işaret ediyor. Tıpkı iç sesin kendisi gibi, başka insanlar da bizim için muazzam bir güç kaynağı olabilir; gelgelelim farkına varmasak da çoğu zaman bunun tam tersi geçerlidir.

Başkalarının Gücü ve Tehlikesi

*T*rajedi ansızın ve hiçbir uyarı vermeksizin geldi. 2008 yılının Şubat ayında bir perşembe günü, zihinsel bozukluk geçmişi olan Steven Kazmierczak adında yirmi yedi yaşındaki bir genç, Northern Illinois Üniversitesi'nde jeoloji dersinin sürmekte olduğu amfinin kapısını tekmeleyerek açtı ve içeri daldı. Üzerinde bir av tüfeği ve üç tabanca vardı. Hocanın ders anlattığı kürsüye çıkarak o sırada amfide olan ve gözlerine inanamayan 119 öğrencinin hayret ve dehşet dolu bakışları altında önce öğrencilere ateş etti, sonra kürsüdeki hocayı vurdu. Ardından tekrar öğrencilere ateş açtı. Farklı silahlarla elli defadan fazla ateş ettikten sonra namluyu kendine çevirdi ve tetiği çekerek bu çılgınlığı noktaladı. Dakikalar sonra olay yerine varan polis dehşet verici bir manzarayla karşılaştı. Yirmi bir kişi yaralanmış, Kazmierczak dışında beş kişi daha ölmüştü. Hem üniversite hem de üniversitenin bulunduğu küçük DeKalb şehri derin bir yasa boğuldu.

Bu korkunç olayın ardından düzenlenen anma törenlerinin yanı sıra, öğrencilerin birçoğu duygularını internet üzerinden de ifade ettiler. Facebook'u, hayatını kaybedenleri anma amaçlı açılan web sitelerini ve mesajlaşma programlarını kullanarak yaşadıklarını paylaştılar.

DeKalb'in yüz yetmiş kilometre güneyinde, Illinois Urbana-Champaign Üniversitesi'nde çalışan psikologlar Amanda Vicary ve R. Chris Fraley, son derece üzücü olmakla birlikte Northern Illinois trajedisinin, yas ve gerçek zamanlı duygusal paylaşımı daha iyi anlamak amacıyla yürüttükleri araştırma için bulunmaz bir fırsat olduğunu fark ettiler. Bilimde bazen insanların katlandıkları en acı verici deneyimlere bakmamız gerekir; böylelikle benzeri durumları yaşayan insanlara nasıl yardım edebileceğimizi anlarız. Bunu yaparken özenli ve merhametli davranmamız fakat aynı zamanda bilimsel yönteme sadık kalmamız ve onun çoğunluğun faydasına bilgiler sağlama potansiyelini göz ardı etmememiz gerekir. DeKalb'deki silahlı saldırının ardından Vicary ve Fraley de bu görevi üstlendiler.

İlk olarak Northern Illinois öğrencilerinin büyük kısmına e-posta göndererek yaşanan olayla nasıl başa çıktıklarını izlemeyi amaçlayan bir araştırmaya katılmak isteyip istemediklerini sordular. On ay önce başka bir silahlı saldırgan Virginia Tech Üniversitesi'nde bir saldırı düzenlemiş, daha da ağır bir tabloyla sonuçlanan bu olayda otuz iki kişi ölmüş, geriye yasa boğulmuş binlerce insan kalmıştı. Vicary ve Fraley o saldırıdan sonra da bir grup Virginia Tech öğrencisine ulaşmışlardı. Şimdi ellerinde bu tür bir olaydan sağ kurtulan insanların yaşadıkları yoğun duygu karmaşasıyla nasıl başa çıktıklarını anlamak için karşılaştırabilecekleri iki ayrı grup vardı.

Saldırılardan iki hafta sonra her iki grupta da öğrencilerin yaklaşık dörtte üçü depresyon veya travma sonrası stres bozukluğu belirtileri gösteriyordu. Beklenen bir durumdu bu. Çoğu, hayatında yaşadığı en rahatsız edici deneyimin etkileriyle boğuşuyordu. Illinois'deki ve Virginia'daki öğrencilerin yaşadıkları türden trajediler insanın dünya görüşünü etkiler. Böyle bir olay meydana geldiğinde bazı insanlar acıyı dindirmek için yaşadıkları olaya ait dehşet verici anılardan kaçınma yoluna giderler. Bazı insanlarsa duygularını anlamlandırmaya çalışırlar ve bunu yapmanın başlıca yolu, başkalarıyla iletişim kurmaktır, ki öğrenciler de tam olarak bunu yapmışlardı. Öğrencilerin yüzde seksen dokuzu olanlar hakkında konuşmak ve başkalarının yorumlarını okumak için bir Facebook grubuna katılmış, yüzde yetmiş sekizi bu konuda internet üzerinden konuşmuş, yüzde yetmiş dördü ise cep telefonlarını kullanarak bu konuda mesajlaşmıştı.

Öğrencilerin çoğu içlerindeki yoğun olumsuz sözel akışı bu şekilde dillendirmenin kendilerini rahatlattığını düşünüyordu. Bu sayede benzeri bir deneyimle başa çıkmaya çalışan başka insanlarla duygu ve düşüncelerini paylaşmışlardı ki bu da değerli bir normalleştirme yoludur. Bir Virginia Tech öğrencisi şöyle demişti: "Kendimi çok yalnız hissettiğimde Facebook'a girebilirim ya da birine mesaj atabilirim ve kendimi diğer insanlara biraz daha yakın hissederim."

Bunların hiçbiri şaşırtıcı değildi. Bildiğimiz gibi, insanlar dırdırcı iç sesle mücadele ederken düşüncelerini başkalarıyla paylaşmaya meyillidirler ve sosyal medya veya diğer sanal bağlantı kurma araçları bu iş için son derece elverişlidir. Şaşırtıcı olan, Vicary ve Fraley'nin saldırılardan iki ay sonra, yaptıkları araştırma sona erdiğinde elde ettikleri bir bulguydu.

Virginia Tech'teki ve Northern Illinois'deki öğrenciler duygularını başkalarıyla paylaşmanın kendilerini daha iyi hissetmelerini sağladığını düşünüyorlardı fakat duygularını ne düzeyde paylaşmış olurlarsa olsunlar, bunun sonradan yaşadıkları depresyon ve travma sonrası stres bozukluğu belirtileri üzerinde bir etkisi olmamıştı.

Onca duygu paylaşımı, yazma, başkalarıyla bağlantı kurma ve hatırlamanın hiçbir faydası olmamıştı.

Aristoteles'ten Freud'a

Northern Illinois saldırısının yaşandığı yıl, benzeri bir konuda, 11 Eylül saldırılarının ertesinde ABD'de yaşayan insanların duygusal direnç düzeyleri hakkında tüm ulusu temsil edebilecek kadar geniş çaplı bir araştırma yayınlandı. Araştırmacılar, ülkenin dört bir yanında yaşayan iki binden fazla insanın İkiz Kuleler'in yıkılışını izleyen on gün içinde 11 Eylül saldırılarıyla ilgili duygularını paylaşıp paylaşmadığını incelediler. Ardından iki yıl boyunca bu katılımcıların fiziksel ve ruhsal sağlık durumlarını takip ettiler. İncelledikleri alandaki insan davranışı hayli karmaşık olsa da sordukları soru basitti: Duygularımızı paylaşmanın zaman içinde kendimizi nasıl hissettiğimiz üzerinde bir etkisi olur mu?

Vardıkları sonuç, Vicary ve Fraley'nin bulgularıyla şaşırtıcı biçimde örtüşüyordu.

11 Eylül saldırılarının hemen ertesinde olayla ilgili duygu ve düşüncelerini paylaşmış insanlar kendilerini daha iyi hissetmiyorlardı. Hatta bu konudaki duygularını paylaşmayan insanlara kıyasla kendilerini *daha da kötü* hissediyorlardı. Daha fazla dırdırcı iç ses yaşıyorlar, daha kaçıngan başa çıkma yöntemlerine yöneliyorlardı. Üstelik duygularını ifade etmeyi seçenler arasında da en yüksek düzeyde stres ve sağlık sorunu yaşayanlar, en çok paylaşım yapanlardı.

Bir kez daha görülüyordu ki duyguları paylaşmak işe yaramamıştı. Hatta bu durumda fayda bir yana, zarar vermişti.

Elbette üniversitelerde yaşanan silahlı saldırılar da 11 Eylül saldırıları da alışılmadık ölçüde şiddet içeren ve nadir yaşanan olaylardır; buradan yola çıkarak duyguları paylaşmanın sadece böyle büyük trajedilerde işe yaramadığı sonucuna varabilirsiniz. O halde Belçikalı psikolog Bernard Rimé'nin çalışmasına dönüp bakalım.

Rimé'nin ortaya çıkardığı temel insan davranışı örüntüsünü hatırlayalım. İnsanlar mutsuzken duygularını başkalarıyla paylaşmaya meyilli olurlar; duygular tıpkı jet motoru yakıtı gibi bizi kafamızdan geçenler hakkında konuşmaya iter. Fakat Rimé, en az bunun kadar önemli —ve şüphesiz çok daha şaşırtıcı— bir başka gerçeği daha ortaya çıkarmıştı. Büyük trajedilerden sonra insanların duygu durumları üzerine yapılan bu araştırmaların sonuçları da onun bulgularıyla uyumluydu.

Rimé birbiri ardına yaptığı çok sayıda araştırmada, olumsuz deneyimlerimiz hakkında başkalarıyla konuşmanın iyileşmemize anlamlı bir etkisi olmadığını bulmuştu. Elbette duygularımızı başkalarıyla paylaşmak, içimizi döktüğümüz insanlara daha yakın olduğumuzu ve onlar tarafından desteklendiğimizi hissetmeye yarar. Fakat çoğumuzun konuşma ve dinleme biçimi, dırdırcı iç sesi azaltmaktan yana pek bir işe yaramaz. Hatta çoğunlukla dırdırcı iç sesi körükler.

Rimé'nin bulgularının yanı sıra, başka pek çok araştırma da yaygın kanıyla taban tabana zıt şeyler söylüyor. Popüler kültür sık sık bize *Konuşmak sana iyi gelir* der. Kişisel gelişim literatürünün büyük bir çoğunluğu ve etrafımızdaki insanların çoğu bunu salık verir. İçimizi dökmenin sağlıklı olduğunu, başkalarını da aynı şeyi yapmaya teşvik etmenin gerekli olduğunu duyarız. Bu tavsiyeler malumun ilamı gibi gelse de işin aslı hiç de öyle değildir.

Olumsuz duygularımız hakkında başkalarıyla konuşmanın bize iyi geleceği düşüncesi yeni bir fikir değil; iki bin yıldan uzun bir süredir Batı kültüründe yer alıyor. Bu yaklaşımın ilk savunucularından biri, trajik bir olaya şahit olan insanların sonrasında duygularından arınmaları gerektiğini söyleyen ve bu sürece katarsis adını veren Aristoteles'ti. Fakat bu pratiğin daha geniş anlamda kabul görmesi için aradan iki bin yıl geçmesi gerekti. Modern psikoloji 1890'ların sonunda Avrupa'da filizlenirken

Sigmund Freud ve hocası Josef Breuer, bu fikri Aristoteles'in bıraktığı yerden devralarak sağlıklı bir zihin için iç yaşantının karanlık acısının gün yüzüne çıkarılması gerektiğini ileri sürdüler. Bir nevi duygusal hidrolik modeldi bu: Tıpkı kaynayan bir çaydanlıktan çıkan buhar gibi, yoğun duyguların da salıverilmesi gerekiyordu.

Bu kültürel koşullanmalar çok küçük yaştan itibaren bizi duygularımız hakkında başkalarıyla konuşmaya yönlendirse de altta yatan iç sesimizi dillendirme arzusu, gelişimimizin çok daha erken bir evresinde, henüz tükürükten baloncuklar yapıp çığlıklar atan bir bebekken zihnimize işlenir.

Doğduğumuzda kendi ihtiyaçlarımızı karşılamaktan ve duygularımızı kontrol etmekten aciz bir haldeyizdir; derdimizi ifade etmek için kıyametleri kopararak (en azından benim kızlarım böyle yapıyordu) bize bakıcılık edenlerin ilgisini çekmeye çalışırız. İhtiyaçlarımız karşılanıp tehdit algısı sona erdiğinde fizyolojik uyarılma seviyelerimiz normale döner. Bu süreci defalarca yaşamak, bakımımızı üstlenen kişiyle aramızda bir bağ oluşturur. Genellikle bu kişiler de bakıcılık ettikleri bebeklerle henüz sözcükleri anlayamayacak kadar küçük olsalar bile konuşurlar.

Zaman içinde hızla gelişen beyinlerimiz dil yetisini kazanır ve bizi yetiştiren kişilerin sebep-sonuç ilişkisi, sorunlarımızın çözümleri ve duygularımızla nasıl başa çıkacağımız üzerine söylediklerini benimseriz. Bu süreçte sadece duygularımızı yönetmek konusunda faydalı bilgiler edinmeyiz; deneyimlerimiz hakkında başkalarıyla konuşabilmek için ihtiyaç duyduğumuz hikâye anlatma araçlarını da ediniriz. İletişim kurmanın neden dırdırcı iç sesle bu kadar iç içe geçmiş olduğuna ve dırdırcı sesin neden başka insanlarla konuşma arzusu uyandırdığına dair bir açıklama budur.

Neyse ki başkalarından aldığımız desteğin çoğu zaman ters tepmesinin bir sebebi ve bu olgudan kaçınmanın da bir yolu var.

Başkaları içimizdeki dırdırcı sesi dindirmek için paha biçilmez bir araç olabilir; biz de aynı şekilde onlara yardım edebiliriz. Fakat her araçta olduğu gibi, bu araçtan da faydalanabilmek için öncelikle onu nasıl kullanacağımızı bilmek gerekir. Söz konusu duygusal destek alışverişi olduğunda işe tüm insanların sahip olduğu en temel iki ihtiyacı öğrenmekle başlayabiliriz.

Birlikte Ruminasyon Tuzağı

Üzgün olduğumuzda, kendimizi savunmasız veya yetersiz hissettiğimizde duygularımızı açığa vurmak, teselli edilmek, onaylanmak ve anlaşılmak isteriz. Bunu yapar yapmaz emniyette olduğumuzu, başkalarıyla aramızda bir bağ olduğunu hissederiz ve çok temel bir ihtiyaç olan ait olma ihtiyacımız giderilir. Sonuç olarak, iç sesimiz olumsuzluk batağına saplandığında başkalarından ilk beklentimiz *duygusal* ihtiyaçlarımızın karşılanmasıdır.

Çoğunlukla insan bir tehditle karşı karşıya kaldığında devreye giren başlıca savunma mekanizmasının savaş-ya da-kaç tepkisi olduğu düşünülür. Stres altındayken ya olay yerinden kaçar ya da olduğumuz yerde kalarak savaşmaya hazırlanırız. Bu yaygın görülen bir davranışsal eğilim olmakla birlikte, araştırmacılar pek çok insanın tehdit karşısında başvurduğu bir başka stres tepkisi daha tespit ettiler: "yaklaş ve arkadaşlık kur" tepkisi. Yani destek ve yardım almak için başka insanlara yönelmek.

Evrimsel bakış açısından bakınca bu yaklaşımın gücü çok açıktır: İki kişinin bir yırtıcıyı püskürtme ihtimali, bir kişininkinden fazladır; zor zamanlarda bir araya gelmek somut bir avantaj sağlayabilir. Yapılan araştırmalar da bu fikri destekler niteliktedir; stres altındayken başkalarıyla yakınlık kurmak bize güvenlik ve birliktelik hissi sağlar. Bu davranış doğal olarak üretilen opioidlerin ve sarılma hormonu olarak da bilinen oksitosinin salgılanması da dahil olmak üzere bir dizi stres azaltıcı biyokimyasal tepkimeyi harekete geçirerek insanların temel ait olma ihtiyacını karşılar. Elbette bunu yapmanın başlıca bir yolu, konuşmaktır. Zihnimizdeki olumsuz düşünceler hakkında konuştuğumuz insanlar etkin dinleme ve duygudaşlık gösterme yoluyla bu ihtiyaçlarımıza karşılık verirler. O anda bu bize iyi gelebilir, rahatlayabiliriz. Fakat bu denklemin yalnızca bir yarısıdır. Çünkü *bilişsel* ihtiyaçlarımızı da tatmin etmemiz gerekir.

Dırdırcı iç sesle mücadele ederken çözmek zorunda olduğumuz bir bilmeceyle karşı karşıya kalırız. İç sesimiz baskın çıkarak bizi kısıtladığında önümüzdeki sorunu anlamak, büyük resmi görmek ve en yapıcı hareket yöntemini belirlemek için dışarıdan birinin yardımına ihtiyaç duyarız. Bu sırada bize destek olan kişinin sadece yakınlık göstermesi veya bizi ilgiyle dinlemesi yetmez. Çoğu zaman sorunla aramıza mesafe koymak, durumu normalleştirmek ve başımıza gelenler hakkındaki düşünce biçimimizi değiştirmek için de başkalarının yardımına ihtiyaç duyarız. Böylelikle duygularımız şiddetini yitirir, hiçbir yere varmayan olumsuz düşünce tekrarından kurtulup sözel akışımıza yeniden yön veririz.

Gelgelelim tam da bu sebepten duygularımızdan bahsetmek bize muazzam bir yardım sağlayabilecekken sıklıkla ters teper. Zihnimiz dırdırcı iç sese gömüldüğünde bilişsel ihtiyaçlarımızdan ziyade duygusal ihtiyaçlarımızı gidermeye meyilli oluruz. Bir başka deyişle, üzgün ya da mutsuz olduğumuzda pratik çözümler bulmaya değil, duygudaşlık görmeye odaklanırız.

Bize destek olan kişi tarafındaki bir sorun, ikilemi daha da içinden çıkılmaz bir hale sokar: Yardım istediğimiz kişiler de tıpkı bizim gibi, duygusal ihtiyaçlarımızı bilişsel ihtiyaçlarımızın üstünde tutarak bize karşılık verirler. Acı çektiğimizi görürler ve her şeyden önce bize sevgi göstermeye, hak vermeye çalışırlar. Karşısındakine değer verdiğini göstermek isteyen birinin bunu yapması son derece doğaldır, hatta kısa vadede bazen faydalı da olabilir. Fakat biz daha çok bilişsel yardıma ihtiyaç duyduğumuzu belli etsek bile araştırmalar bizi dinleyen kişinin bu işaretleri gözden kaçırmaya meyilli olduğunu ortaya koyuyor. Bu konuda yapılan bir dizi deney, açıkça bilişsel ihtiyaçlara yönelik tavsiye vermeleri istendiğinde bile destek veren kişilerin duygusal ihtiyaçlara cevap vermenin daha önemli olduğuna inandığını gösteriyor. Üstelik duygusal ihtiyaçları karşılama girişimlerimiz de çoğunlukla bizden destek isteyen arkadaşımızın kendisini daha da kötü hissetmesiyle sonuçlanıyor.

Şimdi konuşmanın nasıl ters teptiğine bakalım.

Yardım istediğimiz kişiler duygusal destek sunmaya hazır olduklarını göstermek için bizi tam olarak neyin üzdüğünü ya da kızdırdığını öğrenmeye çalışırlar; bu amaçla olayın en ufak ayrıntısına dek giren sorular sorarlar. Duygularımızı ve başımızdan geçenleri tüm ayrıntılarıyla aktarmamızı isterler. Biz olan biteni anlatırken onlar başlarıyla onaylayarak ve anladıklarını belirterek dinleseler de olayı bu şekilde aktarmak, yardım istememize neden olan bütün duygu ve düşünceleri yeni baştan yaşamamıza sebep olur. Buna, birlikte ruminasyon denir.

Birlikte ruminasyon, desteğin kışkırtmaya dönüşmeye başladığı kritik eşiktir. Bize değer veren insanlar bizi olumsuz deneyimimiz hakkında daha fazla konuştururlar, bu da kendimizi daha kötü hissetmemize ve onların da daha fazla soru sormasına neden olur. Böylelikle kaynağında iyi niyet yattığından içine kapılıp gitmesi fazlasıyla kolay bir kısırdöngü ortaya çıkar.

Pratikte birlikte ruminasyonun zaten yanan iç ses ateşine körükle gitmekten bir farkı yoktur. Olanları tekrar tekrar anlatmak olumsuz duygularımızın şiddetini artırır ve olayın etkisinden kurtulmamızı zorlaştırır. Bizi bu şekilde teşvik eden kişilere yakınlık duyarız, bizi desteklediklerini hissederiz fakat bu türden bir destek, önümüzdeki sorunun çözümüne yönelik plan yapmamızı ya da soruna farklı bir açıdan bakmamızı sağlamaz. Bilakis olumsuz duygularımızı alevlendirir ve biyolojik tehdit tepkimizi harekete geçirir.

Normalde sağlıklı, destekleyici olan ilişkilerde de zararlı birlikte ruminasyon dinamikleri ortaya çıkar çünkü duygusal mekanizmalarımız ve iç sesimiz, Freud'un ve Aristoteles'in söylediği ve yaygın olarak kabul edildiği gibi basit bir hidrolik sistem şeklinde işlemez. İçeride biriken basıncı buhar salarak azaltamayız. Söz konusu iç sesimiz olduğunda domino taşları daha yerinde bir benzetmedir.

Yaşadığımız olayın olumsuz bir yönüne odaklanmamız, ilişkili olumsuz bir düşünceyi harekete geçirir; bu düşünce başka bir olumsuz düşünceyi, o da başka bir olumsuz düşünceyi harekete geçirir ve böyle gider. Sonsuz sayıda domino taşının birbirine çarpmasıyla sürüp giden bir oyun gibidir bu. Çünkü duygusal yaşantılarımıza ilişkin anılarımız *çağrışımcılık* ilkelerine göre hareket eder, yani zihnimiz birbiriyle ilişkili kavramlar arasında bağlantı kurar.

Bu fikri daha iyi anlayabilmek için zihninizde bir kedi canlandırın. "Kedi" kelimesini okuduğunuzda muhtemelen tanıdığınız ya da gördüğünüz kedileri düşündünüz ve zihninizde onları canlandırdınız. Fakat aynı zamanda aklınıza kedinin mırıltısı, yumuşak tüyleri ve eğer benim gibi alerjiniz varsa hapşırık nöbetleri de geldi. Şimdi bu çağrışımcı nöral domino taşları oyununu duygularımızdan bahsetmeye uyarlayalım. Arkadaşlarımız ve sevdiklerimiz derdimizi ayrıntılı bir şekilde anlatmamızı istediklerinde, ilişkili olumsuz düşünceler, inançlar ve deneyimler de aklımıza gelir ve bu da kendimizi yeniden kötü hissetmemize sebep olur.

Hafızanın bu çağrışımcı doğası, mutsuz olduğumuzda bilişsel ihtiyaçlarımızdan çok, duygusal ihtiyaçlarımıza öncelik verme eğilimimizle birleşince konuşmak, kaygılı iç sohbetimizi sakinleştirme konusunda işe yaramaz olur. Silahlı saldırılardan sonra duygularını ve düşüncelerini aktif bir biçimde paylaşan Northern Illinois ve Virginia Tech öğrencilerinin bu paylaşımdan uzun vadeli bir fayda görmeyişlerinin sebebi bu olabilir. 11 Eylül'den sonra yapılan ulusal çaptaki ankete göre, duygularını paylaşan insanların daha fazla fiziksel ve zihinsel rahatsızlık yaşamalarının sebebi de bu olabilir. Elbette tüm bunlar son derece önemli bir soruyu karşımıza çıkarıyor: Birlikte ruminasyonun bizi daha da mutsuz etmesinden nasıl kurtulabiliriz?

Kirk mü, Spock mı?

Psikoloji çevrelerinde duygusal ve bilişsel olanın —hissettiklerimizin ve düşündüklerimizin— arasındaki gerilimden bahsedilirken *Uzay Yolu*'ndaki Kaptan Kirk ve Mr. Spock karakterleri sıkça kullanılır. Kirk kalbi temsil eder, son derece derin ve şiddetli duyguların adamıdır. Ateştir. Sivri kulaklı, yarı insan yarı Vulkan olan sevilesi Spock ise onun tam tersidir. Tam bir mantık timsalidir. Duyguların dikkatini dağıtmasına asla izin vermeyen, problemlere akılcı bir şekilde yaklaşan bir adamdır. Buzdur.

Yinelenen olumsuz düşünceden kurtulmanın yolu, *Atılgan* uzay gemisindeki bu iki karakteri bir araya getirmekten geçer. Başkalarına destek olurken Kirk'ün sevecenliğini ve Spock'ın zekâsını sunmamız gerekir.

En verimli sohbetler, destek isteyen kişinin hem duygusal hem de bilişsel ihtiyaçlarını gideren sohbetlerdir. İdeal olan, dinleyicinin karşısındakinin duygu ve izlenimlerini anladığını belli etmesi ama ardından onun olan bitene doğru mesafeden bakmasına yardımcı olmasıdır. Bu tür bir yaklaşım şöyle bir avantaj sağlar: Kendisini kötü hisseden kişinin onaylandığını ve yalnız olmadığını hissetmesini sağladıktan sonra ona yalnızca sizin, yani onun zihnindeki dırdırcı iç sese gömülüp kalmamış birinin görebileceği büyük resme işaret eden tavsiyelerde bulunabilirsiniz. Nitekim bu ikinci kısım, insanların kendi iç sohbetlerini zamanla dırdırcı sesi azaltacak şekilde dizginlemelerinde son derece önemli bir rol oynar.

Elbette zaman da hayatımızdaki insanların bir olaya daha geniş açıdan bakmalarını sağlayacak öğütlerde bulunma şansımızı artırır. Yapılan araştırmaların tamamı, insanların duygusal bir yaşantıdan hemen sonra, duygularının en şiddetli olduğu sırada hissettiklerini bilişsel bir çerçeveye oturtmak istemediklerini, aradan zaman geçince akılcı müdahalelere daha açık olduklarını gösteriyor. İşte burada insanlarla konuşma sanatının incelikleri devreye giriyor çünkü üzgün veya kaygılı insanları ipin bir ucundaki duygusal ihtiyaçlarını karşılama noktasından alıp daha pratik olan bilişsel ihtiyaçların bulunduğu diğer uca tıpkı bir ip cambazı gibi taşımanız gerekiyor.

Nitekim bu ip cambazlığının incelikleri ta 1970'lerin başında sadece New York City'de değil, tüm dünyada yaşanan korkunç rehin alma olaylarının ardından kurulan New York Polisi Rehine Kurtarma ve Müzakere Timi tarafından bir dizi kural biçiminde ortaya konmuş. O dönemde meydana gelen felaketlere 1971 yılındaki Attica Hapishanesi isyanını, 1972 Münih Olimpiyatları'ndaki katliamı ve 1972'de Brooklyn'de yaşanan, *Dog Day Afternoon* filmine de konu olan banka soygununu örnek verebiliriz. Resmi olmayan sloganı "Konuş benimle" olan bu yeni birim için müzakere kurallarını belirleme görevi, Harvey Schlossberg adlı bir polis memuru ve klinik psikoloğa verilmişti. Schlossberg, güç kullanmadan önce merhametle iletişim kurmanın ve sabrın önemini vurguluyordu. İnsanları rehin alan kişiler derhal öldürülmeyeceklerine ikna olduklarında otonomik tehdit tepkileri hafifliyordu (en azından öyle olduğu varsayılıyordu). Bu sayede olumsuz iç seslerin çılgın tempozu yavaşlıyor ve müzakereci, konuşmanın gidişatını rehin alma durumunu sonlandırmaya çevirme şansını elde ediyordu.

New York Polisi Rehine Kurtarma ve Müzakere Timi göreve başlar başlamaz şehirdeki rehine olaylarının kötü sonuçlanma oranları derhal ve hızla düştü. Bu büyük değişimi gören dünyanın diğer yerlerindeki polis teşkilatları da benzeri uygulamaları hayata geçirdiler. Bunlardan biri, bu amaçla Davranış Değişim Basamakları Modeli adında bir yaklaşım geliştiren FBI. Model, rehin alan kişilerle yapılacak müzakereyi şu şekilde basamaklandırıyor: Etkin Dinleme → Duygudaşlık → Güven Kazanma → Etki → Davranış Değişimi. Özünde insanları sosyal-duygusal ihtiyaçlarını karşılamaya ve kendi bilişsel becerilerini kullanarak bir çözüm bulmaya yönlendiren bir yol haritası bu. Doğal olarak rehine müzakere timindeki görevlilerin amacı tehlikeli bir durumu sonlandırmak ve suçluları tutuklamaktır; yine de onların bu esnada yaptıkları ile bizim değer verdiğimiz biriyle çözmek istediği bir sorun hakkında konuşurken yaptıklarımız arasında bazı benzerlikler var. Her iki durumda da doğru sözel destekten büyük fayda görebilecek bir insan söz konusu.

Tüm bu stratejileri hayatınızdaki insanlara iç seslerini yönetme konusunda yardımcı olmak için kullanabileceğiniz gibi, duygusal destek almak için kime gideceğinize karar verirken de kullanabilirsiniz. Konuştuğunuz kişiler, sizi onayladıktan ve anladıklarını belli ettikten sonra sizi pratik çözümler bulmak için beyin fırtınası yapmaya davet ediyorlar mı? Yoksa olayı en ince ayrıntısına dek sorgulayıp "İnanamıyorum, tam bir pislik! Nasıl böyle bir şey yapar?" gibi yorumları tekrarlayarak aynı olumsuz duyguları yeniden yaşamanıza mı sebep oluyorlar? Çoğu zaman yaptığınız bir konuşmanın ertesinde kendinize bu soruları sorarak konuştuğunuz kişinin sizi olaya belli bir mesafeden bakmaya mı yoksa olayın içine gömülmeye mi teşvik ettiğini anlayabilirsiniz. Genellikle konuşmanızda her ikisinin de bulunduğunu görürsünüz ki bu da aynı kişiyle bir sonraki sohbetinizde size nasıl daha iyi yardımcı olabileceği konusunu açmak için bir başlangıç noktası olabilir. "Dırdırcı iç ses danışmanlarınızla" aranızda geçen konuşmaları gözden geçirmek, kimle hangi sorununuz hakkında konuşacağınızı daha net görmenizi sağlayabilir.

Bazı arkadaşlarınız, meslektaşlarınız ya da sevdikleriniz duygusal açıdan zorlandığınız pek çok konuda size yardımcı olabilseler de sorunun özelliğine göre belli kişileri seçmeniz daha iyi olabilir. Örneğin, ailevi bir sorunla ilgili yardıma ihtiyaç duyduğunuzda erkek kardeşinizle konuşmak doğru bir tercih olabilir (ya da tam tersine, çok yanlış bir tercih de olabilir). Eşiniz mesleki sorunlarla ilgili harika bir dırdırcı iç ses danışmanı olabilir. Sizinle aynı işyerinde başka bir departmanda çalışan biri de olabilir. Nitekim yapılan araştırmalar, destek kaynaklarını çeşitlendiren kişilerin —yani farklı ihtiyaçlar için farklı ilişkilerden yardım alan kişilerin— daha çok fayda gördüklerini gösteriyor. Burada en önemli nokta, dırdırcı iç sese yol açan bir olayın ertesinde yaptığınız konuşmalara eleştirel bir gözle bakmak ve kimin size yardımcı olduğunu ve kimin olamadığını görmek. Dırdırcı iç ses danışmanlar kurulunuzu bu şekilde oluşturabilirsiniz; üstelik internet çağında eşi benzeri görülmemiş genişlikte kaynaklara erişme şansımız var.

Gazeteci, cinsel sağlık köşesi yazarı ve aktivist Dan Savage ve partneri Terry Miller'ın deneyimleri bu duruma oldukça çarpıcı bir örnek oluşturuyor. İkili, 2010 yılının Eylül ayında sürekli zorbalığa maruz kalan eşcinsel bir gencin intiharının ardından bu olaya nasıl bir tepki göstereceklerini kararlaştırmaya çalışıyorlardı. Hayatına son veren genç henüz on beş yaşındaki Billy Lucas'tı ve Indiana'nın Greensburg kentinde, büyükannesinin ahırında kendini asmıştı. Savage blogunda bu acı olaydan bahsettiğinde okurlardan biri şöyle bir yorum yazmıştı: "Keşke ona işlerin —hayatının— düzeleceğini söyleme şansım olsaydı." Savage ve Miller bu yorumdan ilhamla kendilerini videoya çektiler ve büyürken oldukça zor yıllar yaşasalar da şu anda iki yetişkin olarak sevgiyle ve aidiyet hissiyle dolu, mutlu bir hayatları olduğunu anlattılar. İnternette yayınladıkları bu video bir hafta içinde tüm dünyaya yayıldı. Binlerce kişi benzeri videolar çekti ve ülkenin dört bir yanındaki eşcinsel gençler Savage'a yazarak artık geleceğe dair daha umutlu olduklarını söylediler.

Bu olaydan on yıl sonra —ben bu kitabı yazarken— o ilk videonun çekilmesini sağlayan duygu birliği artık viral bir fenomenden çok daha fazlasına dönüşmüş durumda. It Gets Better tüm dünyada destek bulan bir sivil toplum hareketi. Bu hareket kapsamında yetmiş binden fazla insan kendi hikâyesini paylaştı, bunun yaklaşık on katı kadar insan destek verdi ve sayısını bilmediğimiz kadar çok eşcinsel genç hayatlarını daha başlamadan sona erdirmemek için ihtiyaç duydukları desteği, gücü ve sebepleri buldular. It Gets Better duygusal anlamda son derece kırılgan olan birçok insanın iç sesini kurtarabildi çünkü temelde normalleşmeyi sağlayan —"Hepimiz baskıya uğruyoruz ama hepimiz bununla başa çıkıp geride bırakabiliyoruz," diyen— bir uzaklaşma ve zamanda yolculuk aracı işlevi gördü. İşin en güzel tarafıysa videoyu izleyen insanların paylaşılan öğütlerden faydalanmak için videoda konuşan kişileri tanımasının şart olmayışı. İnternette bulunabilen bütün sosyal destek videoları için geçerli bu. Kendilerini videoya çekmiş yabancılar, dırdırcı iç sesle başa çıkmak için aradığımız rehberler olabilirler.

Dırdırcı iç sese saplandığımızda yardım için kime gittiğimiz ve onların bizi sözel olarak nasıl yönlendirdiği sorusu, bol miktarda konuşma içeren terapiyi ve ne derece etkili olduğu sorusunu da akla getiriyor. Konuşmanın başlı başına bir tedavi olduğu söylenir. Peki ama konuşmak gerçekten de iyileştirir mi?

Akılda tutmamız gereken ilk şey, sayısız türde konuşma terapisi olduğu ve bunların yaklaşım açısından birbirlerinden çok farklı oldukları gerçeği. Etkinliği kanıtlanmış bilişsel davranışçı terapi gibi pek çok terapide bu bölümde bahsettiğimiz teknikler uygulanıyor; danışanlara duygusal destek verilirken bir yandan da bilişsel problem çözme becerilerini devreye sokmalarına yardım ediliyor.

Öte yandan bazı müdahaleler de dırdırcı iç sesi hafifletmek için uzun uzadıya ve derinlemesine duygu paylaşımına odaklanmaya devam ediyor. Aksine işaret eden bunca bilimsel kanıta karşın, olumsuz bir deneyimin hemen ertesinde duygusal yükü boşaltmanın değerini vurgulayan psikolojik anlattırma (*debriefing*) yaklaşımı hâlâ kullanılıyor. Buradan alınacak ders: Dırdırcı iç sesle başa çıkmak için bir arkadaşınızla ya da sevdiğinizle sohbet etmekten daha fazlasına ihtiyaç duyarsanız psikolojik destek almayı düşündüğünüz profesyonelin hangi yaklaşımı kullandığını ve bunun etkinliği kanıtlanmış bir yaklaşım olup olmadığını öğrenin.

Görünmez Destek

Buraya kadar ele aldıklarımızın hepsi de insanların yardım almaya çalıştıkları durumlardı. Oysa dırdırcı iç sesten mustarip insanların bazen yardım istemediklerini hepimiz biliyoruz. Belki sorunu kendi kendilerine halletmeye çalıştıkları, belki de başkalarının gözünde —veya kendi gözlerinde— yardıma muhtaç görünmekten çekindikleri için. Yine de çoğunlukla onlara bir şekilde destek olmak isteriz. Ne de olsa değer verdiğimiz insanların yardıma ihtiyaçları olduğunu görmek, üzerimizde oldukça güçlü bir etki yaratan nörobiyolojik bir deneyimdir. Duygudaşlığı tetikler ve onlar adına harekete geçmek isteriz.

Ne var ki böyle durumlarda dikkatli olmakta fayda var. Araştırmalar, Kaptan Kirk ile Mr. Spock'ın güçlü yanlarını birleştirip kullanmakta ne kadar maharetli olursanız olun yardım talebinde bulunmayan birine öğütlerde bulunmanın tehlikeli olabileceğini gösteriyor. Yanlış zamanda verilen öğüt ters tepebilir.

Ödevindeki matematik problemini çözmekte zorlanan bir çocuğu ve ona yardım etmeye çalışan ebeveyni düşünün. Ebeveyn probleme bakar; sabırla, tane tane anlattığında çocuğun problemi çözeceğinden ve kendini daha iyi hissedeceğinden emin bir şekilde açıklamaya girişir. Bilişsel bir çözüm, olumlu bir duyguya yol açmalıdır, değil mi? Gelgelelim işler hiç de böyle yürümez. Ebeveyn açıkladıkça çocuğun sinirlenip hırçınlaştığını görürüz. Matematiğin düz mantığı aralarındaki duygusal gerilimde kaybolup gider ve sonunda tartışma patlak verir.

"Öyle olacağını ben de biliyorum!" der çocuk.

"Ama çözmekte zorlanıyordun, o yüzden yardım etmek istedim," der ebeveyn.

"Senden yardım isteyen yok!"

Çocuk hışımla odasına gider. Ebeveyn neye uğradığını şaşırır. Neden böyle olmuştur?

(Not: Bu otobiyografik bir tecrübe olabilir veya olmayabilir.)

Bir insana ihtiyaçlarını göz önünde bulundurmadan akıl vermeye kalkışmak, onun *özyeterlik* duygusunu –güçlüklerin üstesinden kendi başına gelebileceğine olan inancını– zedeleyebilir. Bir başka deyişle yardım istemediğimiz halde başkalarının bize yardım ettiklerini gördüğümüzde, "Demek ki yetersiz ya da beceriksizim" sonucunu çıkarırız ve iç sesimiz bu duyguya takılıp kalabilir. Özyeterlik konusunda yapılmış psikolojik araştırmaların uzun tarihi bize bu duygu zedelendiğinde sadece kendimize olan saygımızın değil, sağlığımızın, karar verme becerimizin ve ilişkilerimizin de zarar gördüğünü gösteriyor.

1990'ların sonunda Columbia Üniversitesi'nden psikolog Niall Bolger ve ekibi, insanların bir başkasına destek olma girişimlerinin ne zaman daha etkili olduğunu görmek için New

York baro sınavlarına hazırlanan adaylarla bir çalışma yürüttü. Tüm avukatların ve yakınlarının bildiği gibi, baro sınavı son derece zor ve dırdırcı iç sesi fazlasıyla kışkırtan bir sınavdır. Bolger araştırması için baro sınavına hazırlananlar ve partnerlerinden oluşan çiftlerle çalıştı. Bir aydan biraz uzun bir süre boyunca sınava hazırlanan aday, hem kaygı ve depresyon düzeyini hem de partnerinden ne kadar yardım aldığını düşündüğünü ölçen bir dizi soruyu yanıtladı. Sınava hazırlanan kişinin partneri de ne kadar yardım ettiğine ilişkin bir dizi soruyu yanıtladı. Bolger, partnerinin kendisine yardım etmeye çalıştığını bilen kişinin aldığı yardımdan faydalanma düzeyinde bir değişiklik olup olmadığını merak ediyordu.

Sonuçlar, birine yardım ederken onun kendini beceriksiz veya yetersiz hissetmesinin önüne geçmenin en iyi yolunun yardım ettiğinizi fark ettirmeden yardım etmek, yani "görünmez destek" sağlamak olduğunu ortaya çıkardı. Bu şekilde dolaylı yardım alan partnerlerin depresyon düzeyleri daha düşüktü. Pratikte partneriniz sizden istemeden ev işlerini halletmek ya da ona çalışması için sessiz bir ortam yaratmak gibi, el altından yapılan her türden yardım bu işlevi görebilir. Ya da destek olmak istediğiniz kişiye bakış açısını geliştirecek bir öğüdü, doğrudan ona yönelik olduğunu hissettirmeyecek biçimde, daha incelikli bir yoldan verebilirsiniz. Örneğin, o kişinin duyacağı şekilde bir başkasından bir arkadaşınız ya da yakınınız için tavsiye isteyebilirsiniz (bir çeşit görünmez tavsiye) ya da başkalarının benzeri durumlarla nasıl başa çıktıklarından söz ederek olayı normalleştirebilirsiniz. Bu yolla yardım etmek istediğiniz kişiye ihtiyacı olan bilgiyi ve desteği sağlarken, onun eksikliğini de vurgulamamış olursunuz.

Bolger'ın bu alanda öncü niteliğinde olan ilk deneyinin ardından, görünmez desteğin etkililiği konusunda aynı sonuçlara varan başka araştırmalar da yapıldı. Örneğin evlilikler üzerine yapılmış bir çalışma, eşlerin görünmez destek aldıkları günün ertesinde ilişkilerini daha tatmin edici bulduklarını gösterdi. Bir başka deneyse kendilerini geliştirme hedefleri konusunda partnerlerinden görünmez destek alan kişilerin bu hedefleri tutturmada daha başarılı olduklarını ortaya koydu.

Bu türden görünmez desteğin en çok hangi koşullarda etkili olduğuna bakan araştırmalar, insanların bir çeşit değerlendirmeye tabi tutuldukları zaman ya da buna hazırlandıkları sırada, örneğin bir sınava ya da iş görüşmesine hazırlanırken yahut topluluk karşısında yapılacak bir sunumu prova ederken aldıkları görünmez destekten daha çok faydalandıklarını gösteriyor. Bunlar insanların kendilerini en savunmasız hissettikleri zamanlar. Öte yandan, dırdırcı iç sesle olabilecek en kısa ve etkili yoldan başa çıkmak isteyen birine yardımcı olmak için böyle üstü kapalı ve incelikli yollardan gitmeye gerek yok. O durumda en uygun ve başarıya ulaşması en muhtemel yol, Kaptan Kirk ile Mr. Spock'ın bileşiminden oluşan tavsiyelerinizi doğrudan dile getirmek.

Burada sözünü ettiğimiz görünmez destek biçimlerinin yanı sıra, çok yakın olduğumuz insanlara, dırdırcı iç sese saplanıp kaldıklarında hissettirmeden yardımcı olmanın bir yolu daha var, üstelik sözcüklerle hiç ilgisi olmayan bir yol: sevecen dokunma.

Dokunmak, en yakınlarımızın olumsuz iç diyaloglarını değiştirmelerine yardım etmenin başlıca yollarından biri. Tıpkı dil gibi, dokunma da bebeklikten itibaren duygularımızı yönetme becerimizin ayrılmaz bir parçasıdır çünkü ana rahminden ayrıldığımız andan itibaren, bakımımızı üstlenen kişiler bizi sakinleştirmek için sevecen fiziksel teması kullanırlar. Araştırmalar yakın olduğumuz insanların sıcak, sevecen bir dokunuşunu hissettiğimizde ya da onlar bize sarıldıklarında çoğunlukla bunu güvende olduğumuz, sevildiğimiz ve desteklendiğimiz şeklinde yorumladığımızı gösteriyor. Tanıdığımız ve güvendiğimiz insanların sevecen bir şekilde bize dokunmaları biyolojik tehdit tepkimizi hafifletiyor, stresle başa çıkma yetimizi artırıyor, ilişkide tatmin duygusu yaratıyor ve yalnızlık duygusunu azaltıyor. Ayrıca beyindeki ödül mekanizmasını devreye sokarak oksitosin ve endorfin gibi stres giderici nörokimyasalların salgılanmasını tetikliyor.

Hatta sevecen dokunuş öylesine güçlü bir etkiye sahip ki yapılan bir dizi araştırma, kendine güven eksikliği çeken bir insanın omzuna sadece bir saniye boyunca dokunmanın ölüm konusundaki kaygı düzeyini azalttığını ve kendisini diğer insanlara daha yakın hissetmesini sağladığını göstermiş. Daha da çarpıcı olansa oyuncak ayı gibi rahatlatıcı bir cansız nesneye dokunmanın bile işe yaraması. Büyük olasılıkla bunun nedeni, insan beyninin yumuşak bir oyuncağa dokunmak ile bir insana dokunmayı benzer şekilde kodlaması. Nitekim birçok bilim insanı cildimizi sosyal organımız olarak görüyor. Bu açıdan bakınca, fiziksel temas da başkalarıyla aramızda süregelen sözsüz diyaloğun bir parçası olarak duygularımızın iyileştirilmesi için kullanılabilir.

Günlük etkileşimlerimizde başkalarına ne verdiğimiz ve onlardan ne aldığımız, iç sesimiz için zengin bir teselli kaynağı olabilir. Bilim bu tekniklerin nasıl işe yaradığını gitgide daha net ortaya koyuyor. Elbette bunları sevdiklerimizle ilişkilerimizde kullanmak için biraz ustalık, epeyce de pratik yapmak gerekiyor.

Nihayetinde başkalarıyla yaptığımız konuşmalar, kendimizle yaptığımız konuşmalardan çok da farklı değil. Her ikisi de kendimizi daha iyi veya daha kötü hissetmemize yol açabiliyor. Başkalarına nasıl yaklaştığımıza ve onların bize nasıl yaklaştığına bağlı olarak dırdırcı iç sesimiz artıyor ya da azalıyor. Muhtemelen insan türü sorunlarını birbiriyle paylaşmaya başladığından beri de bu böyle. Sadece altta yatan psikolojik mekanizmaları anlamamız biraz uzun sürdü.

Öte yandan, henüz başlarında olduğumuz yirmi birinci yüzyılda ilişkilerimiz, türümüz ve dırdırcı iç sesimiz için geçmişte örneği olmayan yepyeni bir ortama taşınmaya başladı. Northern Illinois ve Virginia Tech öğrencilerinin de yaşanan trajedilerden sonra gittiği yer burasıydı: internet. Doğal olarak insanın aklına şu soru geliyor: Sözel destek verme yöntemlerimizin başarılı ya da başarısız olmasına yol açan etkenler sosyal medyada, mesajlaşma uygulamalarında ya da diğer dijital iletişim kanallarında "konuşurken" de geçerli mi?

Psikoloji için henüz çok yeni olan bu sorunun yanıtına dair bazı ipuçları bulmaya başladık. Örneğin, 2010'ların ortalarında meslektaşlarımla birlikte sosyal medya üzerinden birlikte ruminasyonun doğasını daha iyi anlayabilmek için yaptığımız bir çalışmada, mutsuzluk verici bir deneyimle başa çıkmaya çalışan insanlardan bilgisayarlı bir mesajlaşma uygulaması kullanarak bu konu hakkında biriyle sohbet etmelerini istedik. Katılımcıların bilmediği şeyse sohbet ettikleri kişinin bu iş için özel eğitim almış bir oyuncu olduğuydu. Sohbeti yürüten oyuncular, konuştukları katılımcıların yarısını başlarına gelen olayın ayrıntıları hakkında uzun uzadıya konuşmaya teşvik ettiler. Diğer yarısını ise olaya odaklanmayı yavaş yavaş bırakıp büyük resme bakmaya teşvik ettiler.

Bekleneceği gibi, olayla ilgili duygularını yeniden yaşamaya teşvik edilen katılımcılar sohbet esnasında gitgide daha olumsuz bir ruh haline büründüler. Bilgisayarın başına oturdukları andan itibaren artan olumsuz duyguları sohbetin sonuna vardıklarında tavan yapmıştı. Öte yandan, olaya odaklanmayı bırakmaya teşvik edilen katılımcılar sohbetin sonunda laboratuvara ilk geldikleri andaki kadar sakin ve serinkanlıydılar.

İster yüz yüze ister internet yoluyla olsun destek aldığımızda veya verdiğimizde üzerinde pek durmadığımız bir gerçek var: Tarafsız bir gözle bakarsak hayatımızdaki insanlar aslında bizim için bir *sosyal ortam* oluşturuyorlar. Burada iç sesimiz için en olumlu sonuçları doğuracak biçimde o ortamda kendimize bir yol çizmeyi öğreniyoruz. Çevremizi içinde yaşayan insanlardan ayrı düşünemeyeceğimize göre, tıpkı çevremizdeki kaynaklar gibi, başkalarıyla olan ilişkilerimizdeki kaynakları da bize faydalı olacak şekilde kullanabiliriz. Fakat diğer insanlar, iç sohbetlerimizi daha olumlu hale getirmek için kullanabileceğimiz çevre kaynaklarının yalnızca bir yüzüdür.

Dışarı çıkıp açık havada yürümek, konsere gitmek ya da sadece yaşadığımız evi toplayıp temizlemek gibi küçük ve önemsiz görünen eylemlerin her birinin dırdırcı iç ses üzerinde şaşırtıcı derecede güçlü bir etkisi vardır.

Dışarıdan İçeriye

*1*963'te Şikago Konut İdaresi, tarih boyunca ağırlıklı olarak siyahi nüfusun yaşadığı South Side bölgesinde devasa bir toplu konut projesini tamamladı. On altı katlı yirmi sekiz binadan oluşan Robert Taylor Homes, dünya tarihinin o zamana kadarki en büyük toplu konut projesiydi.

Gitgide daha çok mahalleye yayılan gecekondulaşmaya engel olmak amacıyla hayata geçirilen proje, adını siyahi nüfusun en tanınmış liderlerinden biri olan ve kısa süre önce hayatını kaybetmiş mimar Robert Taylor'dan alıyordu. Ne yazık ki proje, Taylor'ın adına yaraşır bir yerleşim yeri olamadı. Robert Taylor Homes Şikago'da zaten yaygın olarak hüküm süren ayrımcılığı daha da artırmakla kalmadı, siyahi nüfusun yaşam koşullarını eskisinden de beter hale getirdi.

1980'lere gelindiğinde Robert Taylor Homes düzinelerce Amerikan şehrinin mustarip olduğu dertlerin hepsinin bulunduğu bir mikrokozmosa dönüşmüştü: çete savaşları, uyuşturucu, korku içinde yaşayan, hastalıklarla boğuşan ve seslerini duyuramayan insanlar. Büyük iddialarla başlanan bu devasa kentsel dönüşüm girişimi, yine en çok Afrikalı-Amerikalıları vuran bir kentsel çöküşle sonuçlanmıştı.

Robert Taylor Homes'ta oturuyorsanız yirminci yüzyılın ikinci yarısında yoksulluğun ve ayrımcılığın Amerika üzerindeki yıkıcı etkilerinden haberdar olmak için televizyonu açmanıza ya da gazeteleri okumanıza gerek yoktu. Evden dışarı adım atmanız yeterliydi. Bu suç atmosferinde, Robert Taylor Homes sakinlerinin gündelik yaşantısının kargaşası içinde, alanında çığır açacak bir deney yapılmak üzereydi.

Robert Taylor Homes'ta bir dairede oturmak için başvuran insanların hangi binada oturacaklarını seçme hakları yoktu. Tıpkı bilimsel bir deneyde farklı gruplara rastgele atanan özneler gibi, şanslarına hangi binada bir daire denk gelirse oraya yerleşiyorlardı. Bunun sonucunda kiracıların oturdukları dairelerin manzaraları birbirinden çok farklı olabiliyordu. Bazı dairelerin pencereleri yeşillikle ve ağaçlarla dolu bahçelere, bazılarıysa gri beton yığınlarına bakıyordu.

İşte bu benzersiz koşul, 1990'ların sonunda Illinois Üniversitesi'nde yeni işe başlayan çiçeği burnunda asistan Ming Kuo'nun karşısına beklenmedik bir fırsat çıkardı. Ming, koyu renk kısa saçlı, gözlüklü, genç bir kadındı; cana yakın bir gülümsemesi ve son derece keskin bir zekâsı vardı. Uyuşturucu ve şiddet dolu bu toplu konutlarda yaşayan insanların stresle başa çıkmalarında fiziksel çevrenin ne derece etkili olduğunu öğrenmek istiyordu. Pek çok başka bilim insanı gibi o da yeşil doğa manzaraları ile strese dayanıklılık arasında bir ilişki olduğuna işaret eden araştırmaları heyecan verici bulmuştu.

Çevre psikolojisi alanında çalışan Roger Ulrich tarafından yapılmış bir araştırmanın sonuçları özellikle dikkat çekiciydi. Safrakesesi ameliyatı olan hastalar arasında, hastane odalarının penceresi kışın yaprak döken küçük bir grup ağaca bakan hastalar, pencereleri tuğladan bir duvara bakan hastalara kıyasla daha hızlı iyileşiyor, daha az ağrı kesiciye ihtiyaç duyuyor ve bakımlarını gerçekleştiren hemşireler tarafından duygusal açıdan daha dayanıklı olarak tarif ediliyorlardı. Fakat yeşil manzaralara bakmanın ABD'nin en tehlikeli mahallelerinden birinde hayat mücadelesi vermenin yol açtığı duygusal çalkantıya derman olup olmayacağı bilinmiyordu.

Ming, kiracıların Robert Taylor Homes'taki dairelere rastgele yerleştirildiğini öğrendiğinde doğanın zihin üzerindeki etkisini daha derinlemesine çalışmak için bulunmaz bir fırsat yakaladığını anladı. Ekibiyle birlikte toplu konut bölgesine keşif ziyaretlerinde bulunmaya başladı. İlk olarak on sekiz binanın etrafındaki bölgelerin fotoğraflarını çekerek binalardaki dairelerin baktığı manzaraların ne kadar yeşillik içerdiğini tespit ettiler. Ardından kapı kapı dolaşarak araştırmaya katılacak gönüllüler aradılar; bu deney için evlerinin reisi konumundaki kadınları seçtiler. Katılımcıların dairelerinde yapılan kırk beşer dakikalık görüşmelerle hayatlarındaki en önemli konular olan okula dönme, evlerini tehlikelerden uzak tutma ve çocuklarını yetiştirme konularında stresle nasıl başa çıktıklarını kayıt altına aldılar. Ayrıca katılımcıların bir rakam dizisinden kaç basamağı akıllarında tutup değiştirebildiklerini ölçerek dikkat toplama becerilerini de ölçtüler.

Ming ve ekibi, elde ettikleri verileri analiz ettiklerinde yeşil manzaralara bakan dairelerde oturan kiracıların beton manzaralara bakan kiracılara kıyasla dikkatlerini toplamakta çok daha iyi olduklarını gördüler. Ayrıca zor kararları verme konusunda daha az ertelemeci davranıyor ve önlerine çıkan engelleri daha aşılabilir görüyorlardı. Bir başka deyişle, davranışları daha olumluydu; daha soğukkanlı ve engelleri aşmaya odaklı düşünüyorlardı.

Üstelik Ming'in bulguları Robert Taylor Homes'taki kiracıların daha olumlu düşünmelerinin ve davranmalarının *sebebinin* daha iyi odaklanabilmeleri olduğuna işaret ediyordu. Ağaçlar ve çimenler, hayatlarındaki stres kaynaklarıyla başa çıkma yeteneklerini besleyen zihinsel vitaminler gibiydiler.

Ming'in bulguları tesadüfi değildi. Araştırmasını takip eden yıllarda yeşilin faydasına dair çok şey öğrendik. Örneğin, İngiltere'de on binden fazla kişi üzerinde on sekiz yıl boyunca yapılan bir çalışma, şehirlerde yeşil alanların daha fazla bulunduğu yerlerde yaşayan insanların stres düzeylerinin daha düşük, sağlık durumlarının daha iyi olduğunu ortaya koydu. Bu arada 2015 yılında Kanada'daki Toronto şehrinin uydulardan çekilmiş yüksek çözünürlüklü görüntülerini kullanan bir araştırmada, bir parselde sadece on tane daha fazla ağaç bulunmasının orada yaşayan insanların sağlıklarında, yıllık gelirlerinin 10 bin dolar artması ya da yedi yaş daha genç olmalarıyla eşdeğer bir iyileşme sağladığı görüldü. Son olarak, İngiltere'de emeklilik yaşının altındaki tüm nüfus —yaklaşık kırk bir milyon kişi— üzerinde yapılan bir araştırma, yeşil alanlara maruz kalmanın insanları yoksulluğun sağlık üzerindeki pek çok zararlı etkisinden koruduğunu gösterdi. Azıcık abartarak söylersek, yeşil alanlar harika bir terapistin, gençlik iksirinin ve bağışıklık sistemi destekleyicisinin bileşimi gibi işlev görüyor.

Tüm bu bulgular muhteşem bir olasılığı akla getiriyor: İçimizde kendimizle yaptığımız konuşmalar, gündelik hayatımızda zaman geçirdiğimiz fiziksel mekânlardan etkileniyor olabilir. Eğer fiziksel çevremizle ilişkimizi akıllıca düzenlersek iç sesimizi kontrol etmek için fiziksel çevreden de yardım alabiliriz. Fakat bunun nasıl olacağını anlamak için öncelikle doğanın hangi yönlerinin bize hitap ettiğini öğrenmeliyiz.

Doğanın Gücü

Bir bakıma, Ming'in Şikago'daki Robert Taylor Homes'da yaptığı çalışma bir ilk sayılmazdı; hatta Ulrich'in safra kesesi ameliyatı olmuş hastalar üzerine yaptığı çalışma da bir ilk değildi. Ming'in araştırmasının kaynağında, bilim insanları olan bir karı kocanın insan zihni ile doğa arasındaki etkileşime duydukları merak vardı.

1970'lerde ikisi de Michigan Üniversitesi'nde psikolog olan Stephen ve Rachel Kaplan, hayli ilginç bir fikir üzerine çalışmaya başlamışlardı: İnsan beyninin sınırlı olan dikkat toplama kaynaklarının, tıpkı enerji kaynağına bağlanıp şarj edilen bir cihaz gibi doğadan şarj edilebileceğini düşünüyorlardı. Bu düşüncelerine de dikkat restorasyonu teorisi adını vermişlerdi.

Elbette çoğumuz rengârenk bir günbatımının, heybetli bir dağ manzarasının, koruda bir yürüyüşün ya da plajda geçirilen bir günün insana iyi geldiğini biliriz. Fakat doğanın etkisi bundan ibaret midir? Kaplan çifti bundan çok daha fazlası olduğunu düşünüyorlardı ve teorilerinin kaynağında, ABD'de modern psikolojinin kurucularından olan William James'in yüz yıldan da uzun bir süre önce dikkatle ilgili ileri sürdüğü bir ayrım vardı. James, insanın dikkat işlevini ikiye ayırıyordu: istemli dikkat ve istemsiz dikkat.

İstemsiz olarak dikkatimizi bir şeye yönelttiğimizde bunun nedeni, o şeyin kendiliğinden ilgimizi çeken bir özelliğinin olmasıdır. Gerçek hayatta buna örnek olabilecek bir senaryo, şehrin sokaklarında dolaşırken bir köşede çalmakta olan yetenekli bir sokak müzisyenini duymanız olabilir. Müziğin sesini duyar, o tarafa gider, durup birkaç dakika boyunca dinleyip (ve belki de müzisyenin önüne biraz para bırakıp) yolunuza devam edersiniz. Dikkatinizi usulca çeken şey, Kaplan'ların "büyülenme" dediği bir süreçtir.

İstemli dikkatse tam tersine, bütünüyle irademize bağlıdır. İnsan türü olarak dikkatimizi istediğimiz herhangi bir şeye —zor bir matematik problemine ya da kafamızdan atmak istediğimiz bir ikileme— yöneltme konusundaki muazzam kapasitemizi ifade eder. İstemli dikkat zihinsel yorgunluğa yol açarak dinlenip toparlanmayı gerektirirken, istemsiz dikkat beynimizin sınırlı kaynakları üzerinde çok daha hafif bir yük oluşturur.

Kaplan'lar doğanın yumuşak bir biçimde bizi büyüleyen, biz farkında olmadan zihnimizi cezbeden hafif uyarıcı öğelerle dolu olduğu için istemsiz dikkatimizi çektiğine inanıyorlardı. Ulu ağaçlarıyla, karmaşık detaylı bitkileriyle ve küçük hayvanlarıyla doğa bizi irkiltmeden ilgimizi üzerinde toplar. Tüm bu şeyleri gördüğümüzde hayranlık duyar, tıpkı sokak müzisyenini duyduğumuzda yaptığımız gibi ilgiyle onlara yaklaşırız ama bunu yaparken, bir konuşmanın ana hatlarını ezberlemeye çalışırken ya da şehir trafiğinde araba kullanırken yaptığımız gibi dikkatimizi toplamak için çaba harcamamız gerekmez. İstemli dikkat gerektiren eylemler yönetici işlev kaynaklarımızı tüketirken, hiçbir çaba harcamaksızın doğaya bakmak tam tersi bir işlev görür: İstemli dikkatimizi yönlendiren nöral kaynaklarımızın yenilenmesini sağlar.

Ming ve meslektaşları, Şikago'da yaptıkları çalışmaları Kaplan çiftinin teorisini sınama amacıyla tasarlamışlardı ve gördüğümüz gibi, bu teoriyi destekleyen son derece çarpıcı bulgular elde ettiler. Doğanın gücünü ortaya koyan başka araştırmalar da yapıldı.

Bugün artık klasik olarak kabul edilen bir çalışma da 2007 yılında, Ann Arbor'daki evimin sadece birkaç sokak ilerisindeki bir laboratuvarda yapıldı. Marc Berman ve meslektaşları laboratuvara getirdikleri katılımcıları, dikkat kapasitelerini hayli zorlayan bir testten geçirdiler: Katılımcılara üç ila dokuz basamak arası uzunlukta sayılar söylendi ve duydukları sayıları *tersten* tekrar etmeleri istendi. Sonra katılımcıların yarısı yakınlardaki koruda 55 dakikalık bir yürüyüşe çıktı, diğer yarısı ise aynı süre boyunca Ann Arbor'ın kalabalık bir sokağında dolaştı. Yürüyüşlerin ardından laboratuvara döndüklerinde aynı testten bir daha geçtiler. Bir hafta sonra aynı katılımcılarla aynı test bir kez daha yapıldı fakat bu sefer bir öncekinde koruda yürüyenler sokakta dolaştılar, sokakta dolaşanlarsa koruda yürüyüş yaptılar.

Bulgulara gelince: Katılımcıların test performansları doğa yürüyüşünün ardından kayda değer ölçüde iyileşme gösteriyor fakat sokak yürüyüşünün ardından böyle bir iyileşme görülmüyordu. Doğada yürüyen katılımcıların rakam dizilerini tersine çevirip tekrarlama becerileri çarpıcı biçimde artıyordu. Dahası, katılımcıların söz konusu yürüyüşleri güneşli bir yaz gününde veya kasvetli bir kış gününde yapmış olmaları da sonucu etkilemiyordu. Yılın hangi döneminde olursa olsun doğa yürüyüşü, dikkat performansı üzerinde sokak yürüyüşünden daha olumlu bir etki yaratıyordu.

Berman ve ekibi bu deneyi başka gruplarla da tekrarladı ve aynı sonuçlara ulaştı. Örneğin, klinik depresyon tanısı konmuş katılımcılarla yapılan bir araştırma, doğa yürüyüşünün katılımcıların bilişsel işlevlerini artırdığını ve kendilerini daha mutlu hissetmelerini sağladığını ortaya koydu. Başka bir ekip tarafından 900.000'den fazla kişi üzerinde yapılan ve uydu görüntülerinin kullanıldığı bir çalışmada, yeşil alanlara uzak büyüyen çocukların yetişkinliklerinde depresyon ve kaygı bozukluğu gibi psikolojik rahatsızlıklar yaşama olasılıklarının yüzde on beş ile yüzde elli beş arasında daha fazla olduğu görüldü. Ming'in Şikago'daki araştırmasıyla birlikte tüm bu bulgular, doğanın faydalarının sadece dikkat kaynaklarımız üzerindeki etkilerinden ibaret olmadığına işaret ediyordu. Doğa, duygularımıza da iyi geliyordu.

İç sesi kontrol altına alabilmek için dikkati yoğunlaştırmanın ne kadar önemli bir rol oynadığını düşününce doğanın insan duyguları üzerindeki etkisi şaşırtıcı değil. Ne de olsa buraya kadar üzerinde durduğumuz mesafe koyma tekniklerinin birçoğu odaklanmayı gerektiriyor; dikkatinizi toplayamıyorsanız günlük tutmak, "zamanda yolculuk" yapmak ya da duvardaki sinek bakış açısını benimsemek hiç kolay olmaz. Üstüne üstlük, iç konuşmalarımızı bizi rahatsız eden konulardan uzaklaştırmak veya bizim için stres kaynağı olan durumlar hakkındaki düşünme çerçevemizi değiştirmek de yönetici işlevlerimizin üzerinde bir yük oluşturur. Fakat Ming ve diğerleri, doğanın yineleyen olumsuz düşünceyi azaltmak gibi doğrudan bir etkisi olup olmadığını araştırmamışlardı. Bu araştırma 2015 yılında Kaliforniya, Palo Alto'daki Stanford Üniversitesi'nde yapıldı.

Şehir merkezinden uzakta, ağaçlarla dolu bir yerleşim yeri olan Palo Alto, Şikago'nun beton yığınlarından ve kalabalık sokaklarından epey farklı olmasına karşın, birkaç işlek caddeye sahiptir. Araştırmacılar, katılımcıların ya trafiğin sıkışık olduğu bir caddede ya da Stanford kampüsünün bitişiğindeki bir yeşil alanda doksan dakika boyunca yürüyüş yapacakları bir deney tasarladılar. Çalışmanın sonunda katılımcıların yinelenen olumsuz düşünce düzeylerine bakıldığında, doğa yürüyüşü yapan gruptakilerin daha az dırdırcı iç ses yaşadıkları ve beyindeki yinelenen olumsuz düşünceyle ilişkili bölgeler arası ağda daha az aktivite olduğu görüldü.

Şehirde doğmuş ve büyümüş biri olarak burada bir es vermek istiyorum. Geçen iki yüzyıl içinde insan medeniyeti kırsaldan kentlere muazzam bir göç gerçekleştirdi; 2050 yılında dünya nüfusunun yüzde altmış sekizinin şehirlerde yaşayacağı tahmin ediliyor. Eğer şehirleşmiş bir hayatınız varsa doğaya ve yeşil alanlara erişimi çok daha az olan bu kalabalığın bir parçası olduğunuz için endişelenmeniz çok normal. Bu araştırmanın sonuçlarını ilk öğrendiğimde ben de tedirginlik duydum. Hayatımın ilk yirmi sekiz yılı boyunca Philadelphia ve New York

gibi kalabalık, betonla dolu şehirlerde yaşadığım için benim de
—benzeri şehirli hayatlar süren başka herkes gibi— sağlığım daha
bozuk, dikkat kapasitem daha düşük ve yinelenen olumsuz dü-
şüncelerim daha fazla mı olacaktı?

Neyse ki bu sorunun cevabı, hayır. Zihninizi "yeşillendir-
mek" için doğayla çepeçevre kuşatılmış bir halde yaşamanız şart
değil. Hatırlayalım, Kaplan'ların dikkat restorasyonu teorisinin
temelinde yatan fikir, doğanın algımız üzerinde yumuşak bir
etki yaratan özelliklerinin beynimiz için doğal bir yenilenme
kaynağı olduğuydu. İnsana iyi gelen bu yumuşak büyülenmeyi
yaratan görsel öğelere ulaşmanın tek yolu fiziksel olarak doğa-
nın içinde bulunmak değil. Fotoğraflar ya da videolar aracılığıy-
la doğaya dolaylı yoldan maruz kalmak da dikkat kaynaklarımızı
yeniliyor. Bu da doğa manzarası fotoğraflarına ya da videolarına
bakarak doğayı ve onun çok çeşitli faydalarını şehirdeki çevreni-
ze —hatta her türden çevreye— taşıyabileceğiniz anlamına geliyor.
İnanması güç ama insan zihni sanal doğayı da doğadan sayıyor.

Örneğin, 2016'da yayınlanmış bir araştırma, katılımcılarını
önce topluluk karşısında konuşma göreviyle korkutuyor, ar-
dından onlara farklı miktarlarda yeşil alan içeren sokak görün-
tülerinden oluşan altışar dakikalık videolar izlettiriyordu. Vi-
deo yelpazesinin bir ucunda tek bir ağaç dahi bulunmayan bir
sokaktaki evler vardı, diğer ucundaysa yolları ağaçlarla çevri-
li yemyeşil bir mahalle. En çok yeşillik içeren videoyu izleyen
katılımcıların topluluk karşısında konuşma stresiyle başa çıkma
becerileri, ağaçsız videoyu izleyenlerinkinden yüzde altmış daha
fazla bulundu.

Doğanın psikolojik faydaları üzerine yapılan araştırmala-
rın büyük bir çoğunluğu işin görsel kısmına odaklanıyor ama
diğer duyularımızın da bu şaşırtıcı etkilerden payını almadığı-
nı düşünmek için hiçbir neden yok. 2019'da yapılmış bir araş-
tırma, insanlara yağmur veya cırcırböceği sesi gibi doğa sesleri

dinletmenin dikkat gerektiren görevlerdeki performanslarını artırdığını gösteriyor. Doğadaki bu işitsel unsurlar da bizde yumuşak büyülenme yaratıyor olabilir.

Hep birlikte ele alındığında bu bulgular doğanın insanlara iç seslerini dışarıdaki öğeler aracılığıyla etkileyebilecekleri bir yol sunduğunu, doğaya ne kadar çok maruz kalırsak sağlığımızın da o kadar iyi olacağını gösteriyor. Bu bilgiler ışığında fiziksel çevremizi dırdırcı iç sesimizi azaltacak şekilde yapılandırabiliriz. Yeni teknolojiler, doğanın faydalarından daha da fazla yararlanmamıza yardımcı olacak gibi görünüyor. Örneğin, Marc Berman ve Kathryn Schertz'in birlikte geliştirdikleri ReTUNE (Restoring Through Urban Nature Experience – Kentte Doğa Deneyimiyle Yenilenme) adlı bir uygulama var. Uygulama Chicago Üniversitesi çevresindeki tüm cadde ve sokakların yeşillik, gürültü ve suç düzeylerine ilişkin verileri kullanarak bir doğallık puanı hesaplıyor. Kullanıcılar gidecekleri noktayı uygulamaya girdiklerinde, yol üzerinde kaç kez karşıdan karşıya geçileceği veya kaç metre yürüneceği gibi pratik öğeleri de hesaba katarak oraya varan en ideal, yani doğanın yenileyici gücünden en fazla fayda sağlayan yürüyüş rotası belirleniyor. Uygulamanın etkili olduğu kanıtlanırsa bir sonraki adım, kapsama alanını genişletmek olacak. Elbette gündelik hayatınızda doğayla daha çok iç içe olabilmek için böyle bir uygulamaya ihtiyacınız yok. Tek yapmanız gereken, gün boyunca bulunduğunuz ortamları bu açıdan dikkatli bir şekilde gözden geçirmek ve rotanızı buna göre düzenlemek.

Zihnimizin doğayla olan ilişkisinin de gösterdiği üzere fiziksel dünya, içimizin en derinlerinde olup biten psikolojik süreçler üzerinde bir etki yaratır. Fakat doğanın bizi usulca büyüleyen kaynakları, bu etkiden faydalanmanın sadece bir yolu. İç sesimizi kontrol etmemize yardımcı olan bir araç daha var ve onu bulmak için kendimizi doğayla çevrelememiz gerekmiyor. Onu konserlerde, müzelerde, hatta bir bebeğin ilk adımlarında dahi bulabiliriz.

Kendini Küçültmek

Suzanne Bott küreğini kapıp rafta binerken tüm vücudu heyecanla ürperiyordu. Dört gün boyunca diğer üç rafttaki ekip arkadaşlarıyla birlikte Utah'ın pırıltılı Green Nehri'nde rafting yapacaklardı. Gün içinde nehir aşağı giderlerken her iki yanlarından göğe doğru uzanan, turuncuya çalan kahverengi kanyon manzarasının tadını çıkaracaklar, geceleriyse kamp ateşinin etrafında o günkü maceralarından bahsedeceklerdi.

Onlara dışarıdan bakan biri, rafting yapan pek çok insan gibi doğa tutkusuyla bir araya gelmiş bir grup olduklarını düşünebilirdi. Oysaki raftçıların çoğu şiddetli çatışmalara katılmış eski askerler ve 11 Eylül'de ilk müdahale görevinde bulunmuş itfaiyecilerdi. Buradaydılar çünkü emekli asker veya itfaiyecileri Green Nehri'nde tüm masrafları karşılanacak bir doğayla bütünleşme gezisine davet eden bir ilana başvurmuşlardı. Fakat elbette işin bir yönü daha vardı: Bu gezi aynı zamanda bilimsel bir araştırma için yürütülen bir deneydi. Yine de katılımcıların tek yapmaları gereken, kürek çekmek ve birkaç soruya cevap vermekti.

Bott gruptaki diğer katılımcılardan farklıydı. Eski bir asker değildi ve itfaiyecilik tecrübesi yoktu. Colorado State Üniversitesi'nde doğal kaynak yönetimi alanında doktora yaptığı altı yılın ardından 2000 yılında akademinin "yayın yap ya da yok ol" kültürüne daha fazla dayanamayacağını hissetmişti. Bunun üzerine şehir planlaması alanında, küçük kasabaların yeniden canlandırılmasına yardımcı olduğu bir işte çalışmaya başlamıştı. Fakat aklının bir yerinde hep, aralarında Irak'ta görevli istihbarat subayı ağabeyinin de bulunduğu çoğu Amerikalıya göre ne kadar ayrıcalıklı bir yaşam sürdüğü düşüncesi vardı. Bazı insanların zihninde yinelenen olumsuz düşünceler yaptıkları şeylerle ilgilidir; Bott'unkiyse yapmadıklarıyla ilgiliydi. Bir değişikliğe ihtiyacı vardı.

Bott uzun yıllar ABD sınırları içinde çalıştıktan sonra, ABD hükümeti adına Irak'ta iş yapan ve yeni Irak hükümetinin ülkenin farklı bölgelerindeki kontrolünü artırma amaçlı girişimlerine destek veren bir şirkette işe girmişti. 2007 yılının Ocak ayında Bağdat'a gitmiş ve henüz bir ay önce *Time* dergisinin "Irak'taki en tehlikeli yer" ilan ettiği Ramadi kentinde bir yıl kalmıştı. Buradaki zamanının çoğunda küçük bir grup donanma askeri ve ordu mühendisiyle birlikte çalışarak yeni Irak hükümeti için uzun vadeli bir geçiş stratejisi geliştirmişti. Her gün kurşungeçirmez yelek giymiş, askeri cip konvoylarında seyahat etmiş ve keskin nişancı atışlarından kaçmak için araçlardan binalara koşarak işe gidip gelmişti. Colorado'nun rahat, güvenli sokaklarından çok farklı bir dünyaydı burası.

Yeni işi, hayatında eksikliğini hissettiği bir amaç uğruna çalışma duygusunu kazandırmıştı Bott'a. Fakat aynı zamanda da onu duygusal çöküşün eşiğine getirmişti. Birbiri ardına hayatını kaybeden çalışma arkadaşlarının cenaze törenlerine katılıyor, hiç hazırlıklı olmadığı dehşet verici olaylara –bombalı araçların infilak edişine, bölgesel çatışmalara ve suikastlara– tanık oluyordu. Kanlı katliam manzaraları günlük hayatının bir parçası haline gelmişti.

Bott 2010 yılında ABD'ye dönmüştü ve dırdırcı iç sesi onu ele geçirmişti. Mutsuzdu, onlarca çalışma arkadaşı ölürken kendisinin neden hâlâ hayatta olduğunu sorgulamaktan bitap düşmüştü. Zihninde hiç durmadan Irak'ta şahit olduğu korkunç manzaralar canlanıyor, üstüne her gün haberlerde kısa süre öncesine kadar çalışmakta olduğu yerlerde IŞİD'in nasıl güç kazandığını anlatan haberleri izliyordu. Irak'tayken birlikte çalıştığı bir gazetecinin, James Foley'nin 2014 yılında Suriye'de IŞİD tarafından kafasının kesildiğini öğrendiği an onun için bir kırılma noktası olmuştu. Yaptığının hata olduğunu bilmesine rağmen, kendine engel olamayarak IŞİD'in internette yayınladığı kafa kesme videosunu izlemişti ve bir daha hiçbir şey eskisi gibi olmamıştı. Derken bir gün rafting gezisinin ilanını görmüştü.

Nehirde geçirdikleri ilk günün akşamında Bott çeşitli olumlu duyguları ne derecede yaşadığını ölçen kısa bir anketteki soruları yanıtladı. Berkeley'deki California Üniversitesi'nden psikolog Craig Anderson (rafting gezisine o da katılıyordu) liderliğindeki bir grup araştırmacı, raftçıların cevaplarını değerlendirerek hepimizin bildiği ama üzerine çok az araştırma yapılmış olan huşuya kapılma deneyiminin etkilerini anlamayı amaçlıyorlardı.

Huşu, açıklamakta zorlandığımız güçlü bir şeyle karşı karşıya kaldığımızda yaşadığımız şaşkınlık ve hayranlık duygusudur. Genellikle doğadayken muhteşem bir günbatımı, heybetli bir dağın zirvesi ya da güzel bir manzara karşısında huşuya kapılırız. Huşu, insanların kendi ihtiyaçlarının ve arzularının ötesine geçtiği aşkın bir duygu olarak tanımlanır. Bizde huşu uyandıran deneyimler esnasında beynimizde kişinin kendi içine gömülmesiyle ilişkili olan nöral aktivite azalır. Meditasyon yapan ya da LSD gibi kişinin kendisinin nerede bitip dış dünyanın nerede başladığına dair algısını bulanıklaştıran psikedelik maddeler alan insanların yaşadığına benzer bir duygudur bu.

Bununla birlikte huşu duygusu yalnızca doğaya ve görkemli manzaralara özgü değildir. Bazı insanlar gittikleri konserde Bruce Springsteen sahneye çıktığında, Emily Dickinson'ın bir şiirini okuduklarında veya Louvre Müzesi'nde *Mona Lisa*'ya baktıklarında da bu duyguyu yaşarlar. Bazılarıysa çok riskli bir spor olayı gibi olağanüstü bir eyleme, ilk Amerikan anayasası gibi efsanevi bir nesneye ya da bir bebeğin ilk adımını atışı gibi son derece kişisel ve özel bir ana bakarken huşuya kapılırlar. Evrim psikologları kendimize dönük ilgimizi azaltarak başkalarıyla birlik olmamızı kolaylaştırdığı için böyle bir duygu geliştirdiğimizi düşünüyorlar. Tehditlere karşı topluluğun bireyden daha avantajlı olduğunu ve birlikte çalışarak daha büyük hedeflere ulaşmanın mümkün olduğunu düşününce, bu duygunun türümüzün hayatta kalmasına bir fayda sağladığı çok açık.

Fakat Berkeley ekibinin tek merakı, kükreyen köpüklü sularda ilerlemenin raftçılarda huşu duygusuna yol açıp açmayacağı değildi. Bunun olacağını tahmin ediyorlardı. Asıl öğrenmek istedikleri, bu gezide yaşayacakları huşu duygusu miktarının katılımcıların geziden sonraki stres ve sağlıklı olma düzeyleri üzerinde etkili olup olmayacağıydı.

Bu amaçla Anderson bir kez gezinin başında, bir kez de geziden bir hafta sonra olmak üzere raftçılardan sağlık, stres ve travma sonrası stres bozukluğu durumlarını ölçen bir anketi yanıtlamalarını istedi. İki değerlendirme arasında geçen sürede çok şey değişmişti. Dört günlük gezi boyunca nehirde kilometrelerce yol almışlar, akşamüstleri nehir kıyısında yürüyüşlere çıkmışlar, tarihöncesinden kalma binlerce yıllık kaya resimlerine bakarken şimdi durdukları yerde bir zamanlar durmuş olan o unutulmuş insanları düşünmüşlerdi. Peki ama bu deneyimlerin etkileri geziden sonra solup gidecek miydi, yoksa geriye bir şey kalacak mıydı?

Anderson araştırma sonunda elde ettikleri verileri incelediğinde katılımcıların her alanda gözle görülür bir iyileşme yaşadıklarını gördü: Geziden sonra stres ve travma sonrası stres bozukluğu düzeyleri düşmüş; mutluluk, hayattan tatmin olma ve aidiyet duyguları artmıştı. Bunlar başlı başına ilginç sonuçlardı. Fakat en büyüleyici olan, bu iyileşmeye yol açan duyguydu. Anderson ve meslektaşlarının beklediği gibi, kritik rol oynayan duygu, katılımcıların rafting gezisi boyunca yaşadıkları eğlence, tatmin, minnet, neşe veya gurur değildi. Huşu duygusuydu. Bott'da bütün bu olumlu gelişmeleri yaşamış, iç sesinin daha dingin olduğunu hissetmişti. İki yıl sonra bana, "O rafting gezisi hayata bakışımı kökten değiştirdi," diyecekti.

Devasa ve tarif edilemez bir şeyin karşısındaysanız kendinizin —ve kafanızın içindeki sesin— dünyanın merkezi olduğu düşüncesini sürdürmeniz hayli güçtür. Bu da daha önce bahsettiğimiz diğer mesafe koyma teknikleri gibi, düşüncelerinizin sinaptik akışını değiştirir. Üstelik huşuya kapıldığınızda bir görsel alıştırmaya ya da sizi mutsuz eden bir deneyimi farklı bir çerçeveye oturtmaya odaklanmak için çaba harcamanız gerekmez. Bu açıdan tıpkı kendi adınızı söylemek gibidir: Sadece onu deneyimlersiniz ve anında bir rahatlama hissedersiniz. Huşu uyandıran manzaraların karşısında kendinizi küçülmüş hissettiğinizde —bu olgu "'kendi'nin küçülmesi" olarak adlandırılır— problemleriniz de küçülür.

Berkeley Green Nehri rafting deneyi, huşu duygusu ile fiziksel ve psikolojik faydalar arasında bir ilişki olduğunu keşfeden henüz çok yeni bir araştırma kolunun sadece bir örneği. Bir başka araştırma da huşuya kapılmanın insanlarda daha çok zamanları olduğu duygusu uyandırdığını; Broadway'de bir oyun izlemek gibi uzun süren ama mutluluk veren eylemleri yeni bir kol saati satın almak gibi kısa süren ama daha az mutluluk veren maddiyatla ilişkili eylemlere tercih etmelerini sağladığını gösteriyor. Bu arada huşuya kapılma ile vücuttaki inflamasyonun azalması arasında fizyolojik bir bağlantı olduğu düşünülüyor.

Huşu duygusunun davranış üzerindeki etkisi, kişinin çevresindeki insanların da gözünden kaçmayacak kadar güçlü. Bu alanda yapılmış bir dizi araştırma, huşuya kapılmaya yatkın insanların arkadaşları tarafından daha mütevazı olarak görüldüğünü gösteriyor. Ayrıca bu insanlar daha alçakgönüllü, kendi güçlü ve zayıf yanları hakkında daha dengeli bir görüşe sahip oluyor —ikisi de bilgeliğin belli başlı özellikleri arasında sayılıyor— ve başarılarında payı olan, kendileri dışındaki faktörleri daha doğru bir biçimde görüp kabul ediyorlar.

Huşunun duygusal hayatımızdaki rolünü düşünürken dikkatli olmamız gereken bir nokta var. Yapılan araştırmaların büyük bir çoğunluğu huşu duygusunun olumlu sonuçlar doğurduğuna işaret ederken, huşu uyandıran ve olumsuz duygulara yol açabilen bazı deneyimler de var. Bunlar etrafı yıkıp geçen bir kasırgaya veya bir terör saldırısına tanık olmak ya da öfkeli bir Tanrı'ya inanmak gibi korku uyandıran deneyimler olabilir. (Araştırmalar huşu uyandıran deneyimlerin yüzde sekseninin insana kendini daha iyi hissettirdiğini, yüzde yirmisininse böyle bir etki yaratmadığını gösteriyor.) Bu tür deneyimleri de tıpkı büyüleyici bir günbatımı gibi bize göre devasa ve karmaşık oldukları için açıklanması güç buluyoruz. Aradaki fark, bunları aynı zamanda tehditkâr olarak algılamamız. Anlaşılan, huşu denklemine bir miktar tehdit eklendiğinde düşüncelerimiz dırdırcı iç sese dönüşüyor ve bu hiç de şaşırtıcı değil.

Huşu duygusunun gücü, kendimizi daha küçük hissetmemizi sağlamasında ve bizi, iç sesimizin kontrolünü kendimizden daha büyük ve görkemli bir güce bırakmaya teşvik etmesinde yatıyor. Fakat fiziksel çevremizi kullanarak iç sohbetlerimizi olumluya çevirmemizi sağlayan, hayatın muazzam büyüklüğünün tam zıddı olan bir kaldıraç daha var elimizde. Kontrolü elden bırakmaya değil, yeniden ele geçirmeye yarayan bir kaldıraç.

Nadal İlkesi

2018 yılı Haziran ayında İspanyol tenis yıldızı Rafael Nadal, Fransa Açık Tenis Turnuvası finalinde on birinci şampiyonluğunu almak umuduyla toprak korta çıktı. Nadal ile Avusturyalı rakibi Dominic Thiem, Paris'teki bu yaz gününde birinci sınıf bir maç izlemeyi sabırsızlıkla bekleyen tribünlerdeki on beş bin seyircinin gözleri önünde soyunma odalarından çıkarak mücadeleye hazır halde korttaki yerlerini aldılar. Nadal her maçtan önce yaptığı hareketleri tekrarladı. Önce elinde tek bir raketle saha kenarına gitti. Ardından yüzünü seyircilere dönüp enerjik bir şekilde ileri geri zıplayarak ısınmaya başladı ve bu arada eşofman üstünü çıkardı. Ve her zamanki gibi turnuva kimlik kartını yüzü yukarı bakacak şekilde saha kenarındaki sırasına koydu.

Sonra maç başladı.

Nadal hemen öne geçerek ilk seti aldı. Her sayıdan sonra, kendisi ya da rakibi servis atmadan önce saçını ve tişörtünü düzeltti. Aralarda önce enerji içeceğinden, sonra suyundan içti ve iki şişeyi birbirine hizalayarak tamı tamına aldığı yere, sandalyesinin kendine göre sol ön tarafına, sahaya doğru çaprazlamasına yerleştirdi.

İki set sonra Nadal, Thiem'i yendi ve bir Fransa Açık Tenis Turnuvası'nı daha zaferle tamamladı.

Profesyonel tenis oynamanın en önemli yanlarının dünya çapında sporculara karşı mücadele etmek ve sakatlanmamak olduğunu düşünebilirsiniz ama gelmiş geçmiş en iyi tenisçilerden biri olan Nadal farklı düşünüyor. "Bir tenis maçında en büyük mücadeleyi kafamın içindeki seslere karşı veriyorum," diyor. Çoğu hayranının eğlenceli ama tuhaf bulduğu kort ritüelleri onun için kafasındaki sesleri susturmanın son derece mantıklı bir yolu.

Nadal kimlik kartını daima yüzü yukarı gelecek şekilde koyarak, su şişelerini kusursuz bir şekilde hizalayarak ve servis atmadan önce saçını düzelterek telafi edici kontrol adı verilen bir süreci hayata geçiriyor. Kendi içinde ihtiyaç duyduğu düzene kavuşmak için fiziksel çevresini düzene sokuyor. Kendi deyişiyle: "Bu kendimi maçın içine yerleştirmek, kafamın içinde aradığım düzeni etrafımda yaratmak için bir yol."

Dırdırcı iç sese karşı bir tampon oluşturmak amacıyla etrafımızdaki unsurları düzene sokma eğilimi sadece performansımızın değerlendirildiği durumlarda ortaya çıkmıyor; fiziksel olarak bulunduğumuz her alanda geçerli. Bunun bir sonucu olarak biz insanlar dış çevremizi —ve bir uzantısı olarak zihnimizi— pek çok yoldan düzene sokarız. Bu yolların bazıları Nadal'ınkine çok benzerdir. Marie Kondo'nun tüm dünyada bu denli tanınmasının ve 2014 [Türkiye'de 2015] yılında yayımlanan kitabı *Hayatı Sadeleştirmek İçin Derle, Topla, Rahatla*'nın çoksatanlar listesine girmesinin nedeni de bu olabilir. Kondo'nun sadece bize sevinç veren nesneleri elde tutarak evlerimizi derleyip toplayarak fazlalıklardan arındırma felsefesi, etrafımızı düzene sokarak duygu durumumuzu değiştirmeyi amaçlayan bir stratejidir.

Peki ama etrafımızı düzenlemek zihnimizin içinde olup bitenleri nasıl etkiler? Bu soruyu yanıtlamak için *kontrol algısının* —dünya üzerinde istediğimiz yönde bir etki yaratabileceğimiz inancının— hayatımızda ne kadar önemli bir rol oynadığına bakmamız gerekiyor.

İnsanın kendisi üstünde söz sahibi olma arzusu güçlü bir motivasyon kaynağıdır. Kendi kaderimizi tayin edebileceğimize olan inancımızın ölçüsü, hedeflerimize ulaşmaya çalışıp çalışmayacağımızı, bunun için ne kadar çaba harcayacağımızı ve güçlüklerle karşılaştığımızda ne kadar direnç göstereceğimizi belirler. Tüm bunlara bakınca, insanların kendi hayatları üzerinde daha çok kontrol sahibi olduklarına inandıklarında fiziksel sağlıklarının ve duygu durumlarının daha iyi olması, okulda ve işte daha iyi performans göstermeleri ve kişilerarası ilişkilerinde daha çok tatmin duymaları gibi bir dizi olumlu etki görülmesi hiç de şaşırtıcı değil. Bunun tam tersi olduğunda, kontrolü elden kaçırdığımızı hissetmek, dırdırcı iç sesin aniden yükselmesine sebep olur ve dizginleri yeniden ele almak için çabalama isteği duyarız. İşte bu noktada fiziksel çevremize dönüp bakmak işe yarayabilir.

İplerin gerçekten de elinizde olduğunu hissedebilmeniz için olayların nasıl sonuçlanacağı üzerinde bir etkiniz olabileceğine inanmanız yetmez; etrafınızdaki dünyanın düzenli bir yer olduğuna ve eylemlerinizin amaçladığı sonuçları doğuracağına da inanmanız gerekir. Dünyada düzen olduğunu görmek bizi rahatlatır çünkü böyle bir dünyada yaşarken yolumuzu bulmak ve başımıza neler geleceğini tahmin etmek daha kolaydır.

Yapılan bir araştırmaya göre, dış dünyada düzen görme ihtiyacı öyle güçlüdür ki araştırmadaki katılımcılar dırdırcı iç sese yol açan bir olayı ve o olayı kontrol etmekte ne kadar yetersiz kaldıklarını hatırladıktan sonra kendilerine gösterilen imgelerde hayali örüntüler görmüşlerdir. Bunun nedeni, düzen arayışındaki zihnin gerçekte var olmayan örüntüleri hayalinde var etmesidir. Bir başka deneyde, bulundukları ortamdaki gürültü düzeyini kontrol edemeyen katılımcıların üstünde nilüfer resmi olan iki kartpostaldan birini seçmeleri istenmiştir. Kartpostalların birinde nilüfer resminin etrafında düzeni çağrıştıran siyah bir çerçeve varken diğerinde çerçeve yoktur. Katılımcıların tercih ortalaması, görsel bir düzen işareti olan siyah çerçeveli kartpostaldan yanadır.

Bilim insanlarının vardıkları bulgular, tıpkı Nadal gibi bizim de çevremizi düzene sokarak ve fiziksel ortamımızı kontrol edilebilir bir yapıya kavuşturarak dünyada —ve bir uzantısı olarak zihnimizde— bir düzen olduğu duygusu yaratabileceğimizi ortaya koyuyor.

Bir alandaki (zihnimizdeki) kaosu telafi etmek için bir başka alanda (fiziksel çevremizde) düzen yaratmanın en harika yanı şudur: Düzenlediğimiz çevrenin, iç sesimizi altüst eden konuyla bir bağlantısının olması gerekmez. Üstelik etrafımızı derleyip toplamak hemen her zaman kolaylıkla yapabileceğimiz bir şeydir ve bu eylemle meşgul olmanın üzerimizde yadsınamayacak bir etkisi olur. Yapılan bir deneyde sadece dünyayı düzenli bir yer olarak tanımlayan bir metni okumanın bile kaygı düzeyini azalttığı görülmüş. Tahmin edileceği gibi, dezavantajlı bölgelerde —örneğin Şikago'daki Robert Taylor Homes gibi mahallelerde ve muhtemelen Suzanne Bott'un Irak'ta çalıştığı bölgelerde— yaşayan insanların depresyona girme olasılıklarının daha fazla olmasının bir nedeni de çevrelerinde algıladıkları düzen-sizliktir.

Günümüz kültüründe çoğu insan, kişinin sık sık etrafını der-leyip toplama girişiminde bulunmasını bir hastalık belirtisi ola-rak görür. Örneğin, obsesif-kompulsif bozukluğu olan ve etraf-larındaki nesneleri düzene sokmak için güçlü bir arzu duyan bir grup insanı düşünün. Telafi edici kontrol üzerine yapılan araştır-malar, bu insanların aslında her insanda (kontrolün elde olduğu-nu hissetmek için) bulunan etrafta düzen görme arzusunu aşırı-ya götürüyor olabileceklerine işaret ediyor. Kendilerine hâkim olma konusunda eksiklik yaşasalar da davranışlarının dayandığı bir mantık var.

Obsesif-kompulsif bozukluğu zararlı hale getiren, psikolo-jik bir *bozukluğa* dönüştüren şey, bu durumu yaşayan insanların etraflarında düzen görme ihtiyaçlarının aşırıya kaçması ve gün-delik hayatta aksamalara neden olmasıdır. Benzer bir şekilde, sadece bireyin kendi çevresinde değil, daha geniş sosyal çevre-de düzen görme ihtiyacı da kontrolden çıkabilir. İnternette her an yüzlercesi ortaya atılan komplo teorilerine bir bakın: Hepsi ayaklanmaya ve kaosa neden olan olayların aslında şeytani güç-lerin karanlık (ve düzenli) planlarının bir parçası olduğunu ileri sürer. Bu iddialar insanların anlatı yoluyla bir tür düzen yakala-ma çabasının bir ürünüdür fakat çoğu zaman bu çaba başkalarına zarar verir (çünkü söz konusu komplolar genellikle kanıtlara da-yalı olmayan, asılsız iddialardır).

Düzen ihtiyacımız, doğanın faydaları ve huşuya kapılma üze-rine yapılan araştırmalar, fiziksel çevremiz ile zihnimizin birbir-leriyle ne kadar ilintili olduğunu açıkça gösteriyor. Bunlar aynı bütünün parçalarıdır. Hepimiz içinde bulunduğumuz çevrenin bir parçasıyız ve bu çevrenin farklı özellikleri, içimizdeki bazı psikolojik güçleri harekete geçirerek duygularımızı ve düşünce-lerimizi etkiliyor. Artık neden çevremizdeki bazı şeyleri cazip bulduğumuzu bilmekle kalmıyoruz, onlardan daha çok fayda sağlamak için nasıl tercihler yapmamız gerektiğini de biliyoruz.

2007 yılında Robert Taylor Homes toplu konutlarındaki son bina da yıkıldı. Bütün kiracılar uzun zaman önce tahliye edilmişti ve bir zamanlar şehirdeki sefaletin, ayrımcılığın ve sosyal kargaşanın sembolü olan bu bölgede farklı gelir düzeylerinden kişilerin yaşayacağı konutların, dükkânların ve kamuya açık alanların bulunacağı yeni bir yerleşim yeri planlanıyordu. Böylesi olumlu ve düzen sağlamaya yönelik bir dönüşüm, o binalarda yaşanan suç ve şiddet olaylarını hatırlayanlar için şüphesiz huşu uyandırıcı bir değişim olacaktır.

Yeni yerleşim planında burada yaşayacak insanların faydalanabileceği yeşil alanlar olup olmayacağı henüz belli değil ama yıkılan toplu konutların hafızalara kazıdığı pek çok şey hem Şikago'nun hem de bilimin tarihinde kalıcı bir yer edindi. Bu deneyim çevremizin duygularımız, düşüncelerimiz ve eylemlerimiz üzerinde ne kadar büyük bir etkisi olduğunu ve çevremiz üzerinde kontrol sahibi olmanın ne kadar önemli olduğunu çarpıcı bir şekilde ortaya koyan bir örnek oldu.

Üzerimizde bu kadar güçlü etkileri olmasına rağmen, çevremizden ve onda yer alan şeylerden sağlayabileceğimiz tek fayda psikolojik rahatlama değil. Kontrol sahibi olma ihtiyacında da gördüğümüz gibi, çevremizle ilgili yapabileceğimiz ve iç sesimizi dizginlemeye yarayan şeyler var. Nadal'ın etrafını düzene sokma biçimi yalnızca bir başlangıç. Bu amaçla kullanabileceğimiz yöntemler çoğu zaman öyle tuhaf ve öyle etkili ki neredeyse büyülü gibi görünüyorlar.

Zihnin Büyüsü

*1*762 yılında bir sabah Maria Theresia von Paradis adındaki üç yaşında bir kız çocuğu kör olmuş bir şekilde uyandı.

Avusturya imparatoriçesinin sekreterlerinden birinin kızı olan Maria Theresia, Viyana'da büyüdü ve görme yetisini kaybettiği halde görkemli sayılabilecek bir yaşam sürdü. Müziğe doğuştan yeteneği vardı, klavsende ve orgda harikalar yaratıyordu. Görme engelli bir çocuğun bu kadar yetenekli olması imparatoriçenin de dikkatini çekti ve Maria Theresia'nın cömert bir maaş almasını ve mümkün olan en iyi eğitimden geçmesini sağladı. Maria Theresia ergenlik çağına geldiğinde başta Viyana olmak üzere dünyanın dört bir yanındaki en seçkin konser salonlarında sahne alan ünlü bir müzisyen olmuştu. Mozart bile onun için bir konçerto yazmıştı. Bütün bu başarılara rağmen Maria Theresia'nın anne babası kızlarının bir gün yeniden görebileceğine dair umutlarını hiç kaybetmediler.

Maria Theresia büyürken doktorlar gözlerini iyileştirmek için sülükten elektroşoka kadar çok çeşitli tedaviler denedilerse de hiçbiri işe yaramadı. Maria Theresia'nın görme yetisi geri gelmedi. Daha da kötüsü, uygulanan tedaviler bir dizi sağlık sorununa neden oldu. On sekiz yaşına geldiğinde sık sık tekrarlanan kusma, ishal, baş ağrısı ve bayılma nöbetlerinden mustaripti.

Bu noktada hayatına Franz Anton Mesmer adında, Viyana'da eğitim görmüş ve kentin ileri gelenleri arasında epey çevre edinmiş esrarengiz bir doktor girdi. Mesmer, evrende dolaşan ve tespit edilemeyen bir güç olduğunu, kendisinin yalnızca manyetizma prensiplerini kullanarak bu gücün akışını değiştirdiğini ve bu yolla çok geniş bir yelpazedeki fiziksel ve duygusal hastalıkları tedavi edebildiğini iddia ediyordu. İddiasına göre, ellerini ve mıknatısları kullanarak bu görünmez enerjiyi çeşitli kanallardan geçiriyor ve insanları iyileştiriyordu. *Hayvan manyetizması* adını verdiği bu teknik, sonradan mucidinin adından hareketle "mesmerizm" olarak anılacaktı.

Maria Theresia 1777'de on sekiz yaşındayken Mesmer'le tedaviye başladı. Aylar süren tedavi boyunca Mesmer onun gözlerine ve vücudunun çeşitli yerlerine mıknatıslar değdirdi, bir yandan da hayvan manyetizmasını ve bu tekniğin onu nasıl sağlığına kavuşturacağını anlattı. Maria Theresia, tıpkı anne babası gibi, iyileşeceğine inandı ve mucizevi bir şekilde gözleri görmeye başladı. Birdenbire ve tamamen değilse de görme yetisi peyderpey geri geldi.

Başlangıçta sadece bulanık şekiller gördü. Sonra siyah ve beyaz nesneleri birbirinden ayırt edebilmeye, ardından da renkleri algılamaya başladı. Derinlik ve oran algısı hâlâ yetersiz olsa da yavaş yavaş insan yüzlerini seçebilir hale geldi. Ne var ki onca yılın ardından insan yüzlerini görmek onda sevinç yerine korku uyandırdı; özellikle burunları korkunç buluyordu. Görsel dünya onun için artık yabancı bir yer olmuştu. Yine de yaşadığı değişim inanılmazdı. Nihayet yeniden görüyordu.

Mucize uzun sürmedi.

Maria Theresia'nın anne babası Mesmer'le büyük bir anlaşmazlık yaşadılar ve bu anlaşmazlık tedavinin sonunu getirdi. Bir rivayete göre annesiyle babası, Maria Theresia'nın gözleri görmeye başlayınca imparatoriçenin bağladığı maaşın kesilmesinden korkmuşlardı. Bir başka rivayete göreyse Mesmer'le Maria Theresia'nın yasak bir aşk yaşadıkları ortaya çıkmıştı. Nedeni ne olursa olsun birlikte geçirdikleri zaman sona erdi ve Mesmer ardında çeşitli dedikodular bırakarak Viyana'yı terk etti. Hayvan manyetizmasıyla tedavi ustası hayatından çıkıp giden Maria Theresia bir kez daha kör oldu.

Mesmer'in hikâyesi ise henüz bitmemişti.

Viyana'dan ayrılıp Paris'e yerleşen Mesmer burada bir klinik açtı ve bir kez daha zengin çevrelere girerek kendini sevdirdi. Hatta şöhreti öyle arttı ki Kral XVI. Louis'nin erkek kardeşini ve karısı Marie Antoinette'i bile tedavi etti. Takip eden yıllarda kendisine başvuran hastaların sayısına yetişemez olunca aynı anda birden fazla kişiyi tedavi etmek için bir yöntem icat etti: Suyla ve mıknatısladığı demir pulcuklarıyla dolu tahtadan bir tankın etrafına çok sayıda kişiyi omuzları birbirine değecek şekilde oturtuyor veya ayakta dikiyordu. Küvetin içinden metal çubuklar çıkıyordu, bir yandan pes perdeden bir müzik çalarken bir yandan da hastalar vücutlarının hangi bölgesinden rahatsızlarsa tanktan çıkan metal çubukları o bölgelere değdiriyorlardı. Bu esnada Mesmer etraflarında dolaşarak metal çubuk ile hasta arasındaki manyetik enerji akışını ayarlıyordu.

Mesmer'in tedavisinin etkinliği hastadan hastaya büyük değişkenlik gösteriyordu. Bazı hastalar vücutlarının tedavi gören kısmında hafif bir acı hissederken bazıları epilepsi nöbeti geçirir gibi çırpınıyorlardı. Bazılarıysa tamamen iyileştiklerini söylüyorlardı. Fakat tedavi herkeste etkili olmuyordu. Bazı hastaların durumlarında hiçbir değişiklik yoktu.

Derken 1784'te Kral Louis bu mesmerizm furyasının haddinden fazla sürdüğüne karar verdi ve Mesmer'in tekniklerini incelemek üzere kraliyete bağlı bilim insanlarından oluşan bir konsey kurdu. Konseyin başına o sırada Paris'te bir diplomat olarak bulunan Benjamin Franklin getirildi. Komisyon üyeleri Mesmer'in iddialarına şüpheyle yaklaşan kişilerdi. Bazı insanların bu şekilde kendilerinden geçmekten fayda gördüğünü kabul ediyorlar fakat bu faydayı sağlayan şeyin görünmez bir manyetik kuvvet olduğuna inanmıyorlardı.

Komisyonun fikri yapılan incelemenin sonunda da değişmedi. Örneğin, deneylerden birinde mesmerizme canı gönülden inanan bir kadın kapalı bir kapının bir yanına oturtuldu. Kapının öte yanında duran Mesmer tarafından eğitilmiş bir doktor kadına manyetik tedavi uyguladı. Doktorun varlığından habersiz olduğu sürece kadın hiçbir belirti göstermezken, doktorun orada olduğunu öğrendiği anda tedavinin etkisini gösterecek şekilde oturduğu yerde sarsılıp kıvranmaya başladı. Yapılan pek çok deney buna benzer görüntülere sahne oldu.

Franklin ve başında olduğu komisyon, incelemenin ardından Mesmer'in metotlarını yerden yere vuran bir rapor hazırladılar. Yazdıklarına göre gözlemleyebildikleri tek iyileştirici etki, insan zihninin gücüydü: Olumlu etkiyi yaratan şey, "hayvan manyetizması" değil, insanların iyileşme beklentileriydi. Mesmer gerçekten de var olmayan bir gücü pazarlamayı başarmıştı. Bununla birlikte, aradan iki yüz yıldan da uzun bir süre geçtikten sonra bugün Mesmer'in aslında dırdırcı iç sesle başa çıkmak için benzersiz bir aracın varlığına işaret ettiğini, bilimin henüz yeni farkına vardığı bir şeye, inanmanın sihirli gücüne ve bunun zihnimiz ile bedenimiz üzerindeki muazzam etkisine dikkat çektiğini biliyoruz.

Mesmer, hayvan manyetizmasını keşfetmemişti. Sadece hastalarına *plasebo* vermişti.

Endişe Bebeklerinden Burun Spreylerine

Plasebo nedir diye sorduğunuzda çoğu insan "Esasında hiçbir şeydir," benzeri bir yanıt verecektir.

Genellikle plasebonun ilaç araştırmalarında gerçek bir ilacın etkinliğini ölçmek amacıyla kullanılan bir madde –çoğunlukla da içinde şekerden başka bir şey bulunmayan bir hap– olduğu düşünülür. Oysa gerçekte her şey, bir insan, bir ortam, hatta uğur getirdiğine inanılan bir nesne plasebo olabilir. Plaseboyu bunca esrarengiz kılan şey, hiçbir etken tıbbi içeriği olmamasına rağmen bize kendimizi daha iyi hissettirebilmesidir.

Plaseboyu araştırmalarımızda yeni bir ilacın veya işlemin –sadece iyileştirici olduğunu söylemenin yaratacağı etkinin ötesinde– net bir tıbbi etkisi olup olmadığını teyit etmek amacıyla kullanırız. Bunu yapıyor olmamız, zihnin gerçekten de bir iyileştirme gücü olduğunu kabul ettiğimiz anlamına gelir ama genel olarak plaseboların tek başlarına iyileştirici güçleri olduğu düşünülmez. Daha büyük bir amaca hizmet eden bir araç olarak görülür ve tek başına kullanılmazlar.

Bu da işin can alıcı noktasını gözden kaçırmak anlamına geliyor.

Elbette Benjamin Franklin bu noktayı gözden kaçırmamıştı. Hayvan manyetizması gerçek değilse de Mesmer'in hastalarına sağladığı faydanın gerçek olduğunu anlamıştı. Ne yazık ki zihnin iyileşmede oynadığı role ilişkin vardığı bu son derece önemli tespit, Mesmer'in sansasyonel hikâyesinin gölgesinde kalarak unutulup gitti. Durumun değişmesi için aradan yaklaşık iki yüz yıl geçmesi gerekti ve ancak yirminci yüzyılın ortalarında bilim insanları plaseboların araştırmalarda kullanılan bir aldatmacadan ibaret olduğu, yani özünde bir hiç olduğu fikrini sorgulamaya başladılar. Bugün artık plaseboların bir hiç olmadığını biliyoruz. Plasebo, inancın ve iyileşmenin doğalarını birbirine bağlayan psikolojik bağların bir kanıtı olmasının yanı sıra, dırdırcı iç sesi dindirmek için kullanılabilecek bir arka kapıdır.

Plaseboların kökeninde nesnelere ya da sembollere "büyü" atfeden kadim insan geleneği yatar. Kral Süleyman'ın efsanevi mühründe iç içe geçmiş iki üçgen vardır ve bu mührün –pek çok başka gücünün yanı sıra– iblisleri kovduğuna inanılırdı. Benzer şekilde gamalı haç sembolünün de Nazilerle özdeşleşmeden çok önce uğur getirdiğine inanılıyordu. Bugün hâlâ Guatemala'da korkan çocuklara geleneksel Maya kıyafetleri giydirilmiş minik insan figürleri verilir; endişe bebekleri olarak bilinen bu oyuncakların görevi, çocukların korku ve kaygılarını alıp götürmektir.

Çoğu insanın uğur olarak yanında taşıdığı ya da kullandığı bir nesne vardır. Örneğin, manken Heidi Klum uçakla seyahat ederken içinde süt dişlerinin bulunduğu bir keseyi yanında taşıyor ve uçak türbülansa girdiğinde bu keseyi avcunda tutuyor. (Biliyorum çok tuhaf ama onun için işe yarıyor.) Michael Jordan her maçta Chicago Bulls şortunun altına kolej şortlarını giyiyordu. Son zamanlarda kristallerin iyileştirici gücü büyük bir sektöre, hatta milyarlarca dolarlık bir endüstriye dönüşmüş durumda. Tüm bunlar geniş anlamda plaseboların ne kadar yaygın olduğunu bize gösteriyor. Nesnelerin uğur getirdiğine inanan insanların kandırıldıklarını söylemek hata olur. Bilimsel açıdan gayet rasyonel bir şey yapıyorlar.

Birbiri ardına yapılan araştırmalar plasebonun –bu, uğur getirdiğine inanılan bir nesne, iyileştirme gücü olduğuna inanılan bir insan (bir şaman ya da güvenilen bir doktor) ya da özel bir ortam olabilir– bizi iyileştireceğine inanmanın bize gerçekten de iyi geldiğini gösteriyor. Örneğin, huzursuz bağırsak sendromundan (IBS) mustarip kişiler daha az mide spazmı geçiriyor, migren hastaları daha az ağrı atağı yaşıyor ve astım hastalarının solunum güçlüğü semptomları hafifliyor. Plaseboların sağladığı fayda hastadan hastaya ve hastalıktan hastalığa büyük oranda değişiklik gösterse de –tıpkı Mesmer'in hastaları gibi, bazı insanlar doğal olarak plasebolara karşı daha duyarlıdır– bazı durumlarda yadsınamayacak bir etki yaratıyorlar.

Plasebolar Parkinson hastalığında bile etkili oluyor. Yapılan bir deneyde bilim insanları ilerlemiş Parkinson hastalığı semptomları gösteren hastaların beyinlerine büyük umut vaat eden yeni bir kimyasal tedavi enjekte ettiler. Bu tedavinin Parkinson hastalığının kaynağında yatan dopamin eksikliğine karşı dopamin salgılanmasını artıracağı umuluyordu. Ameliyatlar yapıldıktan sonraki iki yıl boyunca hastaların semptomları takip edildi. İlk bakışta bulgular cesaret vericiydi. Enjeksiyon yapılan hastaların semptomlarında kayda değer bir azalma vardı. Fakat ortada bir sorun vardı. Bu bağlamda plasebo görevi gören "düzmece" ameliyatı olan, yani ameliyat için kafataslarına delik açılan ama enjeksiyon yapılmayan gruptaki hastaların semptomlarında da aynı oranda azalma vardı. Bu hastalar da kendilerine bu özel tedavinin yapıldığına inanmışlardı ve beyinleri ile vücutları da sanki tedavi edilmişler gibi tepki vermişti. Bu ve benzeri pek çok araştırmanın bize verdiği mesaj çok açıktır: Kimi zaman zihinlerimiz modern tıp kadar güçlüdür.

Peki ya dırdırcı iç ses? Ne de olsa Mesmer "histeri" (şiddetli duygularını kontrol etmekte zorlanan kişileri tanımlamak için kullanılan, geçmişte kalmış bir terim) hastalarını da tedavi etmişti. Hayvan manyetizması plasebosu onlarda da işe yaramıştı. Bu, plaseboların iç ses konusunda da yardımcı olacağı anlamına gelir mi? Hâlâ üniversite öğrenimi gördüğüm ve Columbia'da asistan olarak yeni işe başladığım 2006 yılında bir gün nörobilimci Tor Wager'le kahve içerken bu soruyu ortaya attım.

"İnsanlara tuzlu suyla dolu bir burun spreyi verip burunlarına sıkmalarını istesek?" dedi Tor. "Ağrı kesici olduğunu söyleyelim. Eminim kendilerini daha iyi hissetmelerini sağlayacaktır. Ayrıca beyinlerine de bakarız."

Tor'un deli olduğunu düşündüm demeyeceğim ama başlangıçta bazı şüphelerim vardı diyeyim. Yine de kısa süre sonra bu deney için çalışmaya başladık.

Çalışmamızın sonucu, kalbi kırık New York'luları laboratuvara getirip beyinlerini incelediğimiz deneydi. Hatırlayacaksınız, katılımcılar kendilerini terk etmiş kişinin fotoğrafına bakarken beyin aktivitelerini izlemiş, beyinde duygusal ve fiziksel acının şaşırtıcı ölçüde örtüştüğünü görmüştük. Bu, deneyin yalnızca birinci safhasıydı.

Katılımcılar bu safhayı tamamlayınca beyaz önlüklü bir görevli onları MRI cihazından çıkarıp bir koridordan geçirerek başka bir odaya götürdü. Odanın kapısını kapadı ve katılımcıların yarısına bir burun spreyi vererek içinde zararsız bir tuzlu su solüsyonu olduğunu, bunu nefes alırken burunlarına sıkarlarsa araştırmanın bir sonraki safhasında inceleyeceğimiz MRI görüntülerinin daha net olacağını söyledi. Katılımcılar spreyi her bir burun deliğine iki kez sıktılar ve sonra yeniden beyinlerinin görüntülenmesi için MRI cihazına girdiler. Katılımcıların diğer yarısı da aynı aşamalardan geçirildi fakat arada çok önemli bir fark vardı. Beyaz önlüklü görevli onlara burun spreyini verirken içinde opioid türü bir ağrıkesici olduğunu ve geçici olarak acı hissini köelteceğini söyledi. Tuzlu sprey bizim plasebomuzdu.

Her iki grup da burunlarına aynı spreyi sıktılar. Fakat yalnızca bir gruptakiler acılarını dindirecek bir madde aldıklarına inanıyorlardı. Şimdi sıra etkiyi ölçmeye gelmişti.

Ağrıkesici aldıklarına inanan gruptakiler, reddedilme deneyimlerini hatırlarken kayda değer ölçüde daha az üzüntü duyduklarını bildirdiler. Dahası, beyinlerinden elde ettiğimiz veriler de aynı şeyi söylüyordu; burunlarına tuzlu su spreyi çektiklerini bilen katılımcılara kıyasla bu gruptaki katılımcıların beyinlerindeki sosyal acı devresinde çok daha düşük aktivite görülüyordu. Plaseboların insanlara dırdırcı iç ses konusunda doğrudan yardımı olabileceğini keşfetmiştik. İçinde kimyasal açıdan anlamlı hiçbir madde bulunmayan bir sprey, iç ses için bir ağrıkesici işlevi görmüştü. Hem garip hem de heyecan verici bir keşifti bu: Zihnimiz duygusal acıya neden olabilirken o acıyı aynı zamanda ve gizlice azaltabiliyordu.

Bu çalışmadan elde ettiğimiz bulgular, dırdırcı iç sesin ağır bastığı klinik depresyon ve kaygı gibi bir dizi durumda plasebonun faydalarını ortaya koyan başka çalışmalarla da örtüşüyordu. Üstelik çoğu durumda bu faydalar çarçabuk geçici değildi. Örneğin, sekiz çalışmadan oluşan geniş çaplı bir analiz, depresyon belirtilerini azaltmak amacıyla alınan plasebonun faydalı etkisinin aylarca sürdüğünü gösterdi.

Plaseboların bu geniş çaplı etkisi, neden bu kadar mucizevi bir biçimde işe yaradıkları sorusunu akla getiriyor. Gelgelelim bu sorunun yanıtında mucizevi bir taraf yok. Yanıt, beynimizin uyanık geçirdiği her saniye sürekli ürettiği bir ihtiyaçla ilgili: beklentiler.

Büyük Beklentiler

3 Ağustos 2012 tarihinde komedyen Tig Notaro Los Angeles'taki Largo adlı kulüpte sahneye çıktı ve anında efsaneye dönüşen şovunu gerçekleştirdi. Dört gün önce her iki memesinde de kanser olduğunu öğrenmişti ama bu haber, birbiri ardına gelen bir dizi talihsizliğin sadece son halkasıydı. Çok ağır bir zatürre geçirmiş, ilişkisi berbat bir ayrılıkla son bulmuş ve annesi kazayla düşerek hayatını kaybetmişti. Bunların hiçbiri komik değildi ama o yine de mikrofonu eline alıp konuşmaya başladı.

"İyi akşamlar," dedi Notaro. "Merhaba. Ben kansermişim."

Kalabalık ardından gelecek bir espri beklentisiyle kahkahalar attı.

"Selam, nasılsınız? Herkes eğleniyor mu?" diye devam etti Notaro. "Ben kanser olmuşum."

Birkaç kişi güldü. Diğerleri suskunlaştı. Buradaki espri, ortada bir espri olmamasıydı.

Komedinin bir parçası insanı rahat olduğu alanların dışına çıkarmasıysa Notaro tam da bunu yapıyordu. Çok rahatsız edici bir durumdu bu. Ama Notaro dehası sayesinde kahkahayla gözyaşı arasındaki o gergin ipte yürüdü ve o gece seyircileri gülmekten kırıp geçirdi. Örneğin, internetten tanışma ve flörtleşme hayatında ne gibi değişiklikler olacağından şöyle bahsediyordu: "Kanser hastasıyım. Sadece ciddi düşünenler yazsın."

Yirmi dokuz dakika süren bu irkiltici, trajik, cesur ve son derece de komik gösteri Notaro'yu yepyeni bir şöhret ve başarı seviyesine taşıdı (ve neyse ki Notaro kanseri yendi). Gösterisini burada bir örnek olarak kullanmamın nedeniyse beklentilerin davranışlarımız üzerinde ne kadar büyük bir etkisi olduğunu gözler önüne sermesi.

Notaro akla gelebilecek en iç karartıcı ve dırdırcı iç sesi en çok tetikleyen konulardan birinde bile insanları güldürebileceğini biliyordu. Tek yapması gereken, doğru sözcükleri doğru sırada, doğru tonlamayla ve aralarında doğru esleri vererek söylemekti. Bunu nasıl yapacağını biliyordu çünkü beklentilerini —yapabileceklerine ve bunların sonuçlarına dair beklentilerini— çok iyi biçimlendirmişti. Bu fikirden yola çıkarak ilerlediğimizde hayatımızın her bir saniyesini beklentilere dayalı yaşadığımızı anlamaya başlarız.

Yürürsünüz. Hareket edersiniz. Konuşursunuz. Şimdi bir an için durun ve tüm bu eylemleri nasıl gerçekleştirdiğinizi düşünün. Yürürken ayağınızı nereye koyacağınızı, bir topu yakalamak için ne tarafa koşacağınızı ya da kalabalık bir grupla konuşurken sesinizi nasıl ayarlayacağınızı nereden biliyorsunuz? Tüm bunları yapabilmemizi hiç durmadan hem bilinçli hem de bilinçsiz bir şekilde bir an sonra ne olacağına ilişkin tahminde bulunmamıza ve beynimizin buna göre tepki vermeye hazırlanmasına borçluyuz.

Beynimiz sürekli olarak dünyada yolumuzu bulmamıza yardımcı olmak için çalışan bir tahmin makinesidir. Yapmamız gereken şeyleri yerine getirirken geçmişteki deneyimlerimizden ne kadar faydalanabilirsek yolumuzu bulmakta da o kadar başarılı oluruz. Bu etki sadece davranışlarımız için geçerli değildir. Vücudumuzun içindeki deneyimlerimizde de geçerlidir ve plasebo bu noktada devreye girer. Plasebolar zihinsel ve fiziksel sağlığımızı korumak veya kazanmak için beklentilerin gücünü işe koşmaya yararlar.

Bir doktor size iyileşeceğinizi söylediğinde bu size gelecekte ne durumda olacağınıza ilişkin tahminlerinizde kullanabileceğiniz bir bilgi sağlar. Özellikle de muayenehanenin duvarında asılı gösterişli diplomalar ve sertifikalar varsa, doktor beyaz bir önlük giyiyorsa ve otoriter bir ses tonuyla konuşuyorsa. Şaka yapmıyorum. Araştırmalar bunlara benzer yüzeysel ve önemsiz kabul ettiğimiz detayların —doktorun beyaz önlük giyip giymemesinin, adının önünde unvan kısaltmaları olup olmamasının, hatta aldığınız ilacın ambalajının bile— biz farkında olmadan inançlarımızı etkilediğini gösteriyor.

Hayatımız boyunca belli nesnelerin ve insanların sağlığımız üzerinde nasıl etkileri olacağına dair otomatik inançlar geliştiriyoruz. Tıpkı Pavlov'un ağzı sulanan köpekleri gibi, bir hap gördüğümüzde içinde ne olduğunu ve nasıl işe yarayacağını bilmesek bile refleks olarak o hapı yutmanın bize iyi geleceği beklentisini yaşıyoruz.

Bu beklenti yolağı —ve ondan hareketle plaseboların etkisi— bilinç öncesinde yer alır. Dikkatli düşüncenin değil, otomatik, refleks haline gelmiş bir tepkinin ürünüdür. Pek de şaşırtıcı olmayan bir biçimde, yapılan araştırmalar kemirgenlerin ve diğer hayvanların da plasebolara aynı otomatik kanaldan tepki verdiklerini gösteriyor. Bu tepki türü, adaptiftir. Çok çeşitli durumlarda hızlı ve etkili tepkiyi nasıl verebileceğimize ilişkin bize çok isabetli tahminler sunar. Bununla birlikte, evrim sürecinde beynimizde tepkilerimize yön veren bir başka yolak daha geliştirmiş durumdayız: bilinçli düşünce.

Başım ağrıyıp da bir ağrıkesici aldığımda kendi kendime o hapı yutmanın ağrıyı hafifleteceğini hatırlatırım. Bu basit farkındalık beynime paha biçilmez bir imkân sunar: Baş ağrısının geçip geçmeyeceğine ilişkin bütün şüpheleri dindirmesine yardımcı olur. Kendi kendime, *Ya hiçbir şey işe yaramazsa?* diye sorarım. *Çok fena ağrıyor. Ne yapabilirim?* Böyle şüpheler içindeyken hapı yutmak, beni yaşadığım rahatsızlığın geçeceği konusunda umutlandırır ve bu da içimdeki konuşmanın yönünü değiştirir. Gerçekten de araştırmalar bilinçli olarak yapılan bu değerlendirmelerin beynimizde iç sesimizle aynı sistemi kullandığını gösteriyor.

Daha basit bir deyişle, benim bir inancım var. Bu inanç beklentilerimi şekillendiriyor ve bu da kendimi daha iyi hissetmemi sağlıyor. İnsanların bize söyledikleri şeyleri biz de kendi kendimize söyleriz, ayrıca biz de bazı deneyimlerimizden yola çıkarak bazı fikirlere varırız ve bu süreç beynimizde bir beklenti altyapısı oluşturur. Ne gibi inançlara sahip olacağımız, kimleri tanıdığımıza ve başımıza neler geldiğine bağlıdır. Fakat beynimizde bu plasebo "büyüsünün" gerçekleşmesini sağlayan şey tam olarak nedir?

İnançlarımız çok çeşitli duygularla, fizyolojik yanıtlarla ve deneyimlerle ilişkili olduğu için plasebo etkisini yaratan sadece bir tek nörolojik yolak yoktur. Örneğin, daha az acı hissedeceğinize inanmanız beyindeki ve omurilikteki acı devrelerinde daha az aktiviteye yol açabilirken, içtiğiniz şarabın pahalı olduğuna inanmanız beyindeki zevk devresindeki aktiviteyi artırabilir. Öyle ki yağlı (yani sağlıklı olmayan) bir milkshake içtiğinizi düşündüğünüzde açlık hormonu olan grelin düzeyinizde azalma görülür. Kısacası bir şeye inandığınızda, nöral mekanizmanız, hakkında bir inanç geliştirdiğiniz süreçlerle ilgili beyin ya da vücut bölgelerindeki aktivasyon düzeyini azaltarak ya da artırarak bu inancınıza karşılık gelecek yanıtlar üretir.

Elbette placeboların etkilerinin bir sınırı vardır. Sadece iyileşeceğinize inanarak bir hastalığı bütünüyle tedavi edemezsiniz. Pek çok tıbbi müdahale placeboların etkisini aşan faydalar sağlar ve bugün placeboların psikolojik etkilerinin (örneğin, dırdırcı iç ses üzerindeki etkileri) fiziksel etkilerinden daha güçlü olmaya yatkın olduklarını biliyoruz. Yine de bu gerçeği aklımızda tutmakla birlikte, placeboların son derece güçlü ve yadsınamaz etkileri olduğunu söylemeliyiz. Nitekim placeboların belli ilaçların ve tedavilerin faydalarını artırdığına işaret eden delillerin sayısı her geçen gün artıyor.

Ancak sorun, placebo arka kapısına erişimin biraz ustalık ve dikkat gerektirmesidir. Bir placebonun işe yaraması için gerçekten de iyileştirme özelliği olan bir madde aldığımıza ya da bir davranışta bulunduğumuza inandırılmamız, yani aldatılmamız gerekir. Katılımcılara kendilerine verilen maddenin placebo olabileceği bilgisinin verildiği bilimsel araştırmanın sınırları dışında insanlara bu şekilde yalan söylemek, etik olmayacaktır. Öyleyse karşımızda bir açmaz var: Aldığımız ilaç hakkında kendi kendimize yalan söyleyemeyeceğimize göre, söz konusu placebolar olduğunda elimizde faydalı bir araç olduğu halde kullanamıyoruz demektir.

Yoksa kullanabilir miyiz?

Eğer placeboların temelinde yatan şey inançları değiştirmekse insanların beklentilerini yalan söylemeden değiştirmenin yollarını bulamaz mıyız? Güvenilir kaynaklardan gelen bilgi, oldukça etkili bir ikna yoludur. Sizi şüpheyle yaklaştığınız bir konuda ikna etmek istiyorsam olgular ve bilimsel veriler çoğunlukla işe yarar. Ted Kaptchuk ve Harvard'daki ekibi 2010 yılında bu fikri hayata geçirerek bilim dünyasının plasebolar hakkındaki yargılarını yerle bir eden bir araştırmanın sonuçlarını yayınladılar.

İlk olarak plasebolara iyi yanıt verdiği bilinen ve yaygın görülen bir rahatsızlık seçtiler: huzursuz bağırsak sendromu. Kaptchuk ve meslektaşları bu rahatsızlıktan mustarip katılımcılara, çalışmayı yürüttükleri tıp merkezine getirdikten sonra plasebonun ne olduğunu, neden ve nasıl işe yaradığını açıkladılar. Teori şuydu: Plasebo hakkında edindikleri bu bilgiler katılımcıların beklentilerini değiştirecek ve bu da huzursuz bağırsak sendromu semptomlarının azalmasını sağlayacaktı. Gerçekten de böyle oldu.

Yirmi bir gün süren deney boyunca plasebo etkilerinin bilimsel dayanağı hakkında bilgilendirilen ve plasebo olduğunu bilerek plasebo hapları alan katılımcılar, plasebo etkilerinin bilimsel dayanağı hakkında bilgilendirilen ama hiç hap almayan katılımcılara kıyasla daha az semptom yaşadılar. Plasebonun huzursuz bağırsak sendromunu nasıl hafifleteceğini anlamak, semptomları hafifletmeye yetmişti.

Kullanıcıyı aldatmadan verilen plasebonun önümüze serdiği bu yeni ve tuhaf olasılıkları keşfetme arzusuyla biz de çalıştığım laboratuvarda kendi deneyimizi gerçekleştirdik. Amacımız Kaptchuk'un bulgularının bağırsak problemlerinin ötesinde zihinle ilgili sorunlarda da etkili olup olmayacağını anlamaktı. Biz de benzer bir yöntem kullanarak katılımcıları iki gruba ayırdık ve gruplardan birine plaseboların nasıl işe yaradığı hakkında bilgi verdik. Özetle onlara şunu söyledik: "Eğer bir maddenin işe yarayacağına inanırsanız işe yarar." Ardından onlara bir plasebo verdik —yine bir burun spreyi— ve eğer bu spreyin işe yaracağına inanırlarsa işe yarayacağını tekrarladık.

Sonra katılımcılarda olumsuz duygular uyandırmak amacıyla onlara kanlı, iğrenç sahnelerin fotoğraflarını gösterdik (deneye katılmadan önce bu tür fotoğraflar göstereceğimizi söylemiş ve onaylarını almıştık). Beklediğimiz gibi, plasebo grubundaki insanlar daha az rahatsız olduklarını bildirdiler. Dahası, fotoğrafları görmelerini izleyen iki saniye boyunca beyinlerindeki duygusal aktivite düzeyi diğer gruptakilere kıyasla daha düşüktü.

Başka pek çok laboratuvar da farklı sağlık sorunları için bu türden araştırmalar yaptı. Örneğin, alerji semptomlarının, bel ağrısının, dikkat eksikliği hiperaktivite bozukluğunun ve depresyon semptomlarının da aldatmacasız plasebolarla hafifleyebildiği anlaşıldı. Aldatmacasız plaseboların ne kadar güçlü olduğunu ve etkilerinin ne kadar sürdüğünü anlamak için önümüzde uzun bir yol var. Yine de bu keşifler insanların fiziksel ve duygusal acıyla başa çıkmalarını sağlayacak yeni yollar olabileceğini ve inançlarımızın hem iç sesimizi hem de sağlığımızı ne kadar güçlü etkilediğini gösteriyor. Ayrıca bir şeyi daha ortaya koyuyor: Dırdırcı iç sesle başa çıkma yöntemlerinin aktarılmasında kültürün ne kadar önemli bir rol oynadığını.

İnançlarımızın birçoğu, örneğin doktorlara ve uğur getirdiğine inandığımız nesnelere dair beklentilerimiz ve çevremizdeki şeylerin üzerimizdeki etkisiyle ilgili batıl inançlarımız bize kültür aracılığıyla aktarılır. Bu açıdan ailelerimiz, içinde yaşadığımız topluluk, dinler ve bizi şekillendiren diğer tüm kültürel faktörler aynı zamanda dırdırcı iç sesle başa çıkma araçlarımızı da edindiğimiz yerlerdir. Fakat kültürlerin bize aktardığı tek "büyülü" araç inançlarımız değildir. Bize bir yaklaşım daha sunarlar: ritüeller.

Köpekbalıklarıyla Avlanmanın Büyüsü

Birinci Dünya Savaşı Bronislaw Malinowski'ye çok şey kazandırdı.

Malinowski 1914'te, London School of Economics'te antropoloji okuyan otuz yaşındaki Polonyalı bir öğrenciyken yerli kabilelerin âdetleri üzerine saha araştırması yapmak için Yeni Gine'ye gitti. Oraya varmasından kısa bir süre sonra Birinci Dünya Savaşı patlak verdi. Malinowski siyasi açıdan oldukça biçimsiz bir durumda kalmıştı çünkü bir Avusturya-Macaristan İmparatorluğu vatandaşıydı, ülkesi şu anda İngiltere'yle savaş halindeydi ve Yeni Gine de Avusturalya'ya ait olduğu için İngiltere'nin müttefikiydi. Malinowski teknik olarak düşman topraklarındaydı. Bunun bir sonucu ne İngiltere'ye ne de memleketi olan Polonya'ya dönebilmesiydi ama neyse ki yerel yönetim onun adada kalıp araştırmasını sürdürmesine izin verdi. Böylece savaş bitene kadar güney yarımkürenin bu uzak noktasında kaldı ve zamanını, kültürü ve insan zihnini anlamak için çıktığı bu yolculuğa adadı.

Malinowski'nin en önemli çalışması, Yeni Gine yakınlarındaki bir takımada olan Trobriand Adaları'nda, oranın yerli kabileleriyle birlikte yaşayarak ve kültürlerini ilk elden deneyimleyerek geçirdiği iki yılın sonucunda doğdu. Gözlükleri, çizmeleri, beyaz kıyafetleri ve gitgide kelleşen açık tenli kafasıyla hepsi de koyu tenli olan, üstleri çıplak gezen ve kahve benzeri bir uyarıcı olan betel cevizi çiğnedikleri için dişleri kırmızıya boyanmış yerliler arasında hemen göze çarpıyordu. Buna karşın Malinowski kendini onlara kabul ettirmeyi ve âdetlerine dair derinlemesine bir kavrayış edinmeyi başardı. Bu âdetlerden biri, "büyü" ile balık tutma biçimleriydi.

Adalılar lagünlerin sığ ve emniyetli sularında balık tutmaya giderken mızraklarını alıp kanolarına biniyor ve balık tutmaya elverişli noktalardan birine gelene kadar adadaki su kanallarında ilerliyorlardı. Fakat adayı çevreleyen, köpekbalıklarının kaynaştığı tehlikeli sularda balık tutacakları zaman farklı davranıyorlardı. Yola çıkmadan önce atalarına yiyecekler sunuyorlar, kanolarını çeşitli bitkilerle ovuyorlar ve tılsımlı dualar okuyorlardı. Ardından denize açıldıklarında da tılsımlı sözler söylemeye devam ediyorlardı.

Anadilleri olan Kilivila dilinde, "Tekmemle seni dibe gönderiyorum, ey köpekbalığı," diyorlardı. "Suyun dibine dal, köpekbalığı. Öl köpekbalığı, ölüp git."

Elbette Trobriand'lılar gerçekte büyü yapıyor değildiler. Tehlikeli bir balık tutma seferine çıkarken gerçekleştirdikleri bu özenli koreografi, sadece bu ada halkına özgü bir davranış da değildi. Duygusal anlamda tüm insanların psikolojisine hitap eden son derece işe yarar bir şey yapıyorlardı.

Bir ritüeli yerine getiriyorlardı ki bu da dırdırcı iç sesi dindirmeye yarayan araçlardan biridir.

Dinler yas tutan insanlara bazı ritüeller sunar; ölüleri yıkamak, toprağa vermek, cenaze törenleri ya da anma törenleri düzenlemek bunlara örnektir. West Point'te bulunan ABD Kara Harp Okulu'ndaki askeri öğrencilere, sınavlardan önce yoğun stres yaşadıklarında üniformalarını giyip İç Savaş generallerinden biri olan John Sedgwick'in kampüsteki heykeline gitmeleri, heykelin çizmelerindeki mahmuzların çarkını döndürürlerse sınavdaki başarılarının artacağı söylenir. Ritüellerin iş dünyasında da kendilerine gitgide daha fazla yer edindiğini görüyoruz. Southwest Havayolları 2014 yılında markasını yenileyerek kalp biçimli bir logo kullanmaya başladığında, pilotlar da uçağa binmeden önce uçağın gövdesindeki logoya dokunmaya başladılar. Kısa sürede bu uygulama şirketteki tüm pilotlar arasında yayıldı; uçmanın getirdiği kaçınılmaz risklerin neden olduğu kaygıya karşı bir rahatlama yoluydu bu.

Tüm bunlar kültür yoluyla aktarılan ritüellere örnektir ama mutlaka sizin de bildiğiniz, kendi uydurduğunuz ya da başkalarında gördüğünüz benzer ritüeller vardır. Ulusal Beysbol Onur Listesi'ne girmiş savunma oyuncusu Wade Boggs her maçtan önce tam 150 kez yer topu yakalıyor, akşam saat tam 7.17'de (maç başlangıç saati olan 7.35'ten önce) gitgide hızlanıp sonra yavaşlayarak kısa koşular yapıyor ve tavuk yiyordu. Bir başka örnek de Steve Jobs'ın otuz üç yıl boyunca her sabah aynada kendine bakıp, "Eğer bugün hayatımın son günü olsaydı, bugün yapacağım şeyleri yapmak ister miydim?" diye sormasıdır. Bunlara benzer kişiye özgü ritüeller sadece ünlülere has değildir. Harvard'da organizasyon psikolojisi üzerine çalışan psikologlar Michael Norton ve Francesca Gino yaptıkları bir araştırmada, insanların sevdikleri birinin ölümü ya da bir ilişkinin sona ermesi gibi sarsıcı bir kaybın ardından gerçekleştirdikleri ritüellerin büyük bir çoğunluğunun kişiye özgü ve benzersiz olduğunu ortaya çıkardılar.

Yerine getirdiğimiz ritüeller ister kişisel ister kolektif olsun araştırmalar, dırdırcı iç ses yaşayan pek çok insanın büyülü gibi görünen bu davranışa doğal olarak yöneldiklerini ve bunu yaparak iç seslerini rahatlattıklarını gösteriyor.

2006 yılındaki İsrail-Lübnan savaşı esnasında İsrail'de yapılmış bir araştırma, savaş bölgelerinde yaşayan kadınlar arasında sürekli ilahi okuyanların, bunu yapmayanlara kıyasla daha az kaygı yaşadıklarını ortaya koydu. Katolikler için de tespih çekerek dua okumak kaygıyı azaltan bir davranıştır. Ritüeller ayrıca kendimiz için belirlediğimiz hedeflere ulaşmaya da yardımcı olabilir. Örneğin, sağlıklı beslenmekte zorlanan kadınlarla yapılan bir deneyde yemeklerden önce bir ritüeli yerine getiren kadınların yediklerine dair "mindful" olmaya çalışan kadınlara kıyasla daha az kalori aldıkları görülmüş.

Ritüeller matematik sınavı veya çok daha eğlenceli ama bir o kadar da dırdırcı iç ses tetikleyici olan karaoke performansı gibi yoğun stres kaynağı durumlardaki performansı da olumlu yönde etkiliyor. Bu konuda yapılan unutulmaz bir deneyde, katılımcılardan bir başkasının karşısında Journey grubunun efsanevi şarkısı "Don't Stop Believin'"i söylemeleri istenmişti. Öncesinde bir ritüeli yerine getiren katılımcılar daha az kaygı yaşadılar, kalp atış hızları daha düşük oldu ve daha iyi şarkı söylediler. Buradan alınacak ders: Ritüellerin gücüne inanmaya başlayın.

Burada ritüellerin salt alışkanlıktan ya da rutinden ibaret olmadığını vurgulamak gerek. Ritüelleri hayatımızı dolduran ve çok daha alelade olan alışkanlıklardan ayıran pek çok özellik var. Birincisi, ritüeller genellikle aynı sırada yerine getirilen katı bir hareketler dizisinden oluşurlar. Davranışı oluşturan adımların sırasının daha gevşek olduğu veya sık sık değişebildiği alışkanlıktan veya rutinden farklı bir durumdur bu. Örnek olarak benim gündelik rutinlerimden birine bakalım. Her sabah uyandığımda üç şey yaparım: Tiroit hapımı alırım (tiroit bezim birazcık yavaş çalışıyor), dişlerimi fırçalarım ve bir fincan çay içerim. Doktoruma kalsa önce hapımı yutmam gerekse de (boş midede daha iyi metabolize ediliyor) her zaman öyle yapmam. Bazı günler önce çay içerim. Bazı günlerse kalkar kalkmaz dişlerimi fırçalarım. Bunda bir sorun yok. Bu eylemleri her seferinde aynı sırada yapmazsam hepsini baştan alma ihtiyacı hissetmem ve hangi sırada yaptığımın üzerimde iyi veya kötü anlamda önemli bir etkisi olmayacağını bilirim.

Şimdi bunları Avustralyalı Olimpiyat yüzücüsü Stephanie Rice'ın her yarıştan önce yaptıklarıyla karşılaştıralım. Rice kollarını sekiz kez çevirir, dört kez yüzücü gözlüğünü yüzüne bastırır ve dört kez de bonesine dokunur. Bunu her seferinde yapar. Tıpkı birçok başka kişisel ritüel gibi bu davranış dizisi de Rice'ın kendi icat ettiği, sadece ona özgü bir dizidir. Nitekim çoğu zaman ritüelleri oluşturan adımlar ile gerçekleşmesi istenen hedef arasında görünürde hiçbir ilişki yoktur. Örneğin, Rice'ın yüzücü gözlüğüne ve bonesine dörder kez dokunmasının onun daha hızlı yüzmesine nasıl bir katkı sağladığı belli değildir. Ama bunları yapmak onun için anlamlıdır ve bu da bizi ritüellerin ikinci özelliğine getiriyor.

Ritüeller anlam yüklüdür. Özel anlamları vardır çünkü ister bir ölüyü onurlandırmak için mezar taşının üstüne küçük bir taş koymak olsun ister ekinlerin beslenmesi için yağmur dansı yapmak ya da komünyon ayinine katılmak, altta yatan son derece önemli bir amaca hizmet ederler. Ritüellerin bu kadar büyük anlamlar taşımalarının bir nedeni, kişisel kaygılarımızı aşıp kendimizden daha büyük güçlerle bağlantı kurmamıza yardım etmeleridir. Hem bakış açımızı genişletirler hem de diğer insanlarla ve güçlerle aramızda bir bağ olduğu duygusunu kuvvetlendirirler.

Ritüellerin iç sesimizi denetlememize bu kadar yardımcı olmalarının nedeni, bizi aynı anda pek çok yoldan etkileyen ve dırdırcı iç sesi azaltan bir kokteyle benzemeleridir. Öncelikle dikkatimizi bizi kaygılandıran şeyden uzaklaştırarak başka bir yöne çevirirler; ritüeli gerçekleştirmek için yerine getirmemiz gereken görevler işleyen bellek üzerinde bir yük oluşturduğu için kaygıya ve iç sesin olumsuz yorumlarına pek yer kalmaz. Spor dallarında maç öncesi ritüellerin çok sayıda olmasının nedeni de bu olabilir; ritüeller en kaygılı anlarımızda dikkatimizi dağıtırlar.

Dahası, pek çok ritüel bize bir düzen duygusu sağlar çünkü yaptığımız hareketler bizim kontrolümüzdedir. Örneğin, hayatları boyunca çocuklarımızın başına neler geleceğini hiçbir şekilde kontrol edemeyiz ve onları ancak bir yere kadar koruyabiliriz; bu da çoğu anne baba için dırdırcı iç sesi besleyen bir gerçektir. Fakat doğduklarında onları vaftiz ederek veya benzeri doğum ritüellerini yerine getirerek kontrol sahibi olduğumuz yanılsaması yaşarız.

Anlam yüklü oldukları ve çoğunlukla bizim bireysel kaygılarımızdan daha büyük hedeflerle veya güçlerle ilişkili oldukları için ritüelleri yerine getirmek, kendimizi önemli değerlerle ve topluluklarla bağlantılı hissetmemizi sağlar; bu da duygusal ihtiyaçlarımıza yanıt veren ve dış dünyadan soyutlanmamızı engelleyen bir duygudur. Aynı zamanda ritüellerin bu sembolik yanı sıklıkla bizde huşu uyandırır ki bu da kendi dertlerimize dalıp gitmemizi önleyen bir biçimde bakış açımızı genişletir. Elbette ritüeller sıklıkla plasebo mekanizmasını devreye sokarlar: Bize yardım edeceklerine inanırsak ederler.

Ritüellerin en ilginç yanlarından biri, onları çoğu zaman farkında olmadan gerçekleştirmemizdir. Örneğin, Çekya'da yapılmış bir deney, üniversite öğrencilerinin kaygı düzeyleri arttıkça temizlik alışkanlıklarının da gitgide ritüelleşen bir hal aldığını gösteriyor. Çocuklarla yapılan deneylerde de benzer bulgulara ulaşılmış. Bir deneyde yaşıtları tarafından dışlanan altı yaşındaki çocukların böyle bir dışlanma yaşamayan çocuklara kıyasla daha çok yinelenen ritüel benzeri davranışta bulunduğu görülmüş.

Benim de ritüele dönüşen davranışlara ilişkin kişisel bir deneyimim var. Bu kitabı yazarken tıkandığımı hissettiğim ve bilgisayar ekranına bakakaldığım zamanlarda içimden bu işi bitiremeyebileceğime dair kuşku dolu düşünceler geçiyordu. Böyle zamanlarda mutfağa gidip bulaşıkları yıkıyor, tezgâhı siliyor, sonra çalışma masamdaki dört bir yana dağılmış kâğıtları derleyip topluyordum (karımın hayli garipsediği ama genellikle ortalığı toplayan değil, dağıtan taraf olduğum için memnuniyetle karşıladığı bir davranış değişikliğiydi). Neden sonra, bu bölüm için araştırma yaparken yazma sürecinin umutsuzluğuyla ve korkutucu bir hızla yaklaşan teslim tarihiyle başa çıkmak için böyle bir ritüel icat ettiğimi fark ettim.

Ritüellerin böyle organik bir biçimde ortaya çıkması, beynimizin arzu ettiğimiz hedeflere ulaşma yolunda —bu durumda bize acı verecek bir şekilde olumsuz şeyler telkin eden iç sesten kaçınma yolunda— nerede olduğumuzu takip etmekteki olağanüstü kabiliyetinin bir ürünü gibi görünüyor. Büyük destek bulan çok sayıda teoriye göre, beyniniz sürekli olarak şu anki durumunuz ile arzu ettiğiniz durum arasında fark olup olmadığını takip eden bir termostat gibi çalışır. Arada bir fark tespit ettiğinde bize ortamı soğutmamız için sinyaller gönderir. Ritüeller de bunu yapmanın bir yoludur.

Dırdırcı iç ses yaşadığımızda ritüellere yönelmek için bilinçaltımızın bizi dürtüp harekete geçirmesini beklememize gerek olmadığını vurgulamalıyım. Artık tıkandığımı her hissettiğimde kalkıp yaptığım üzere (mutfağım ve çalışma masam hiç bu kadar temiz olmamıştı), ritüelleri bilinçli olarak da kullanabiliriz. Ritüelleri kullanmanın birden fazla yolu var. Bir yaklaşım, bizim için stres kaynağı olan bir olaydan önce veya sonra dırdırcı iç sesle başa çıkmak için yerine getireceğimiz ritüeller belirlemek. Deneyler insanların tamamen gelişigüzel belirlenmiş ama katı bir sıralamayla yapılan eylemlerden bile fayda gördüğünü gösteriyor. Örneğin, Journey'nin "Don't Stop Believin" şarkısını söyledikleri karaoke deneyinde katılımcılara duygularının bir resmini çizmeleri, üzerine tuz serpmeleri, yüksek sesle beşe kadar saymaları ve sonra kâğıdı buruşturup top yaparak çöp sepetine atmaları söylenmişti. Hayatlarında ilk kez gerçekleştirdikleri bu ritüel bile performanslarının daha iyi olmasını sağlamıştı.

Öte yandan, laboratuvar ortamında insanların yerine getirdikleri ritüeller kültürel anlamlarından yoksundurlar; hâlbuki kültürel anlam huşu, birliktelik ve aşkınlık duyguları uyandırarak bize ek faydalar sağlar. Bunu aklımızda tutarak dırdırcı iç sesle mücadele ederken ritüellerden faydalanmanın bir başka yolunun da kültür aracılığıyla —ailemiz, işyerimiz ve daha geniş toplumsal kurumlar aracılığıyla— bize aktarılan ritüelleri kullanmak olduğunu söyleyebiliriz. Dini ritüellere yaslanabilirsiniz veya ailenize özgü tuhaf ama anlamlı bir ritüeli yerine getirebilirsiniz. Örneğin, ben her pazar sabahı spor salonundan eve döndüğümde çocuklarıma waffle yaparım. Ritüellerin kaynağı ya da nasıl meydana çıktıkları önemli değildir; her halükârda bize yardım ederler.

Zihnin Büyüsü

Plaseboların ve ritüellerin etkisi doğaüstü güçlerden gelmiyor (gerçi bazı insanlar böyle olduğuna inanırlar ve bu da faydalarını kesinlikle azaltmaz). Bize bu denli faydalı olmalarının nedeni, hepimizin içimizde taşıdığımız dırdırcı iç sesle mücadele araçlarını devreye sokmaları.

Her ne kadar çoğu insan kendi kişisel ritüellerini ve plasebolarını geliştirse de ait olduğumuz kültürlerin de bize bu amaçla kullanabileceğimiz muazzam çeşitlilikte bir araçlar dizisi sunduğunu ve bunun ne kadar büyük bir potansiyel olduğunu göz ardı etmemek gerek. Çoğu zaman kültür, soluduğumuz ama gözle göremediğimiz havaya benzetilir; içimize çektiğimiz kültürün önemli bir kısmı zihnimizi ve davranışlarımızı şekillendiren inançlardan ve eylemlerden oluşur. Kültürü insanlara dırdırcı iç sesle başa çıkma araçları sunan bir sistem olarak da düşünebilirsiniz. Bu araçlara dair bilimsel anlayışımız her geçen gün arttıkça ortaya şöyle bir soru çıkıyor: Bu yeni bilgiyi nasıl yayabiliriz ve kültürümüzü oluşturan bütünün bir parçası haline nasıl getirebiliriz?

Sınıfta bir öğrencim el kaldırıp beni yüzleşmek zorunda bırakıncaya dek bu soruyu hiç enine boyuna düşünmemiştim.

Öğrencimin bana yönelttiği soru her şeyi değiştirdi.

Sonuç

"*B*unu neden *şimdi* öğreniyoruz?"

Öfkeyle dile getirilen bu soru, üniversitede verdiğim seminer dersinin son gününde Arielle adlı bir öğrencinin ağzından çıkmıştı. Son üç aydır salı öğleden sonralarımı Michigan Üniversitesi'ndeki Psikoloji Departmanı'nın zemin katında yirmi sekiz lisans öğrencisiyle birlikte geçirmiştim; bu derste bilimin bize insanların kendi duygularını —ve iç sesin dırdırcı sese dönüşmesini— kontrol etme kabiliyeti hakkında neler öğrettiğini ele almıştık. Öğrencilerin son ödevi, sınıfa gelmeden önce bana soracakları sorular hazırlamalarıydı. Çoğu mezun olup hayatlarının bir sonraki safhasına geçecek olan öğrencilerin dönem biterken akıllarında kalan şüpheleri açığa vurmaları için son şanslarıydı. Benim de bu dersi verdiğim her dönem en çok iple çektiğim an buydu. Tartışmalar daima ilginç fikirlerin filizlenmesine yol açar, hatta bazıları yeni araştırmalara evrilirdi. O güneşli öğleden sonra sınıfa girerken bu son dersin bir bilim insanı olarak çalışmalarıma yepyeni bir boyut katacağından habersizdim.

Ders başlar başlamaz Arielle elini kaldırmıştı ve ilk ona söz vermemi istiyordu. Ona söz verdiğimde bu soruyu sordu ama tam olarak ne demek istediğini anlayamadım. "Biraz daha açar mısın?" dedim.

"Bütün dönemi kendimizi daha iyi hissetmenin ve daha başarılı olmanın yollarını öğrenerek geçirdik," dedi, "ama çoğumuz zaten bu yıl mezun oluyoruz. Neden kimse bunları bize daha erken, gerçekten faydalanacağımız zaman öğretmedi?"

Bir dersi birkaç kez verdiyseniz genellikle ne tür sorular geleceğini bilirsiniz. Fakat bu yeni bir soruydu. Kendimi varlığından bile haberdar olmadığım bir duvara çarpmış gibi hissettim.

Arielle'in sorusunu sınıfın geriye kalanına yönelttim (evet: klasik öğretmen taktiği). Öğrenciler el kaldırarak fikirlerini paylaşmaya başladılar. Fakat dikkatimi onlara veremiyordum bir türlü. Kafamın içinde kısılıp kalmıştım, Arielle'in sözlerini düşünüyordum.

İşin aslı, bu soruya verecek doğru dürüst bir cevabım yoktu.

Dersin sonuna geldik, öğrencilerimle vedalaştım ve onlar da sınıftan çıkıp kendilerini bekleyen geleceğe doğru yola koyuldular. Fakat Arielle'in söylediği şey tıpkı bir kıymık gibi zihnime saplanıp kalmıştı.

Meslek hayatım boyunca —ve o dersi verdiğim dönem boyunca— iç seslerinin verdiği mutsuzluktan kaçmak için umutsuzca çabalayan insanlar tanıdım. Bu anlaşılabilir bir şey. Bildiğimiz gibi, dırdırcı iç ses düşüncelerimizi kirletebilir ve bizi acı veren duygularla doldurur, öyle ki zamanla değer verdiğimiz her şey —sağlığımız, umutlarımız, ilişkilerimiz— zarar görmeye başlar. İç sesinizi içinizdeki bir işkenceci olarak görüyorsanız sonsuza dek susturma hayali kurmanız da çok doğaldır. Fakat gerçekte iyi bir hayat bir yana, sadece işlevsel bir hayat bile sürdürmek istiyorsanız iç sesinizi kaybetmek, başınıza gelmesini isteyeceğiniz en son şeydir.

Bugün çoğu kültürde anı yaşamak yüceltilse de türümüz sürekli bunu yaparak varlığını sürdürecek şekilde evrimleşmedi. Tam tersine. İç dünyalarımızı iç sesimizin beslediği düşüncelerle, anılarla ve hayallerle dolup taşan capcanlı bir yer olarak yaşatma kabiliyetini geliştirdik. Hiç susmayan iç konuşmalarımız sayesinde bilgiyi aklımızda tutabiliyor, kararlarımızı gözden geçirebiliyor, duygularımızı kontrol edebiliyor, alternatif gelecekleri hayalimizde canlandırabiliyor, geçmişi hatırlayabiliyor, hedeflerimize ulaşma konusunda nerede olduğumuzu takip edebiliyor ve kim olduğumuza dair algımızın temelini oluşturan kişisel anlatımızı sürekli olarak güncelleyebiliyoruz. Bütün büyük hünerlerimizi —inşa ettiğimiz şeyleri, anlattığımız hikâyeleri ve düşlediğimiz gelecekleri— zihnimizden asla tam olarak kaçamayışımıza borçluyuz.

Bununla birlikte, iç sesimize yalnızca duygularımızı olumluya dönüştürdüğü ölçüde değer vermek hata olur. Kendimizle yaptığımız konuşmaların olumsuz olması da kendi başına kötü bir şey değildir. Canımızı yaksa da korkuyu, kaygıyı, öfkeyi ve diğer stres kaynağı duyguları küçük dozlarda yaşamak faydalıdır. Bunlar, içinde bulunduğumuz ortamdaki değişikliklere etkili bir şekilde tepki vermek üzere harekete geçmemizi sağlarlar. Bir başka deyişle, çoğu zaman iç sesimiz, bize verdiği acıya rağmen değil, o acı sayesinde değerlidir.

Acı duymamızın bir nedeni var. Acı bizi tehlikeye karşı uyarır ve harekete geçmemizi söyler. Bu süreç bize hayatta kalma konusunda muazzam bir avantaj sağlar. Her yıl az sayıda insan acı duymalarını imkânsız kılan bir genetik mutasyonla doğuyor. Bunun bir sonucu olarak çoğu henüz çok genç yaştayken ölüyor. Bir enfeksiyonun verdiği rahatsızlığı, kaynar suyun yakıcılığını veya kırılan bir kemiğin acısını hissetmedikleri için yardıma ihtiyaçları olduğunu veya ne kadar savunmasız olduklarını fark etmiyorlar.

Bu durum, iç sesimizin acımasızlığının da vazgeçilmez bir gereklilik olduğunu bize gösteriyor. İç sesimiz olumsuz duygularla düşüncelerimizi bulandırabilir ama kendimize eleştirel bir gözle bakma kabiliyetimiz olmasaydı öğrenmek, değişmek ve gelişmek bizim için çok zor olurdu. Bir akşam yemeği davetinde ortamın buz kesmesine neden olan bir espri yaptığımda kendimi ne kadar kötü hissetsem de sonrasında olan biteni aklımdan geçirip neyin yanlış gittiğini ve bir sonraki seferde kendimi –ve eşimi– utandırmamak için neye dikkat etmem gerektiğini düşünebildiğim için minnettarım.

Kimi zaman moralinizi bozsa da iç sesinizin olmadığı bir hayatı yaşamak istemezdiniz. Dümeni olmayan bir tekneyle denize açılmak gibi olurdu.

İnme geçiren nöroanatomi uzmanı Jill Bolte Taylor, sözel akışı kesilip iç sesi sustuğunda hem tuhaf bir ferahlık duymuş hem de her şeyden koptuğunu ve içinin bomboş kaldığını hissetmişti. İç sesimizin periyodik olarak bize acı vermesine de ihtiyacımız vardır. Başarmamız gereken şey, olumsuz duygu durumlarını bütünüyle engellemek değil, bizi yutmalarına izin vermemektir.

Bu da beni öğrencim Arielle'e geri getiriyor.

Sorduğu soru şu anlama geliyordu: Neden hayatının çok daha erken bir döneminde şiddetli dırdırcı iç ses nöbetleri yaşamasını engelleyecek bu teknikleri öğrenmemişti? Elbette hepimiz gibi o da iç sesini kontrol etmek için bazı araçlara sahipti. Ama bu dersi alana dek onu nasıl yöneteceği konusuna odaklanan bir rehberi olmamıştı hiç. Arielle'in sorusu, bu bilgiyi paylaşmak için yeterince çaba gösterip göstermediğimizi sorgulamama yol açtı.

O dersten birkaç hafta sonra, o sırada dört yaşında olan büyük kızım okuldan eve gözyaşları içinde geldi. Dediğine göre sınıfındaki bir oğlan çocuğu oyuncaklarını elinden alıp duruyormuş, üzüntüsünün nedeni buymuş. O bana olanları anlatır, ben onu teselli etmeye çalışırken zihnimde yeniden Arielle'in sorusu belirdi. Güya duygu denetimi alanında bir uzmandım ve işte, kendi kızım bile bu konuda zorluk yaşıyordu. Evet, sadece dört yaşındaydı; yani duygularını kontrol etmesini mümkün kılacak olan nöral ağlar henüz gelişme evresindeydi. Yine de bu düşünce bir taş gibi içime oturdu.

Kızımın ve arkadaşlarının okulda ne öğrendiklerini, Arielle'in benim dersimi alana dek kendisinden esirgendiğini düşündüğü araçları geliştirip geliştiremeyeceklerini merak ettim. On sekiz yıl sonra benim kızım da Arielle'in bana sorduğu soruyu okulundaki bir öğretmene soracak mıydı? Gerçi muhtemelen böyle bir soruyu yönelteceği kişi ben olacaktım ki bu, kendimi daha da kötü hissetmeme neden olacaktı.

Bu olayı izleyen günler ve aylar boyunca uzaklaşmak, kendi kendine konuşmak, kişisel ilişkileri daha faydalı ve sağlıklı bir hale getirmek, çevremizden yararlanmak, plaseboları ve ritüelleri zihnin kendi kendini iyileştirme gücünü harekete geçirecek şekilde kullanmak amacıyla başvurabileceğimiz yöntemlerin şaşırtıcı zenginliği ve çeşitliliği üzerine düşündüm. Tüm bu teknikler içimizde ve çevremizde apaçık durmalarına rağmen onları görmemiştik. Hiçbir teknik tek başına her derde deva olmasa da hepsinin, fazla alevlendiği zamanlarda iç sesimizin ateşini düşürme potansiyeli vardı. Gelgelelim bu bulgular dünyaya erişmiyor gibiydi.

Böylelikle işe koyuldum ve benzer fikirleri olan bir grup bilim insanı ve eğitmenle bir araya gelerek duygu denetimi konusunda bildiklerimizi ortaokul ve lise müfredatında yer alabilecek bir derse dönüştürmek için çalışmaya başladık.

Ülkeyi dolaşıp yüzlerce eğitmenle ve bilim insanıyla görüştükten sonra 2017 sonbaharında bir pilot çalışma başlattık. Çalışmanın amacı, iç sesimizi faydalı bir hale getirmeyi de kapsayan duygu yönetimi alanındaki araştırmaları bir müfredata dönüştürmek ve bunları öğretmenin, öğrencilerin sağlıkları, performansları ve diğerleriyle ilişkileri üzerinde nasıl bir etkisi olduğunu değerlendirmekti. Çalışmamıza Toolbox Project (Alet Kutusu Projesi) adını verdik. Ne mutlu ki çabalarımızın meyvelerini görmeye başladık.

Pilot çalışmada ABD'deki bir devlet okulunda okuyan, farklı kültürel ve sosyoekonomik çevrelerden gelen 450 civarında öğrenci, tasarladığımız alet kutusu dersini aldı. Sonuçlar heyecan vericiydi: Müfredatında alet kutusu dersi olan sınıflarda günlük tutma, mesafeli iç konuşma ve güçlükleri aşılacak engeller olarak görme gibi teknikleri öğrenen çocuklar bunları gündelik hayatlarında kayda değer bir düzeyde kullanıyorlardı. Üstelik bu sadece başlangıç. Çok yakında yaklaşık on iki bin öğrenciyle çok daha geniş kapsamlı bir çalışma yapmayı planlıyoruz.

Alet kutusu benzetmesi yalnızca meslektaşlarımla birlikte geliştirdiğimiz müfredatı tanımlamıyor. Bu kitaptan edineceğinizi umut ettiğim şeyi de tanımlıyor.

Uzaklaşmak bir araçtır; ister duvardaki bir sinek olduğunuzu hayal edin ister zihninizde zaman yolculuğuna çıkın ya da sizi üzen olayı hayalinizde fiziksel olarak küçültün. Mesafeli iç konuşma da böyledir: Kendinizle veya kendiniz hakkında birinci tekil şahıs dışındaki zamirleri veya adınızı kullanarak konuşabilirsiniz ve sizi zorlayan durumları evrensel "sen"le normalleştirebilirsiniz. Hayatımızdaki insanlar dırdırcı iç sesle mücadele ederlerken, olumsuzlukları tekrarlatmak ve onaylamak yerine onlara seven bir şekilde destek olmak ile duyguları soğuduğunda sorunlarını yapıcı bir şekilde çerçevelendirmelerine yardımcı olmak arasında denge kurarak onlar için bir iç ses aracı olabiliriz ve onlar da bizim için aynı şeyi yapabilirler. Stres altında olan ve yetenekleri hakkında şüpheye düşen insanların

üzerindeki baskıyı görünmez yollardan hafifletebiliriz. Dırdır-
cı iç sesle mücadele eden bu yaklaşımlar gitgide daha fazla içine
daldığımız dijital hayatlarımızdaki etkileşimlerimiz için de ge-
çerlidir. Gündelik hayatta olduğu kadar internette de bazı dav-
ranışlardan uzak durmamız önemlidir: örneğin, sosyal medyayı
etken bir şekilde değil, edilgen bir şekilde kullanmaktan ve ger-
çek hayatta göstermeyeceğimiz, duygudaşlıktan yoksun tavırları
internette göstermekten kaçınmalıyız.

Bu araçların bir alt grubuysa içinde yaşadığımız karmaşık
dünyada bulunur. Tabiat Ana dırdırcı iç sesi azaltma ve sağlığı-
mızı koruma konusunda çok işimize yarayan dikkat araçlarını
onarmak için kullanabileceğimiz hem hoş hem de etkili aletler-
le dolu bir tamirhane gibidir. Doğa bizi huşuyla doldurabilir.
Huşu duygusunu sadece dağ tepelerinde değil, konserlerde, iba-
dethanelerde, hatta evimizdeki özel anlarda da yaşayabiliriz (sa-
dece kızlarımın ilk kez "baba" dedikleri anları hatırlamak, içimi
yeniden huşuyla dolduruyor).

Çevremizi düzene sokmak da benzer şekilde bizi rahatlata-
bilir; kendimizi daha iyi hissetmemizi, daha net düşünmemizi
ve daha iyi performans göstermemizi sağlayabilir. Bir de istedi-
ğimiz gibi şekillendirebildiğimiz ve bu sayede lehimize çalışan
inançlarımız var. Beklenti adını verdiğimiz nöral aygıt sayesin-
de şeker hapından ibaret olduğunu bildiğimiz bir şeker hapı da,
kültürün bize öğrettiği veya kendi kendimize yarattığımız ritü-
eller de sağlığımıza iyi gelebilir. Zihnin kendi kendini iyileştir-
me gücü gerçekten de büyülüdür (doğaüstü anlamda değil, huşu
uyandırıcı anlamda büyülü).

Şimdi artık bu farklı araçlardan haberdarsınız ama bunların
hangilerini kendi alet kutunuza koyacağınız da çok önemli. Bu
ancak sizin bir araya getirip tamamlayabileceğiniz bir yapboz ve
konuyla ilgili araştırmaları bilmemize rağmen dırdırcı iç sesi sus-
turmanın bazen çok zor olmasının nedeni de bu.

Bilim bize çok şey öğretti ama hâlâ öğreneceğimiz çok şey var.

Dırdırcı iç sesi kontrol etmeye yarayan çeşitli stratejilerin bir araya gelerek farklı durumlarda farklı kişiler için nasıl işe yaradıklarını ya da birbirlerinin yerine nasıl kullanılabileceklerini yeni yeni anlamaya başladık. Neden bizim için bazı araçlar diğerlerine göre daha kullanışlıdır? Her birimiz kendimiz için hangi araçların etkili olduğunu bulmalıyız.

İç sesimizi denetlemek yalnızca daha duru bir zihne kavuşmamıza değil, arkadaşlarımızla ve sevdiklerimizle ilişkilerimizi güçlendirmemize, değer verdiğimiz insanlara daha iyi destek olmamıza, insanların zihinsel ve duygusal anlamda tükenmeye karşı korundukları organizasyonlar ve şirketler kurmamıza, doğanın ve düzenin gücünden faydalanan daha akıllı ortamlar tasarlamamıza ve dijital platformlara yeni bir düşünce yapısıyla bakarak onları birlikteliği ve duygudaşlığı yaygınlaştıran alanlar olarak görmemize yardımcı olur. Kısacası, kendimizle yaptığımız konuşmaları değiştirmek, hayatlarımızı da değiştirecek güce sahiptir.

İçebakışa ilgim babamdan geldi ve insanlar çocukken babamın beni "içeri girmeye" ve "kendime o soruyu sormaya" nasıl teşvik ettiğini öğrendiklerinde, aynı şeyi üzgün olduklarında kendi çocuklarıma yapıp yapmadığımı merak ediyorlar.

Bu sorunun cevabı, hayır. Kesinlikle yapmıyorum. Ben babam değilim. Ama bu, çocuklarımla dırdırcı iç sesleriyle nasıl başa çıkabilecekleri hakkında konuşmadığım anlamına gelmiyor. Çocuklarının mutlu, sağlıklı ve başarılı olmasını isteyen bir ebeveyn olarak da, bu hedefleri gerçekleştirmede kendimizle yaptığımız konuşmaların ne kadar işe yarayabileceğini bilen bir bilim insanı olarak da onlara öğretebileceğim en önemli dersin bu olduğunu düşünüyorum. Sadece bunu kendi yöntemimle yapıyorum.

Mutsuz olduklarında dirseklerine yara bandı yapıştırıyorum ve yara bandının kendilerini daha iyi hissetmelerini sağlayacağını düşünürlerse kendilerini daha iyi hissetmelerini sağlayacağını söylüyorum. Üzgün olduklarında onları evimizin yakınında bulunan muhteşem yeşillikteki koruda yürüyüşe çıkarıyorum ve bana oyun parkında veya sınıfta yaşadıkları son anlaşmazlığı anlatırlarken onları büyük resme odaklanmaya dikkatle yönlendiriyorum. En olmayacak sebeplerden akıl almaz saçmalıkta davranışlarda bulundukları zaman annelerinin veya benim yerimde olsalardı kendilerine ne diyeceklerini zihinlerinde canlandırmalarını istiyorum. Ve onları gıdıklıyorum.

Bu kitabı yazarken benim için belirginleşen şeylerden biri, kızlarımın kendileriyle yaptıkları konuşmalarda eşimle benim ne kadar büyük bir rol oynadığımız oldu. Biz de onlar için birer aracız; ihtiyaç duyduklarında dırdırcı iç sese karşı onlara destek oluyor, evde içinde yaşadıkları kültürü yaratıyoruz. Onlar iç sesimizi gitgide daha fazla etkilerken biz de onlarınkini şekillendiriyoruz.

Çoğu zaman kızlarıma iç seslerini dizginleyebilmeleri için söylediğim şeyler işe yarıyor. Bazen, itiraf etmeliyim, tıpkı bir zamanlar benim de kendi babama yaptığım gibi, bana bakıp gözlerini deviriyorlar. Yine de zaman geçtikçe her ikisinin de bu tekniklerin birçoğunu kendi kendilerine uygulamaya başladıklarını fark ettim; bunu yaparken kendilerine özgü bir biçimde ellerindeki araçlardan bazen birini, bazen diğerini deneyerek neyin işe yaradığını keşfediyorlar. Bu yolla kızlarımın hayatları boyunca kendileriyle yaptıkları konuşmaları faydalı bir yönde yürütmelerine yardımcı olmayı umuyorum.

Ayrıca kızlarıma ve kendime dırdırcı iç ses atağa kalktığında düşüncelerimizle ve deneyimlerimizle aramıza serinkanlı bir mesafe koymanın faydalı olduğunu ama söz konusu neşe ve sevinç olduğunda bunun tam tersini yapmak gerektiğini, kendimizi hayatın bu en kutlu anlarına kaptırarak tadını çıkarmamız gerektiğini hatırlatıyorum.

İnsan zihni evrimin en harika yaratılarından biri ve bunun tek sebebi türümüzün hayatta kalıp serpilmesini sağlamış olması değil. Hayatla birlikte gelen kaçınılmaz acıya rağmen zihnimiz bize sadece en güzel zamanları kutlamayı değil, en kötü zamanlardan da bir şeyler kazanmayı mümkün kılan bir ses hediye etmiş. Hepimizin dinlemesi gereken ses bu; dırdırcı iç sesin gürültüsü değil.

O son dersten bu yana Arielle'le görüşmedik; dolayısıyla sorduğu sorunun neye ilham verdiğini bilmiyor. Eğer o dersten doğan bir başka çabanın meyvesi olan bu kitabı okursa öğrenecek elbette. Bu kitap bilimin açığa çıkardığı ama henüz kültürümüzde yer etmemiş keşifleri paylaşmak için attığımız bir başka adım. Bir bakıma dünyada sayılamayacak kadar çok sayıda Arielle, kendi zihnini tanımaya, dırdırcı iç sesin oradan nasıl yükseldiğini ve nasıl kontrol edilebileceğini öğrenmeye aç olan sayısız insan var.

Bu kitabı onlar için yazdım.

Ve kendim için.

Ve sizin için. Çünkü kimse sabahın 3'ünde elinde Küçükler Ligi'nden kalma beysbol sopasıyla evini arşınlamak zorunda kalmamalı.

Araçlar

Geveze, insanların olumsuz düşünce sarmallarına kapılıp gitmek yerine berrak ve yapıcı bir biçimde düşünmelerine yardımcı olacak farklı araçları ele alıyor. Bu tekniklerin birçoğu kendimizle yaptığımız konuşmaları kontrol etmek için düşünme biçimimizi değiştirmeyi gerektiriyor. Fakat bu kitabın merkezinde yer alan bir başka fikir de iç sesi kontrol etme stratejilerinin bizim dışımızda, kişisel ilişkilerimizde ve fiziksel çevremizde de bulunduğu. Bilim insanları bu araçların tek başlarına nasıl işlediğini inceleyip ortaya koydular. Fakat kendiniz için bu uygulamaların hangilerini bir arada kullandığınızda işe yaradıklarını sizin bulmanız gerekiyor.

Bu süreçte size yardımcı olmak için bu kitapta yer alan teknikleri üç kısım halinde özetledim: kendi kendinize kullanabileceğiniz araçlar, başkalarıyla ilişkilerinizi kullanmanızı sağlayan araçlar ve çevreyi kullanmanızı sağlayan araçlar. Her kısım dırdırcı iç ses baskın çıkmaya başladığında uygulaması en kolay stratejilerle başlıyor ve biraz daha zaman ve çaba gerektiren stratejilere doğru ilerliyor.

Kendi Kendinize Kullanabileceğiniz Araçlar

Zihninizin içindeki yankı odasından çıkıp bir adım geri çekilerek daha geniş, serinkanlı ve tarafsız bir açıdan bakabilme becerisi, dırdırcı iç sesle başa çıkmakta son derece önemli bir araçtır. Bu kısımda ele alınan tekniklerin çoğu insanlara bu açıdan yardımcı olurken, bazıları da —ritüelleri yerine getirmek ve batıl inançlara sarılmak gibi— farklı şekillerde işe yararlar.

1. *Mesafeli iç konuşmayı kullanın.* İç sesiniz dırdıra dönüştüğünde uzaklaşmanın bir yolu, dili kullanmaktır. Sizi zorlayan bir deneyimle başa çıkmaya çalışıyorsanız kendinize hitap ederken adınızı ve ikinci tekil şahıs zamiri olan "sen"i kullanın. Bunu yapmanın beyindeki yinelenen olumsuz düşünceyle ilişkili bölgelerdeki aktiviteyi azalttığı ve stres altındayken daha iyi performans, daha bilgece düşünme ve daha az olumsuz duyguyla sonuçlandığı biliniyor.

2. *Bir arkadaşınıza öğüt verdiğinizi hayal edin.* Başınıza gelen olayı mesafeli bir bakış açısından görmenin bir başka yolu da bu durumu yaşayan bir arkadaşınız olsaydı ona ne diyeceğinizi düşünmektir. Arkadaşınıza vereceğiniz öğütleri düşünün ve bunları kendinize uyarlayın.

3. *Bakış açınızı genişletin.* Dırdırcı iç ses, yaşadığımız sorunlara son derece dar bir bakış açısından odaklanmayı getirir. Bunun en doğal panzehri, bakış açımızı genişletmektir. Bunun için sizi kaygılandıran deneyimi daha önce yaşadığınız (veya başkalarının yaşadığını bildiğiniz) diğer güçlüklerle kıyaslayarak hayatınızda ve dünyada ne kadar önemli bir yer kapladığını ve/veya hayranlık duyduğunuz

insanların aynı duruma nasıl bir tepki vereceklerini düşünün.

4. *Başınıza gelen olayı aşılacak bir engel olarak görün.* Bu kitabın üzerinde durduğu en önemli mesajlardan biri şu: Deneyimleriniz hakkındaki düşünme biçiminizi değiştirme yetisine sahipsiniz. Çoğu zaman dırdırcı iç ses, bir durumu tehdit, yani denetleyemeyeceğimiz bir şey olarak yorumladığımızda ortaya çıkar. İç sesinize yardımcı olmak için durumu farklı bir çerçeveye oturtun ve aşabileceğiniz bir engel olarak yorumlayın. Örneğin, geçmişte buna benzer durumlarda nasıl başarılı olduğunuzu düşünün ya da mesafeli iç konuşmayı kullanın.

5. *Bedeninizin dırdırcı iç sese verdiği tepkiyi yorumlama biçiminizi değiştirin.* Strese karşı verdiğimiz bedensel tepkiler (örneğin, bir buluşmadan ya da sunumdan önce midemizin bulanması) çoğu zaman kendi başlarına da birer stres kaynağı olurlar (örneğin, dırdırcı iç ses nedeniyle midenizin guruldaması dırdırcı iç sesi artırır, dırdırcı iç sesin artması da midenizin guruldamaya devam etmesine neden olur). Bu olduğunda kendinize bedeninizin strese verdiği tepkinin baskı altındayken performansınızı artırmak için gerçekleşen adaptif ve evrimsel bir tepki olduğunu hatırlatın. Bir başka deyişle, kendinize şunu hatırlatın: Bedeniniz sizi mücadeleye hazırladığı için nefes nefese kalıyorsunuz, kalbiniz kulaklarınızda atıyor ve avuçlarınız terliyor. Bedeninizin bu tepkilerinin amacı sizi baltalamak değil.

6. *Deneyiminizi normalleştirin.* Dünyada bu sorunu yaşayan tek kişi olmadığınızı bilmek, dırdırcı iç sesi susturmanın oldukça etkili bir yoludur. İnsanların bu amaçla

kullanabilecekleri bir dilsel araç var: Olumsuz deneyimleriniz üzerine düşünür veya konuşurken, genelleme için kullandığınız "sen"i kullanın. Bunu yapmak, insanların başlarına gelen olaya sağlıklı bir mesafeden bakmalarına ve bunun kendilerine özgü bir sorun olmadığını, hayatta herkesin başına gelebilecek bir şey olduğunu anlamalarına yardımcı olur.

7. *Zihninizde zaman yolculuğuna çıkın.* Uzaklaşmanın ve bakış açınızı genişletmenin bir başka yolu da şu andan bir ay, bir yıl hatta daha da uzun bir zaman sonra kendinizi nasıl hissedeceğinizi düşünmektir. Kendinize şu an sizi mutsuz eden bu olaya gelecekte dönüp baktığınızda gözünüze çok daha önemsiz görüneceğini hatırlatın. Bunu yapmak şimdiki duygusal durumunuzun geçici olduğunu fark etmenizi sağlar.

8. *Bakış açınızı değiştirin.* Olumsuz bir deneyimi düşünürken olayı duvardaki bir sineğin bakış açısından seyrettiğinizi hayal edin. Bu şekilde "uzaklaştığınız kendinizin" neden bu duyguları yaşadığını düşünün. Bu bakış açısını benimsemek, insanların bir olayın duygusal yönüne daha az odaklanmalarını sağlayarak olan bitene ilişkin daha derin bir kavrayış edinmelerine ve onunla hesaplaşmalarını tamamlamalarına yardımcı olur. Mesafe yaratmanın bir başka yolu da zihninizde sizi mutsuz eden olaydan uzaklaştığınızı, olayın meydana geldiği sahnenin tıpkı kamera uzaklaşıyormuş gibi küçülüp sonunda bir pul kadar kaldığını hayal etmektir.

9. *Kendinizi yazarak ifade edin.* Arka arkaya üç gün boyunca her gün on beş yirmi dakikanızı olumsuz deneyiminize

ilişkin en derin duygu ve düşüncelerinizi yazarak geçirin. Düşünce akışınızı kelimelere dökerken kendinizi hiçbir şekilde kısıtlamayın; yazım veya dil bilgisi kurallarına takılmadan yazın. Bir anlatıcının bakış açısından deneyiminize yaklaşmak, olayla aranıza mesafe koymanızı sağlar, ki bu da duygularınızı anlamlandırmanıza ve zaman içinde kendinizi daha iyi hissetmenize yardımcı olur.

10. *Tarafsız bir üçüncü kişinin bakış açısını benimseyin.* Başka bir insanla veya bir grupla aranızda geçen olumsuz bir etkileşim hakkında zihninizde dırdırcı iç ses dönüp duruyorsa amacı bu olaydan herkesin faydasına bir sonuç çıkarmak olan tarafsız birinin bakış açısını benimseyin. Bunu yapmak olumsuz duyguları azaltır, iç sesi sakinleştirir ve olumsuz etkileşim yaşadığımız insanlarla —söz konusu kişi romantik partneriniz de olabilir— aramızdaki ilişkilerin kalitesini artırır.

11. *Uğurlu olduğuna inandığınız bir nesneyi elinizde tutun veya bir batıl inanca uygun bir davranışta bulunun.* Bir nesnenin ya da batıl inancın sizi dırdırcı iç sesten kurtarma gücü olduğuna inanmak çoğu zaman beyninizin beklenti gücünden faydalanarak tam da bu etkiyi yaratır. Unutmayın ki bu eylemlerden fayda görmek için doğaüstü güçlere inanmamız gerekmiyor. Sadece bu eylemlerin beynin iyileştirici gücünü nasıl devreye soktuğunu anlamak yeterli.

12. *Bir ritüeli yerine getirin.* Bir ritüeli yerine getirmek, yani anlam yüklenmiş bir dizi hareketi yapmak, insana bir düzen ve kontrol hissi verir; bu da dırdırcı iç sesle başa çıkmaya yardımcı olabilir. Gerçekleştirdiğimiz pek çok ritüel (örneğin, sessizce dua etmek veya meditasyon) bize

ailelerimizden veya kültürümüzden gelse de kendi yarattığınız ritüeller de dırdırcı iç sesi susturma konusunda etkili olabilir.

Başkalarıyla İlişkilerinizi Kullanmanızı Sağlayan Araçlar

Hayatımızdaki insanların iç sesimizi denetlememize yardımcı olmakta nasıl bir rol oynadıklarını düşündüğümüzde dikkat etmemiz gereken iki şey var. Birincisi, biz başkalarının dırdırcı iç sesle başa çıkmalarına nasıl destek *sağlayabiliriz?* İkincisi, biz dırdırcı iç sesle başa çıkmak için başkalarından nasıl destek *alabiliriz?*

Başkalarına Destek Sağlama Araçları

1. *İnsanların hem duygusal hem de bilişsel ihtiyaçlarına karşılık verin.* İnsanlar dırdırcı iç sesle başa çıkmak için başkalarına yöneldiklerinde genellikle gidermeleri gereken iki tür ihtiyaç vardır: Bir yandan ilgi ve destek görmek (duygusal ihtiyaçlar), bir yandan da bu konuyu kapatıp hayatlarına devam etmelerine yarayacak somut tavsiyeler isterler (bilişsel ihtiyaçlar). Başkalarının içindeki dırdırcı iç sesi dindirebilmeniz için bu ihtiyaçların *her ikisini de* karşılamanız gerekir. Daha somut bir şekilde ifade edecek olursak: Sadece duygudaşlık göstermek ve onaylamak değil, bakış açılarını genişletmek, umut vermek ve deneyimlerini normalleştirmek de gerekir. Bunu yüz yüze konuşarak, mesaj atarak, sosyal medya üzerinden ya da diğer dijital iletişim araçlarını kullanarak yapabilirsiniz.

2. *Görünmez destek sağlayın.* Sizden yardım istemeyen insanlara dırdırcı iç seslerini azaltacak tavsiyelerde bulunmanız ters tepebilir, girişiminizi özyeterliklerine ve özerkliklerine karşı bir tehdit olarak algılayabilirler. Fakat bu, dırdırcı iç sesle boğuşan ve yardım talep etmeyen insanlara yardım edemeyeceğiniz anlamına gelmez. Böyle durumlarda *görünmez* destek sağlamak, yardımcı olduğunuzu hissettirmeden yardım etmek işe yarayabilir. Bunu yapmanın birçok yolu var. Bir yaklaşım, o kişi sizden böyle bir istekte bulunmadan ev temizliği yapmak gibi üzerinde konuşulmayan pratik bir destek sağlamaktır. Bir başka yaklaşımsa dolaylı yoldan o kişinin bakış açısını genişletmesine yardımcı olmaktır. Örneğin, başkalarının benzeri deneyimlerle genel olarak nasıl başa çıktığından bahsetmek (örneğin, "Ebeveynlik herkes için çok stresli bir iş," demek) ya da bir başkasından benzeri bir durumla ilgili tavsiye istemek ama bunu söz konusu kişiye yardım niyetiyle istediğinizi belli etmemek. Örneğin, yüksek lisans öğrencisiyle iletişim kurmakta zorlanan bir meslektaşım varsa ve birlikte bir toplantıya katılıyorsak öylesine bir sohbet konusu ortaya atıyormuşum gibi davranarak orada bulunan diğer kişilere öğrencileriyle iletişim kurmakta sorun yaşayıp yaşamadıklarını ve bu tür sorunları çözmek için neler yaptıklarını sorabilirim.

3. *Çocuklarınıza süper kahraman rolüne bürünmelerini söyleyin.* Medyada yer aldığı şekliyle "Batman Etkisi" adıyla tanınan bu strateji, özellikle yoğun duygularla başa çıkmakta zorlanan çocuklar için son derece yararlı bir uzaklaşma stratejisidir. Çocuklarınıza hayran oldukları bir süper kahraman veya çizgi roman karakteri olduklarını hayal

etmelerini ve sonra zor bir durumla karşı karşıya kaldıklarında kendilerine o kahramanın adıyla hitap ederek konuşmalarını söyleyin. Bunu yapmak, durumla aralarına mesafe koymalarına yardımcı olur.

4. *Sevecenlikle (ama saygılı bir şekilde) dokunun.* Sevdiğimiz birinin sıcak bir dokunuşu, bize sarılması ya da elimizi tutması hayatımızda yaslanabileceğimiz yardımsever insanlar olduğunu bize hatırlatır ki bu da dırdırcı iç sesi azaltan bir psikolojik çerçevedir. Sevecen dokunuş aynı zamanda bilincine varmadığımız bir etki de yaratır; beynimizde endorfinlerin ve oksitosin gibi stres azaltan kimyasalların salgılanmasını tetikler. Elbette sevecen bir dokunuşun etkili olabilmesi için dokunduğunuz kişiyi rahatsız etmemesi gerekir.

5. *Başkasının plasebosu olun.* Başkaları bizim inançlarımız üzerinde oldukça büyük bir güce sahiptir, dırdırcı iç sesle ne kadar etkili bir şekilde başa çıkabileceğimize ve bunun ne kadar süreceğine dair beklentilerimizi de etkilerler. Bu kişilerarası sağaltım yolunu kullanarak tavsiyede bulunduğunuz kişinin duruma iyimser bir açıdan bakmasını ve umutlanmasını sağlayabilirsiniz; bu da dırdırcı iç sesle başa çıkma konusundaki beklentilerini değiştirecektir.

Başkalarından Destek Alma Araçları

1. *Kendinize bir danışma kurulu belirleyin.* Hem duygusal hem de bilişsel ihtiyaçlarınıza karşılık verebilen insanları bulup onlarla konuşmak, başkalarının gücünden faydalanmanın ilk adımıdır. Dırdırcı iç sesle mücadele ettiğiniz

farklı konularda farklı kişilerden bu desteği alabilirsiniz. İşle ilgili sorunlarınızda bir meslektaşınızın öğütleri işe yararken, kişilerarası ilişkilerde yaşadığınız açmazlarla ilgili eşinizden veya sevgilinizden tavsiye alabilirsiniz. Belli bir alanda dırdırcı iç ses desteği için başvurabileceğiniz ne kadar çok kişi olursa o kadar iyi. Bu nedenle hayatınızda dırdırcı iç sesin baskın çıktığı farklı alanlar için farklı kişilerden oluşan, başınız sıkıştığında güvenle içinizi açabileceğiniz kişilerin bulunduğu bir danışma kurulu belirleyin.

2. *Fiziksel temasta bulunun.* Bir başkasının size sevecenlikle dokunması veya moral verici bir fiziksel temasta bulunması için oturup beklemenize gerek yok. Fiziksel temasın ne kadar faydalı olduğunu bildiğinize göre, hayatınızdaki güvendiğiniz insanlardan size sarılmalarını ya da sadece elinizi tutup sıkmalarını isteyebilirsiniz. Dahası, fiziksel temasın faydasını görmek için mutlaka bir insana dokunmanız da gerekmiyor. Oyuncak bir ayı ya da yumuşak bir battaniye gibi sizi rahatlatan bir nesneye sarılmak da işe yarayacaktır.

3. *Sevdiğiniz birinin fotoğrafına bakın.* Bizi önemsediğini bildiğimiz insanları aklımıza getirmek, duygusal olarak zorlandığımız zamanlarda yardım isteyebileceğimiz birilerinin olduğunu hatırlamamızı sağlar. Bu yüzden dırdırcı iç sese gömüldüğümüzde sevdiğimiz insanların fotoğraflarına bakmak iç sesimizi sakinleştirebilir.

4. *Başkalarıyla birlikte bir ritüeli yerine getirin.* Pek çok ritüeli tek başınıza gerçekleştirmek mümkünse de başkalarıyla birlikte yapmak çoğu zaman daha faydalıdır (örneğin, toplu meditasyon ya da ibadet, bir spor takımının maç

öncesi rutini, hatta arkadaşlarınızla hep aynı sözcükleri söyleyerek aynı şekilde kadeh tokuşturmak). Birlikte bir ritüeli yerine getirmek insana yalnız olmadığını, çevresi tarafından desteklendiğini hissettirir ve insanın kendini aşmasına yardımcı olur.

5. *Edilgen sosyal medya kullanımınızı mümkün olduğunca azaltın.* Adeta bir röntgenci gibi Facebook'ta, Instagram'da veya diğer sosyal medya platformlarında insanların size göstermek istedikleri şeylerden oluşan akışları izlemek, kendi kendinizi baltalayan ve başkalarına imrenmenize neden olan düşünce sarmallarını tetikler. Bunu önlemenin bir yolu, *edilgen* sosyal medya kullanımınızı en aza indirmektir. Bu teknolojileri yalnızca gerektiği zaman, başkalarıyla *sizin etkin olduğunuz bir şekilde* iletişim kurmak için kullanın.

6. *Destek almak için sosyal medyayı kullanın.* Sosyal medya dırdırcı iç sese yol açabileceği gibi, dırdırcı iç sese karşı destek ağınızı genişletmek için de benzersiz bir fırsat sunar. Fakat eğer bu yolla destek almak istiyorsanız dürtüsel bir şekilde olumsuz duygularınızı paylaşmaktan kaçının. Bunu yapmak, sonradan pişman olacağınız veya başkalarını rahatsız edecek paylaşımlarda bulunmanıza yol açabilir.

Çevreyi Kullanmanızı Sağlayan Araçlar

1. *Çevrenizde düzen sağlayın.* Dırdırcı iç sesle boğuşurken sıklıkla kontrolü yitiriyormuş gibi hissederiz. Düşüncelerimizi biz değil, düşünce sarmallarımız kontrol ediyordur. Bunu yaşadığınızda, çevrenizde düzen sağlayarak

kontrolü yeniden ele geçirdiğinizi hissedebilirsiniz. Çevrenizde düzen sağlamanın pek çok yolu olabilir. Çalıştığınız alanı veya evinizi derleyip toplamak, bir liste yapmak, etrafınızdaki nesneleri belli bir biçimde yerleştirmek bu yollardan sadece birkaçıdır. Çevrenizi ne şekilde düzenlediğinizde zihninizi düzene soktuğunuzu bulun ve bunu uygulayın.

2. *Yeşil alanlarda daha çok zaman geçirin.* Yeşil alanlarda zaman geçirmek, beynimizin sınırlı olan dikkat kaynaklarını yeniler ve bu da dırdırcı iç sesle başa çıkmamızı kolaylaştırır. Dırdırcı iç sese battığınızı hissettiğinizde parkta veya ağaçlı bir yolda yürüyüşe çıkın. Yapamıyorsanız bilgisayarınızda bir doğa videosu izleyin, yeşil bir manzaranın fotoğrafına bakın, hatta doğa seslerinin kayıtlarını dinleyin. Yaşadığınız ve çalıştığınız alanları yeşillikle çevrelemek, iç sesinize iyi gelen bir ortam oluşturmak için yapabileceğiniz en etkili şeylerden biridir.

3. *Sizde huşu uyandıran deneyimleri bulun.* Huşu duymak, anlık kaygılarımızın ötesine geçerek sorunlarımızı geniş bir bakış açısından görmemizi sağlar. Elbette huşu uyandıran deneyimler kişiden kişiye değişir. Kimisi için bu nefes kesen bir doğa manzarası olabilir. Bir başkası içinse bir çocuğun önemli bir başarısını hatırlamak ya da olağanüstü bir sanat eserine bakmak. Sizde neyin huşu uyandırdığını bulun ve iç sohbetinizin kontrolden çıkmaya başladığını hissettiğinizde o şeyi yapın. Ayrıca her gördüğünüzde sizde huşu uyandıran şeylerin bulunduğu bir ortam yaratmayı da düşünebilirsiniz.

Teşekkür

*G*eveze'nin tohumları otuz yedi yıl önce babam beni "içeri girmeye" teşvik ettiğinde atıldı. Bu kitabı yazarken onun sesi bana hep eşlik etti.

Öğrencilerim, ortak çalışmalar yürüttüğüm insanlar ve meslektaşlarım (adlarını tek tek sayamayacağım kadar çoklar), siz olmasaydınız *Geveze* olmazdı. Sizlerle çalışmak bir ayrıcalık. Umarım bu kitap benim gibi, başkalarının da sizin bilgeliğinizden faydalanmasını sağlar.

Ailemin desteği olmadan bu projeyi bitirebileceğimi hiç sanmıyorum. Eşim Lara yıllar boyu her gün *Geveze* hakkında konuşmamı sabırla dinledi. Yazdığım her kelimeyi okudu ve beni yüreklendirmeyi bir an olsun bırakmadı. O olmasaydı çocuklarımın ne halde olacaklarını hayal bile etmek istemiyorum (üstleri başları perişan, aç biilaç halde neden onları okuldan almayı unuttuğumu merak ederek bekliyor olurlardı herhalde). Ben de kaybolmuş olurdum. Hiç şüphesiz kayınpederim Basil ihtiyaç duyarsam bana tavsiyede bulunabileceğini söylediğinde başına nelerin geleceğinden habersizdi. Teklifini sonuna kadar değerlendirdim desem yeterli olacaktır. Bitmez tükenmez sevgin ve desteğin için teşekkürler. Annem, Irma, Karen, Ian, Lila ve Owen: olmam gerektiği halde olamadığım yerlerde yokluğumu idare ettiğiniz için ve tatildeyken de çalıştığım için beni (çok fazla) yargılamadığınız için teşekkürler. Hepinizi seviyorum.

Sıra dışı menajerim Doug Abrams sadece çok zeki, becerikli ve uzun boylu biri değil. Aynı zamanda muhteşem bir kalbi var. Dünyayı daha iyi bir yer haline getirme arzusu insanın başını döndürüyor. Doug benden çok daha önce *Geveze* konusunda net bir vizyona sahipti ve bu projeyi hayata geçirmek için yorulmak bilmeden çalıştı. Bu proje boyunca onun sesini de hep duymak bana iyi geldi. Aaron Shulman işe yazarlık koçum olarak başladı ve sonra yakın arkadaşım oldu. Bana geniş bir okuyucu kitlesine hitaben yazmayı öğretti, harika hikâyeleri bulmanın sırrını verdi, sıkıcı bir hale gelmeye başladığında yazdıklarımı pataklayarak kendine getirdi ve son düzlükte bu kitabın taslağını benimle bitiş çizgisine kadar itti. Benim için dört dörtlük bir edebi rehber oldu. Lara Love kitaptaki her bölüm üzerine son derece isabetli geribildirimler verdi, yayıncılık sektörünün nasıl işlediğini bana sabırla açıkladı ve saatlerce benimle havadan sudan sohbet etti. Sıcak dostluğu ve bilgeliği sayesinde *Geveze*'yi yazmak eğlenceli bir iş oldu. Penguin Random House'taki editörüm Tim Duggan'la çalışmak rüya gibiydi. İşe koyulduğumuz andan itibaren büyük bir sabır, anlayış ve duygudaşlık göstererek *Geveze*'nin arkasında durdu ve desteğini hiç kesmedi. Taslağı satır satır gözden geçirerek yaptığı zekice düzeltmeler, bazı yerlerde beni dizginleyip bazı yerlerde daha derine inmeye teşvik etmesi sayesinde bu kitap bu hale geldi. Birlikte çalışma fırsatını bulduğum için minnettarım. Umarım yine yapabiliriz.

Geveze'ye katkı sağlayan bütün insanları düşününce duygulanıyorum. Birleşik Krallık'taki editörüm Joel Rickett defalarca çok yerinde önerilerde bulundu. Her sayfada bir kez okuyucuyu şaşırtma veya yeni bir şeyin farkına varmasını sağlama tavsiyesi, bu kitap üzerinde çalışırken hep aklımda tuttuğum bir prensip oldu. Ayrıca beni dırdırcı iç sesin rüyalarda kendini nasıl gösterdiğini araştırmaya teşvik etti ve bu da en sevdiğim yan araştırma alanlarından biri oldu. Will Wolfslau kitabın her bölümünü okudu ve *Geveze*'nin son haline gelmesinde rol oynayan sayısız öneride bulundu. Aubrey Martinson (ve Will) taslağın yayın aşamasına geçişini maharetle yönettiler ve her adımda beni bilgilendirdiler. Molly Stern kitap teklifini gördüğü andan itibaren *Geveze*'yi destekledi. Rachel Klayman, Emma Berry ve Gillian Blake pek çok bölüme önemli katkılar sundular. Onların tavsiyeleri ile *Geveze* genişledi ve derinleşti, bunun için onlara minnettarım. Son olarak, Evan Nesterak doğruluk kontrolü alanında tam anlamıyla bir harika çocuk. Onun titiz çalışması sayesinde sunduğum hikâyelerdeki her detayın teyit edildiğini bilerek geceleri rahat uyudum.

Idea Architects işlerine tutkuyla bağlı ve parlak zekâlı insanlardan oluşan bir edebiyat ajansı. Rachel Neuman, Ty Love, Cody Love, Janelle Julian, Boo Prince, Mariah Sanford, Katherine Vaz, Kelsey Sheronas, Esme Schwall Weigand ve ekibin geriye kalanı, tüm yardımlarınız için teşekkürler. Penguin Random House'ta Steve Messina, Ingrid Sterner, Robert Siek, Linnea Knollmueller, Sally Franklin, Elizabeth Rendfleisch, Chris Brand, Julie Cepler, Dyana Messina ve Rachel Aldrich. Ebury, Penguin Random House Birleşik Krallık'ta Leah Feltham ve Serena Nazareth. Abner Stein ve Marsh Agency *Geveze*'yi tüm dünyaya duyurmamıza yardım ettiler. Caspian Dennis, Sandy Violette, Felicity Amor, Sarah McFadden, Saliann St. Clair, Camilla Ferrier, Jemma McDonagh ve Monica Calignano'nun her iki ekipteki diğer insanlarla birlikte bu projeye harcadıkları emek için minnettarım.

Walter Mischel *Geveze*'yi okuyamadan aramızdan ayrıldı. Kitabın her sayfasında onun da etkisi var. Özlem Ayduk'la yüksek lisans hayatımızın ilk gününden beri araştırma ortağı ve yakın arkadaşız. Sonsuz arkadaşlığı ve desteği bu proje boyunca bana güç verdi. *Geveze* onun bilgeliğiyle de dolu.

Angela Duckworth tanıdığım en meşgul bilim insanı. Buna rağmen ona her telefon ettiğimde o sırada cevap veremediyse de (genellikle birkaç dakika içinde) beni aradı ve bana hem bilgece tavsiyeler verdi hem de beni içtenlikle yüreklendirdi. David Mayer haftalık görüşmelerimizde ona sunduğum sayısız hikâyeyi sabırla dinledi. Jason Moser kitapta yer alan ve nasıl ele alacağımı bilemediğim pek çok konuda keskin klinik bakış açısıyla mükemmel bir beyin fırtınası ortağı oldu. Yüksek lisans sırasında Jamil Zaki'yle tanıştığımızda ileride ikimizin de aynı anda kitap yazıyor olacağımızı bilmiyordum. O dört dörtlük bir *Geveze* Danışmanı.

Adam Grant, Susan Cain, Dan Pink, Dan Heath, Jane McGonigal, Maria Konnikova, Adam Alter, Elissa Epel, Sonja Lyubomirsky, Dave Evans, Tom Boyce, James Doty, John Bargh, Scott Sonenshein ve Andy Molinsky doğduğu andan itibaren bu projeye muazzam destek sağladılar. Bütün o güzel sözleriniz için teşekkürler.

Düzinelerce insan büyük bir cömertlik göstererek inanılmaz hikâyelerini benimle paylaştılar. Teşekkürler. Onlar olmasaydı *Geveze* bu hale gelemezdi.

Parlak zekâlı oldukları kadar zamandan yana da cömert olan meslektaşlarla birlikte çalıştığım için çok şanslıyım. John Jonides, Susan Gelman, Oscar Ybarra, Luke Hyde, Jacinta Beeher, Gal Sheppes, Daniel Willingham, David Dunning, Steve Cole, Ariana Orvell, Marc Berman, Rudy Mendoza Denton, Andrew Irving, Ming Kuo, Amie Gordon, Marc Seery, Scott Paige, Lou Penner, Nick Hoffman, Dick Nisbett, Shinobu Kitayama, Stephanie Carlson, Rachel White, Craig Anderson, Janet Kim, Bernard Rimé, Walter Sowden, Philippe Verduyn ve Tor Wager yazma süreci boyunca geribildirimleriyle yardımcı oldular. Ayrıca akademisyenlerini önemli ve "büyük" sorular sormaya teşvik eden benzersiz bir kurum olan Michigan Üniversitesi'ne teşekkürler. Desteği olmasaydı *Geveze*'de sözünü ettiğim araştırmaların birçoğu yapılamazdı. Ayrıca National Institutes of Health, National Science Foundation, Riverdale Country School, Character Lab, Facebook ve John Templeton Foundation'a destekleri için minnettarım. Elbette bu kitapta yer alan görüşler bana ait ve bu kurumların görüşlerini yansıtmıyorlar.

Son olarak, Maya ve Dani'ye teşekkür ediyorum. Bu kitap üzerinde çalışmanın (şimdiye kadarki) en kötü tarafı, sizinle geçirebileceğim zamandan çaldığını bilmekti. Sabrınız ve sevginiz için teşekkürler. Artık aranıza dönüyorum!

Notlar

Epigraflar

vii **en büyük mücadelesi:** Cathleen Falsani, "Transcript: Barack Obama and the God Factor Interview", *Sojourners,* 27 Mart 2012, sojo.net/articles/transcript-barack-obama-and-god-factor-interview.

vii **Kafamın içindeki ses:** Dan Harris, *10% Happier: How I Tamed the Voice in My Head, Reduced Stress Without Losing My Edge, and Found Self-Help That Actually Works—a True Story* (New York: It Books, 2014).

Giriş

xii **CBS kanalındaki akşam haberlerine:** "Pain of Rejection: Real Pain for the Brain", CBS News, 29 Mart 2011, www.cbsnews.com/news/pain-of -rejection-real-pain-for-the-brain/. Söz konusu kısım buradan izlenebilir: selfcontrol.psych.lsa.umich.edu/wp-content/uploads/2017/08/Why -does-a-broken-heart-physically-hurt.mp4.

xviii **evrimsel gelişmelerin merkezindeki:** Janet Metcalfe ve Hedy Kober, "Self-Reflective Consciousness and the Projectable Self", *The Missing Link in Cognition: Origins of Self-Reflective Consciousness* içinde, ed. H. S. Terrace and J. Metcalfe (Oxford: Oxford University Press, 2005), 57–83.

xviii   **Geçtiğimiz birkaç yıl içinde:** Bu paragrafta atıfta bulunan tüm çalışmalar, ileriki bölümlerde ele alındığı yerlerde referanslarıyla ve ayrıntılarıyla birlikte bulunuyor. Dırdırcı iç sesin hücre düzeyinde yaşlanmaya nasıl yol açtığıyla ilgili bilgi için Bölüm 2'deki hastalıklar ve enfeksiyonlarla ilgili nota bakınız.

xx   **şimdiki zamanda *yaşamayarak*:** Matthew A. Killingsworth ve Daniel T. Gilbert, "A Wandering Mind Is an Unhappy Mind", *Science* 330 (2010): 932; Peter Felsman vd. "Being Present: Focusing on the Present Predicts Improvements in Life Satisfaction but Not Happiness", *Emotion* 17 (2007): 1047–1051; Michael J. Kane vd., "For Whom the Mind Wanders, and When, Varies Across Laboratory and Daily-Life Settings", *Psychological Science* 28 (2017): 1271–1289. Kane vd. makalesinde de açıkça ortaya konduğu gibi, bireylerin zihinlerinin başka konulara yönelme dereceleri arasında elbette fark vardır. Bu bölümde verdiğim sayılar, *Geveze*'de sunduğum diğer istatistiklerin çoğu gibi, ortalamalardır.

xx   **"varsayılan hal":** 2001'de yayınlanan bir çalışma, "varsayılan hal" üzerine adeta bir araştırma patlamasına yol açtı, Marcus E. Raichle vd., "A Default Mode of Brain Function", *Proceedings of the National Academy of Sciences of the United States of America* 98 (2001): 676–682. Bunu takip eden araştırmalar, varsayılan hal aktivitesiyle dikkat dağılması arasında ilişki olduğunu buldular: Malia F. Mason vd., "Wandering Minds: The Default Network and Stimulus-Independent Thought", *Science* 315 (2007): 393–395. *Ayrıca bkz.* Kalina Christoff vd., "Experience Sampling During fMRI Reveals Default Network and Executive System Contributions to Mind Wandering", *Proceedings of the National Academy of Sciences of the United States of America* 106 (2009): 8719–8724.

xx   **kayıp gittiğimizde:** Bölüm 1'de açıkladığım gibi, varsayılan halimiz sözel mantık yürütmeden ibaret değildir. Zihnimiz başka yerlere kayıp gittiğinde de görsel-uzaysal mantık yürütme yapabiliriz. Örneğin bu konuda yapılmış en kapsamlı çalışmalardan birinde Eric Klinger ve W. Miles Cox "düşünce içeriğine genellikle bir ölçüde iç monoloğun eşlik ettiğini" belirtirler ve bunu da "Bütün düşünce boyunca kendi kendime konuşuyorum" şeklinde tanımlarlar. Ayrıca "iç diyalogların en az zihinde görsel canlandırma kadar baskın bir düşünce akışı unsuru" olduğunu belirtirler. Eric Klinger ve W. Miles Cox, "Dimensions of Thought Flow in Everyday Life",

Imagination, Cognition, and Personality 7 (1987): 105–128. *Ayrıca bkz.* Christopher L. Heavey ve Russell T. Hurlburt, "The Phenomena of Inner Experience", *Consciousness and Cognition* 17 (2008): 798–810; ve David Stawarczyk, Helena Cassol ve Arnaud D'Argembeau, "Phenomenology of Future-Oriented Mind-Wandering Episodes", *Frontiers in Psychology* 4 (2013): 1–12.

xx **Medeniyetin doğuşundan bu yana:** Halvor Eifring, "Spontaneous Thought in Contemplative Traditions", *The Oxford Handbook of Spontaneous Thought: Mind-Wandering, Creativity, and Dreaming* içinde, ed. K. Christoff ve K. C. R. Fox (New York: Oxford University Press, 2018), 529–538. Eifring spontan düşünceyi bir tür zihin dağılması olarak kavramlaştırır ve yukarıda da belirtildiği gibi (*bkz.* "kayıp gittiğimizde") çoğunlukla iç monolog içerdiğini belirtir. Daha genele yayacak olursak iç konuşmanın tarih boyunca dinde önemli bir rol oynadığı düşüncesi çok sayıda akademisyen tarafından ele alınmıştır. Örneğin, Christopher C. H. Cook "çağdaş dinsel deneyimde seslerin ilahi güçlerle ilişkilendirilmesi, tartışmasız bir olgudur" der: Christopher C. H. Cook, *Hearing Voices, Demonic and Divine* (Londra: Routledge, 2019). Daha fazlası için *bkz.* Daniel B. Smith, *Muses, Madmen and Prophets: Hearing Voices and the Borders of Sanity* (New York: Penguin Books, 2007); T. M. Luhrmann, Howard Nusbaum ve Ronald Thisted, "The Absorption Hypothesis: Learning to Hear God in Evangelical Christianity", *American Anthropologist* 112 (2010): 66–78; Charles Fernyhough, *The Voices Within: The History and Science of How We Talk to Ourselves* (New York: Basic Books, 2016); ve Douglas J. Davies, "Inner Speech and Religious Traditions", *Theorizing Religion: Classical and Contemporary Debates*, ed. James A. Beckford ve John Walliss (Aldershot, England: Ashgate Publishing, 2006), 211–223.

xxi **her on kişiden birinin:** K. Maijer vd., "Auditory Hallucinations Across the Lifespan: A Systematic Review and Meta-Analysis", *Psychological Medicine* 48 (2018): 879–888.

xxii **konuşma bozukluklarında:** Ron Netsell ve Klaas Bakker, "Fluent and Dysfluent Inner Speech of Persons Who Stutter: Self-Report", Missouri State University Yayınlanmamış Taslak (2017). Daha fazlası için *bkz.* M. Perrone-Bertolotti vd., "What Is That Little Voice Inside My Head? Inner Speech Phenomenology, Its Role in Cognitive Performance, and Its Relation to Self-Monitoring", *Behavioural Brain Research* 261 (2014): 220–239 ve Charles Fernyhough, *The Voices Within: The History and Science of How We Talk to Ourselves.* Bununla

birlikte, kekeleyen insanların tekerlemeleri içlerinden söylerken
de tıpkı yüksek sesle söylerken olduğu gibi hata yaptıklarına dair
kanıtlar da var, "Investigating the Inner Speech of People Who
Stutter: Evidence for (and Against) the Covert Repair Hypothesis",
Journal of Communication Disorders 44 (2011): 246–260.

xxii   **sessizce kendi kendilerine yaptıkları işaretleri:** İşaret dili kullanan
sağır insanlar da "kendileriyle konuşurlar" fakat iç sohbetlerinin
işiten kişilerinkiyle benzer tarafları olduğu gibi, farklı tarafları da
vardır. Margaret Wilson ve Karen Emmorey, "Working Memory for
Sign Language: A Window into the Architecture of the Working
Memory System", *Journal of Deaf Studies and Deaf Education* 2 (1997):
121–130; Perrone-Bertolotti vd., "What Is That Little Voice Inside
My Head?"; ve Helene Loevenbruck vd., "A Cognitive Neuroscience
View of Inner Language: To Predict and to Hear, See, Feel", in *Inner
Speech: New Voices,* ed. P. Langland-Hassan ve Agustin Vicente (New
York: Oxford University Press, 2019), 131–167. Örneğin bir beyin
görüntüleme çalışmasında tamamıyla sağır kişilerden bir cümleyi
(Ben bugün ... gibi) içlerinden işaret dili kullanarak tamamlamaları
istendiğinde, beyinlerinde işiten kişilerin beyninde iç sohbet sırasında
aktif hale gelen sol prefrontal korteksteki bölgelerin aktif hale geldiği
görülmüş. Philip K. McGuire vd., "Neural Correlates of Thinking
in Sign Language", *NeuroReport* 8 (1997): 695–698. Bu bulgular
işiten ve işitme engelli kişilerin konuşurken ve işaret dili kullanırken
kullandıkları beyin sistemleri arasında benzerlik olduğuna işaret
eden diğer araştırmalarla da örtüşüyor. Konuşmanın ve işaret dilinin
nasıl ortak bir nöral temeli kullandığını anlamak için her iki dilin
de birbirleriyle tıpatıp *aynı* organizasyon ilkelerine (örn. morfoloji,
sentaks, semantik ve fonoloji) bağlı olduğunu hatırlamak faydalı
olabilir: Laura Ann Petitto vd., "Speech-Like Cerebral Activity in
Profoundly Deaf People Processing Signed Languages: Implications
for the Neural Basis of Human Language", *Proceedings of the
National Academy of Sciences of the United States of America* 97 (2000):
13961–13966.

xxii   **dakikada dört bin kelime:** Rodney J. Korba, "The Rate of
Inner Speech", *Perceptual and Motor Skills* 71 (1990): 1043–1052,
katılımcılardan sözel kelime problemlerini çözerken kullandıkları "iç
konuşmayı" kaydetmelerini ve sonra problemin çözümünü yüksek
sesle anlatmaları istendi. Katılımcıların çözümü içlerinden anlatmaları
yüksek sesle "ifade konuşmasıyla" anlatmalarından yaklaşık on bir
kat daha hızlı olduğu görüldü. Bu çalışmanın da ortaya koyduğu

gibi, kendi kendimize bütün cümleler halinde düşünme kabiliyetimiz olsa da iç konuşmanın yüksek sesle konuşmamızdan çok daha hızlı gerçekleşen, daha konsantre bir hali de vardır. Konunun ele alındığı bir kaynak için *bkz*. Simon McCarthy Jones ve Charles Fernyhough, "The Varieties of Inner Speech: Links Between Quality of Inner Speech and Psychopathological Variables in a Sample of Young Adults", *Consciousness and Cognition* 20 (2011): 1586–1593.

xxii **Kongre açılışında yaptıkları konuşma:** "Günümüz Amerikan başkanlarının her yıl Kongre açılışında yaptıkları konuşma" tanımı, 2001 yılından hakkında veri bulunabilen en yakın tarihli konuşma olan 2020 yılına kadarki konuşmaları kapsıyor. Gerhard Peters, "Length of State of the Union Address in Minutes (from 1966)", The American Presidency Project içinde, ed. John T. Woolley ve Gerhard Peters (Santa Monica, CA: University of California, 1999–2020). https://www.presidency.ucsb.edu/node/324136/.

xxiii **kendi kendimizi baltalayan:** Psikologlar tarih boyunca dırdırcı iç sesle ilgili görünürde birbirine çok benzeyen süreçler için farklı terimler kullanmışlar (örneğin "ruminasyon", "olay sonrası işleme", "kendi hakkında alışkanlığa dönüşmüş olumsuz düşünce", "kronik stres" ve "endişe"). Bazı durumlarda yinelenen olumsuz düşüncenin farklı biçimleri arasında ince ayrımlar olsa da (ruminasyon genellikle geçmişe dönükken endişe geleceğe yöneliktir), bilim insanları çoğunlukla bunların hepsinin tek bir "saplantılı biliş" veya "yinelenen olumsuz düşünce" yapısı oluşturduğunu belirtirler. Bu kitapta bu kavramı ifade etmek için dırdırcı iç ses terimini kullanıyorum. Bu konuların ele alındığı kaynaklar için *bkz*. Jos F. Brosschot, William Gerin ve Julian F. Thayer, "The Perseverative Cognition Hypothesis: A Review of Worry, Prolonged Stress-Related Physiological Activation, and Health", *Journal of Psychosomatic Research* 60 (2006): 113–124; ve Edward R. Watkins, "Constructive and Unconstructive Repetitive Thought", *Psychological Bulletin* 134 (2008): 163–206.

Bölüm 1

4   **on dört ay boyunca:** Projenin veri aralığı için Irving'in Manchester Üniversitesi'ndeki web sayfasına bakınız: www.research.manchester. ac .uk/portal/en/researchers/andrew-irving(109e5208-716e-42e8-8d4f -578c9f556cd9)/projects.html?period=finished.

4   **yüzden fazla New York'lunun:** "Interview: Dr. Andrew Irving & 'New York Stories,' " 10 Haziran 2013, Wenner-Gren Foundation,

blog.wennergren.org/2013/06/interview-dr-andrew-irving-new-york -stories/; ve Andrew Irving, *The Art of Life and Death: Radical Aesthetics and Ethnographic Practice* (New York: Hau Books, 2017).

4   **daha önce Afrika'da yaptığı saha çalışmalarında:** Irving'in Afrika'daki saha çalışmaları için *bkz*. Andrew Irving, "Strange Distance: Towards an Anthropology of Interior Dialogue", *Medical Anthropology Quarterly* 25 (2011): 22–44; ve Sydney Brownstone, "For 'New York Stories,' Anthropologist Tracked 100 New Yorkers' Inner Monologues Across the City", *Village Voice,* 1 Mayıs 2013.

7   **doyumsuz bir zaman yolcusudur:** Thomas Suddendorf ve Michael C. Corballis, "The Evolution of Foresight: What Is Mental Time Travel, and Is It Unique to Humans?", *Behavioral and Brain Sciences* 30 (2007): 299–351.

9   **Sıklıkla olumsuz "içerik" üzerinde duruyorlar:** Irving katılımcıların düşünceleri arasında farklılıklar olsa da ekonomik istikrarsızlık ve terörizm gibi olumsuz konular hakkında ne kadar çok kişinin düşündüğünü gördüğünde hayrete düştüğünü belirtiyor. Brownstone, "For 'New York Stories,' Anthropologist Tracked 100 New Yorkers' Inner Monologues Across the City".

9   **kendine odaklanan doğası:** Eric Klinger, Ernst H. W. Koster ve Igor Marchetti, "Spontaneous Thought and Goal Pursuit: From Functions Such as Planning to Dysfunctions Such as Rumination", Christoff ve Fox, *Oxford Handbook of Spontaneous Thought,* 215–232; Arnaud D'Argembeau, "Mind-Wandering and Self-Referential Thought", ibid içinde, 181–192; ve A. Morin, B. Uttl ve B. Hamper, "Self-Reported Frequency, Content, and Functions of Inner Speech", *Procedia: Social and Behavioral Journal* 30 (2011): 1714–1718.

9   **Sözel olmayan biçimlere:** *bkz*. giriş bölümündeki "kayıp gittiğimizde" notu.

10   **nöral yeniden kullanım:** Michael L. Anderson, "Neural Reuse: A Fundamental Principle of the Brain", *Behavioral and Brain Sciences* 33 (2010): 245–313.

11   **Fonolojik döngü:** Alan Baddeley, "Working Memory", *Science* 255 (1992): 556–559. *Ayrıca bkz* Alan Baddeley ve Vivien Lewis, "Inner Active Processes in Reading: The Inner Voice, the Inner Ear, and the Inner Eye", *Interactive Processes in Reading* içinde, ed. A. M. Lesgold ve C. A. Perfetti (Hillsdale, NJ: Lawrence Erlbaum, 1981), 107–129; Alan D. Baddeley ve Graham J. Hitch, "The Phonological Loop as a Buffer Store: An Update", *Cortex* 112 (2019): 91–106; ve Antonio

Chella ve Arianna Pipitone, "A Cognitive Architecture for Inner Speech", *Cognitive Systems Research* 59 (2020): 287–292.

11 **Hayatımızın ilk yıllarında:** Nivedita Mani ve Kim Plunkett, "In the Infant's Mind's Ear: Evidence for Implicit Naming in 18-Month-Olds", *Psychological Science* 21 (2010): 908–913. Konunun ele alındığı kaynaklar için *bkz*. Ben Alderson-Day ve Charles Fernyhough, "Inner Speech: Development, Cognitive Functions, Phenomenology, and Neurobiology", *Psychological Bulletin* 141 (2015); ve Perrone-Bertolotti vd., "What Is That Little Voice Inside My Head?"

11 **dil gelişimi ile özdenetim arasındaki bağlantıyı:** Lev Vygotsky, *Thinking and Speech: The Collected Works of Lev Vygotsky,* cilt 1 (1934; New York: Plenum Press, 1987). *Ayrıca bkz*. Alderson-Day ve Fernyhough, "Inner Speech"; ve Perrone-Bertolotti vd., "What Is That Little Voice Inside My Head?"

12 **Sosyalleşme üzerine yapılmış onlarca yıllık araştırma:** Anne babaların sosyalleşmede oynadıkları karmaşık rol üzerine araştırmalar için *bkz*. W. Andrew Collins vd., "Contemporary Research on Parenting: The Case for Nature and Nurture", *American Psychologist* 55 (2000): 218–232. Anne babaların çocukların duygusal hayatlarında oynadıkları rol hakkında daha yakın tarihli bir meta-analiz, ebeveyn davranışı ve duygusal uyum sağlamayla ilgili pek çok sonuç arasında istatistiki açıdan anlamlı bağlantılar olduğunu gösteriyor. *Bkz*. Michael M. Barger vd., "The Relation Between Parents' Involvement in Children's Schooling and Children's Adjustment: A Meta-analysis", *Psychological Bulletin* 145 (2019): 855–890.

13 **kendi sözel akışlarımızı şekillendirmeye:** Kültürel fikirlerin aktarımında dilin oynadığı rolün daha geniş ele alındığı kaynaklar için *bkz*. Susan A. Gelman ve Steven O. Roberts, "How Language Shapes the Cultural Inheritance of Categories", *Proceedings of the National Academy of Sciences of the United States of America* 114 (2017): 7900–7907; ve Roy Baumeister ve E. J. C. Masicampo, "Conscious Thought Is for Facilitating Social and Cultural Interactions", *Psychological Review* 117 (2010): 945–971.

13 **çok daha geniş çaplı kültürel etmenler:** Hazel R. Markus ve Shinobu Kitayama, "Culture and the Self: Implications for Cognition, Emotion, and Motivation", *Psychological Review* 98 (1991): 224–253.

13 **Dinler ve öğrettikleri değerler:** Adam B. Cohen, "Many Forms of Culture", *American Psychologist* 64 (2009): 194–204.

13   **iç sohbet becerilerinin daha erken geliştiğini:** Laura E. Berk ve
Ruth A. Garvin, "Development of Private Speech Among Low-
Income Appalachian Children", *Developmental Psychology* 20 (1984):
271–286; Laura E. Berk, "Children's Private Speech: An Overview
of Theory and the Status of Research", *Private Speech: From Social
Interaction to Self-Regulation* içinde, ed. Rafael M. Diaz ve Laura E.
Berk (New York: Psychology Press, 1992), 17–54.

13   **hayali arkadaşlara sahip olmanın çocuklarda iç sohbeti
teşvik edebileceği:** Paige E. Davis, Elizabeth Meins ve Charles
Fernyhough, "Individual Differences in Children's Private Speech:
The Role of Imaginary Companions", *Journal of Experimental Child
Psychology* 116 (2013): 561–571.

14   **pek çok istenen özelliğin yanı sıra:** Amanda Grenell ve Stephanie
M. Carlson, "Pretense", *The Sage Encyclopedia of Contemporary Early
Childhood Education* içinde, ed. D. Couchenour ve J. K. Chrisman
(New York: Sage, 2016), 1075–1077.

14   **hedeflerimizle ilgili aniden aklımıza gelenlerdir:** Örnek
araştırmalar için *bkz.* Arnaud D'Argembeau, Olivier Renaud ve
Martial Van der Linden, "Frequency, Characteristics, and Functions
of Future-Oriented Thoughts in Daily Life", *Applied Cognitive
Psychology* 25 (2011): 96–103; Alain Morin, Christina Duhnych
ve Famira Racy, "Self-Reported Inner Speech Use in University
Students", *Applied Cognitive Psychology* 32 (2018): 376–382; ve Akira
Miyake vd., "Inner Speech as a Retrieval Aid for Task Goals: The
Effects of Cue Type in the Random Task Cuing Paradigm", *Acta
Psychologica* 115 (2004): 123–142. *Ayrıca bkz.* Adam Winsler, "Still
Talking to Ourselves After All These Years: A Review of Current
Research on Private Speech", *Private Speech, Executive Functioning,
and the Development of Verbal Self-Regulation* içinde, ed. A. Winsler, C.
Fernyhough ve I. Montero (New York: Cambridge University Press,
2009), 3–41.

14   **zihinsel simülasyonlar oynatmamıza:** D'Argembeau, Renaud
ve Van der Linden, "Frequency, Characteristics, and Functions of
Future-Oriented Thoughts in Daily Life"; D'Argembeau, "Mind-
Wandering and Self-Referential Thought"; ve Morin, Duhnych ve
Racy, "Self-Reported Inner Speech Use in University Students".

15   **Tarih boyunca psikologlar rüyalarımızın:** Erin J. Wamsley,
"Dreaming and Waking Thought as a Reflection of Memory
Consolidation", Christoff ve Fox, *Oxford Handbook of Spontaneous*

Thought içinde, 457–468, rüyalar araştırmaları hakkında ikna edici bir görüş sunuyor.

15   **pek çok benzerlik olduğunu:** Kieran C. R. Fox vd., "Dreaming as Mind Wandering: Evidence from Functional Neuroimaging and First-Person Content Reports", *Frontiers in Human Neuroscience* 7 (2013): 1–18; Tracey L. Kahan ve Stephen P. LaBerge, "Dreaming and Waking: Similarities and Differences Revisited", *Consciousness and Cognition* 20 (2011): 494–514; Lampros Perogamvros vd., "The Phenomenal Contents and Neural Correlates of Spontaneous Thoughts Across Wakefulness, NREM Sleep, and REM Sleep", *Journal of Cognitive Neuroscience* 29 (2017): 1766–1777; ve Erin J. Wamsley, "Dreaming and Waking Thought as a Reflection of Memory Consolidation".

15   **rüyaların çoğu zaman hayli işlevsel olduklarını:** Rüyaların tehdit simülasyonunda oynadıkları rol için *bkz.* Katja Valli ve Antti Revonsuo, "The Threat Simulation Theory in Light of Recent Empirical Evidence: A Review", *American Journal of Psychology* 122 (2009): 17–38; ve Antti Revonsuo, "The Reinterpretation of Dreams: An Evolutionary Hypothesis of the Function of Dreaming", *Behavioral and Brain Sciences* 23 (2001): 877–901. *Ayrıca bkz.* J. Allan Hobson, "REM Sleep and Dreaming: Towards a Theory of Protoconsciousness", *Nature Reviews Neuroscience* 10 (2009): 803–813.

16   **kendilik bilincimizin yaratımında:** Arnaud D'Argembeau vd., "Brains Creating Stories of Selves: The Neural Basis of Autobiographical Reasoning", *Social Cognitive Affective Neuroscience* 9 (2014): 646–652; Raymond A. Mar, "The Neuropsychology of Narrative: Story Comprehension, Story Production, and Their Interrelation", *Neuropsychologia* 42 (2004): 1414–1434; ve Baumeister ve Masicampo, "Conscious Thought Is for Facilitating Social and Cultural Interactions"; Kate C. McLean vd., "Selves Creating Stories Creating Selves: A Process Model of Self-Development", *Personality and Social Psychology Review* 11 (2007): 262–278. Dilin otobiyografik mantık yürütmede oynadığı rol hakkında daha fazlası için *bkz.* Robyn Fivus, "The Stories We Tell: How Language Shapes Autobiography", *Applied Cognitive Psychology* 12 (1998): 483–487.

17   **beynindeki işlevlerin aksadığı:** Jill Bolte Taylor'ın hikayesini anlatırken kitabını -*My Stroke of Insight: A Brain Scientist's Personal Journey* (New York: Penguin Books, 2008)- ve TED konuşmasını -"My Stroke of Insight"- kullandım. www.ted.com/talks/jill_bolte_taylor_s_powerful_stroke _of_insight?language=en Her ikisinden de

alıntılar yaptım. Beni bu örneğe yönlendirdiği için Alain Morin'in Jill Bolte Taylor vakasını iç konuşma bağlamında ele aldığı makalesine minnettarım: Alain Morin, "Self-Awareness Deficits Following Loss of Inner Speech: Dr. Jill Bolte Taylor's Case Study", *Consciousness and Cognition* 18 (2009): 524–529.

20   **iç yaşantıların sürekli olarak dış dünyadaki yaşantıları gölgede bıraktığını:** Killingsworth ve Gilbert, "Wandering Mind Is an Unhappy Mind".

Bölüm 2

22   **İlk hatalı atış:** Rick Ankiel'in hikayesini anlatmak için şu kaynakları kullandım: Rick Ankiel, *The Phenomenon: Pressure, the Yips, and the Pitch That Changed My Life* (New York: PublicAffairs, 2017), Gary Waleik, "Former MLB Hurler Remembers 5 Pitches That Derailed His Career", *Only a Game,* WBUR, 19 Mayıs 2017, www.wbur. org/onlyagame/2017/05/19/rick-ankiel-baseball; ve Rick Ankiel, "Letter to My Younger Self", *The Players' Tribune,* 18 Eylül 2017, https://www.theplayerstribune.com/en-us/articles/rick-ankiel -letter-to-my-younger-self-cardinals.

23   *bütün ülke televizyondan beni izlerken:* Waleik, "Former MLB Hurler Remembers 5 Pitches That Derailed His Career".

23   **seyircilerden biraz daha yüksek perdeden ve uzun bir nida yükseldi:** MLB.com. YouTube: https://www.you tube.com/ watch?time_continue=5&v=KDZX525CSvw&feature=emb_title.

25   **bir daha asla profesyonel bir atıcı olarak topu fırlatmadı:** Baseball-reference.com: https://www.baseball-reference.com/ players/a/ankieri01.shtml.

26   *dikkatimizi nasıl etkilediğiyle:* Baskı altında ezilmek konusunda dünyanın önde gelen uzmanlarından biri Sian Beilock. Şu kaynaktan yararlandım: Sian L. Beilock ve Rob Gray, "Why Do Athletes Choke Under Pressure?", *Handbook of Sport Psychology* içinde, 3rd ed., ed. G. Tenenbaum ve R. C. Eklund (Hoboken, NJ: John Wiley and Sons, 2007), 425–444.

26   **Dikkat, önemli olmayanları filtreleyip önemli olanlara odaklanmamızı sağlayan şeydir:** Michael I. Posner ve Mary K. Rothbart, "Research on Attention Networks as a Model for the Integration of Psychological Science", *Annual Review of Psychology* 58 (2007): 1–23.

26 **gerektiren bir hareketti:** Amanda Prahl, "Simone Biles Made History with Her Triple Double—Here's What That Term Actually Means", *PopSugar*, 15 Ağustos 2019, www.popsugar.com/fitness/ What -Is-Triple-Double-in-Gymnastics-46501483. *Ayrıca bkz.* Charlotte Caroll, "Simone Biles Is First-Ever Woman to Land Triple Double in Competition on Floor", *Sports Illustrated*, 11 Ağustos 2019, https://www.si.com/olympics/2019/08/12/simone-biles-first-ever-woman -land-triple-double-competition-video.

27 *bağları koparmıştı:* Beilock ve Gray, "Why Do Athletes Choke Under Pressure?" Benim bağların kopması olarak tanımladığım durum için burada "dağılmak" kelimesi kullanılıyor.

28 **analiz felcidir:** Sian Beilock, *Choke* (New York: Little, Brown, 2011).

28 **düşüncelerimizi ve davranışlarımızı arzu ettiğimiz yöne çevirebilme yeteneğimizin:** Adele Diamond, "Executive Functions", *Annual Review of Psychology* 64 (2013): 135–168.

29 **kapasiteleri kısıtlıdır:** Amitai Shenhav vd., "Toward a Rational and Mechanistic Account of Mental Effort", *Annual Review of Neuroscience* 40 (2017): 99–124.

29 **sınırlı kapasitenin belki de en iyi örneği:** Nelson Cowan, "The Magical Mystery Four: How Is Working Memory Capacity Limited, and Why?", *Current Directions in Psychological Science* 19 (2010): 51–57.

29 **nöral kapasitemizin büyük bir kısmını kendine harcar:** Saplantılı bilişin yönetici işlevlerin performansını düşürdüğü fikri pek çok açıdan ele alınmıştır. *Bkz.* Michael W. Eysenck vd., "Anxiety and Cognitive Performance: Attentional Control Theory", *Emotion* 7 (2007): 336–353; Hannah R. Snyder, "Major Depressive Disorder Is Associated with Broad Impairments on Neuropsychological Measures of Executive Function: A Meta-analysis and Review", *Psychological Bulletin* 139 (2013): 81–132; ve Tim P. Moran, "Anxiety and Working Memory Capacity: A Meta-analysis and Narrative Review", *Psychological Bulletin* 142 (2016): 831–864.

30 **sınavlardan daha düşük not almalarına:** Nathaniel von der Embse vd., "Test Anxiety Effects, Predictors, and Correlates: A 30-Year Meta-analytic Review", *Journal of Affective Disorders* 227 (2018): 483–493.

30 **sanatçıların:** Dianna T. Kenny, "A Systematic Review of Treatments for Music Performance Anxiety", *Anxiety, Stress, and Coping* 18 (2005): 183–208.

30   **düşük ücretler veya bedeller teklif ettiklerini:** Alison Wood
Brooks ve Maurice E. Schweitzer, "Can Nervous Nelly Negotiate?
How Anxiety Causes Negotiators to Make Low First Offers, Exit
Early, and Earn Less Profit", *Organizational Behavior and Human
Decision Processes* 115 (2011): 43–54.

31   **Bernard Rimé:** Bernard Rimé, "Emotion Elicits the Social
Sharing of Emotion: Theory and Empirical Review", *Emotion
Review* 1 (2009): 60–85. Ayrıca şu dersten de yararlandım:
Bernard Rimé, "The Social Sharing of Emotion" (Cyberspace
Consortium'da Collective Emotions başlığı altında verilmiş ders),
YouTube, yayınlanma tarihi 20 Mayıs 2013, www.youtube.com/
watch?v=JdCksLisfUQ.

32   **Asya'dan Amerika'ya:** Rimé, kişinin kendi duyguları hakkında
konuşma arzusunun kültürler üstü bir olgu olduğunu söylese de
duyguların hangi düzeyde paylaşılacağı konusunda kültürler arasında
fark vardır. *Bkz.* Archana Singh-Manoux ve Catrin Finkenauer,
"Cultural Variations in Social Sharing of Emotions: An Intercultural
Perspective on a Universal Phenomenon", *Journal of Cross-Cultural
Psychology* 32 (2001): 647–661. *Ayrıca bkz.* Heejung S. Kim, "Social
Sharing of Emotion in Words and Otherwise", *Emotion Review* 1
(2009): 92–93.

32   **kendimizden uzaklaştırırız:** *Bkz.* Susan Nolen-Hoeksema, Blair E.
Wisco ve Sonja Lyubomirsky, "Rethinking Rumination", *Perspectives
on Psychological Science* 3 (2008): 400–424; *ayrıca bkz.* Thomas E. Joiner
vd., "Depression and Excessive Reassurance-Seeking", *Psychological
Inquiry* 10 (1999): 269–278; Michael B. Gurtman, "Depressive Affect
and Disclosures as Factors in Interpersonal Rejection", *Cognitive
Therapy Research* 11 (1987): 87–99; ve Jennifer L. Schwartz and
Amanda McCombs Thomas, "Perceptions of Coping Responses
Exhibited in Depressed Males and Females", *Journal of Social Behavior
and Personality* 10 (1995): 849–860.

33   **problem çözme becerisi de azalır:** *Bkz.* Nolen-Hoeksema, Wisco
ve Lyubomirsky, "Rethinking Rumination"; ve Lyubomirsky vd.,
"Thinking About Rumination", *Annual Review of Clinical Psychology*
11 (2015): 1–22.

33   **zehirli bir noktaya gelip dayanan:** Yıpranan sosyal ilişkilerin sosyal
izolasyon ve yalnızlık duygularına nasıl yol açtığı için *bkz.* Julianne
Holt-Lunstad, "Why Social Relationships Are Important for Physical
Health: A Systems Approach to Understanding and Modifying Risk

and Perception", *Annual Review of Psychology* 69 (2018): 437–458; ve Julianne Holt-Lunstad, Timothy B. Smith, Mark Baker, Tyler Harris ve David Stephenson, "Loneliness and Social Isolation as Risk Factors for Mortality: A Meta-analytic Review", *Perspectives on Psychological Science* 10 (2015): 227–237.

Yalnızlığın ve sosyal izolasyonun toksik etkileri için *bkz.* John T. Cacioppo and Stephanie Cacioppo, "The Growing Problem of Loneliness", *The Lancet* 391 (2018): 426; Greg Miller, "Why Loneliness Is Hazardous to Your Health", *Science* 14 (2011): 138–140; ve Aparna Shankar, Anne McMunn, James Banks ve Andrew Steptoe, "Loneliness, Social Isolation, and Behavioral and Biological Health Indicators in Older Adults", *Health Psychology* 30 (2011): 377–385.

33 **yinelenen olumsuz düşünceye yatkın olan çocuklar:** Katie A. McLaughlin ve Susan Nolen-Hoeksema, "Interpersonal Stress Generation as a Mechanism Linking Rumination to Internalizing Symptoms in Early Adolescents", *Journal of Clinical Child and Adolescent Psychology* 41 (2012): 584–597.

John Cacioppo ve meslektaşlarının yaptığı bir çalışma, yalnızlık ve kendine dönük dikkat arasındaki karşılıklı bağlantının altını çiziyor: John T. Cacioppo, Hsi Yuan Chen ve Stephanie Cacioppo, "Reciprocal Influences Between Loneliness and Self-Centeredness: A Cross-Lagged Panel Analysis in a Population-Based Sample of African American, Hispanic, and Caucasian Adults", *Personality and Social Psychology Bulletin* 43 (2017): 1125–1135.

33 **Yas tutan yetişkinler:** Susan Nolen-Hoeksema ve Christopher G. Davis, "'Thanks for Sharing That': Ruminators and Their Social Support Networks", *Journal of Personality and Social Psychology* 77 (1999): 801–814.

34 **saldırgan davranışa daha yatkın:** Thomas F. Denson vd., "Understanding Impulsive Aggression: Angry Rumination and Reduced Self-Control Capacity Are Mechanisms Underlying the Provocation-Aggression Relationships", *Personality and Social Psychology Bulletin* 37 (2011): 850–862; ve Brad J. Bushman, "Does Venting Anger Feed or Extinguish the Flame? Catharsis, Rumination, Distraction, Anger, and Aggressive Responding", *Personality and Social Psychology Bulletin* 28 (2002): 724–731.

34 **başkalarına yöneltmemize:** Brad J. Bushman vd., "Chewing on It Can Chew You Up: Effects of Rumination on Triggered Displaced Aggression", *Journal of Personality and Social Psychology* 88 (2005): 969–983.

35   **iki buçuk milyar kişi:** Facebook Newsroom, Facebook, newsroom.fb.com/company-info/; and J. Clement, "Number of Monthly Active Twitter Users Worldwide from 1st Quarter 2010 to 1st Quarter 2019 (in Millions)", Statista, www.statista.com/statistics/282087/number-of-monthly-active-twitter-users/.

35   **kişisel iç konuşmalarını paylaşmak:** Mina Choi ve Catalina L. Toma, "Social Sharing Through Interpersonal Media: Patterns and Effects on Emotional Well-Being", *Computers in Human Behavior* 36 (2014): 530–541; ve Adriana M. Manago, Tamara Taylor ve Patricia M. Greenfield, "Me and My 400 Friends: The Anatomy of College Students' Facebook Networks, Their Communication Patterns, and Well-Being", *Developmental Psychology* 48 (2012): 369–380.

35   **onunla etkileşimimize:** Bu prensibe bir örnek olarak meslektaşlarımla birlikte yaptığımız, Facebook'u edilgen bir şekilde (başkaları hakkındaki bilgileri tüketmek için sayfalara bakarak) kullanmanın duygusal iyilik halinde azalmaya yol açtığını, Facebook'u etkin bir şekilde (sitede bilgi üreterek) kullanmanınsa böyle bir etkiye yol açmadığını gösteren araştırma için *bkz.* Philippe Verduyn vd., "Passive Facebook Usage Undermines Affective Well-Being: Experimental and Longitudinal Evidence", *Journal of Experimental Psychology: General* 144 (2015): 480–488. *Ayrıca bkz.* Philippe Verduyn vd., "Do Social Network Sites Enhance or Undermine Subjective Well-Being? A Critical Review", *Social Issues and Policy Review* 11 (2017): 274–302.

35   **duygudaşlığın önemini:** Jamil Zaki, *The War for Kindness: Building Empathy in a Fractured World* (New York: Crown, 2019); ve Frans B. M. de Waal ve Stephanie Preston, "Mammalian Empathy: Behavioural Manifestations and Neural Basis", *Nature Reviews Neuroscience* 18 (2017): 498–509.

35   **kendimizi sık sık bir konuda dert yanarken bulmamızın:** Rimé, "Emotion Elicits the Social Sharing of Emotion".

35   **incelikli fiziksel jestler:** John Suler, "The Online Disinhibition Effect", *Cyberpsychology and Behavior* 3 (2004): 321–326; Noam Lapidot-Lefler ve Azy Barak, "Effects of Anonymity, Invisibility, and Lack of Eye-Contact on Toxic Online Disinhibition", *Computers in Human Behavior* 28 (2012): 434–443; ve Christopher Terry ve Jeff Cain, "The Emerging Issue of Digital Empathy", *American Journal of Pharmaceutical Education* 80 (2016): 58.

35   **siber zorbalığa:** Committee on the Biological and Psychosocial

Effects of Peer Victimization: Lessons for Bullying Prevention, National Academy of Sciences Report; Michele P. Hamm vd., "Prevalence and Effect of Cyberbullying on Children and Young People", *JAMA Pediatrics*, Ağustos 2015; Robin M. Kowalski vd., "Bullying in the Digital Age: A Critical Review and Meta-analysis of Cyberbullying Research Among Youth", *Psychological Bulletin* 140 (2014): 1073–1137; ve Robert Tokunaga, "Following You Home from School: A Critical Review and Synthesis of Research on Cyber-bullying Victimization", *Computers in Human Behavior* 26 (2010): 277–287.

36 **zamanın geçmesi:** Duygular genellikle en yoğun oldukları zirveye ulaştıktan sonra hafiflemeye başlarlar: Philippe Verduyn, Iven Van Mechelen ve Francis Tuerlinckx, "The Relation Between Event Processing and the Duration of Emotional Experience", *Emotion* 11 (2011): 20–28; ve Philippe Verduyn vd., "Predicting the Duration of Emotional Experience: Two Experience Sampling Studies", *Emotion* 9 (2009): 83–91.

37 **başkalarını rahatsız eder ve bizden uzaklaştırır:** Caitlin McLaughlin ve Jessica Vitak, "Norm Evolution and Violation on Facebook", *New Media and Society* 14 (2012): 299–315; ve Emily M. Buehler, " 'You Shouldn't Use Facebook for That': Navigating Norm Violations While Seeking Emotional Support on Facebook", *Social Media and Society* 3 (2017): 1–11.

37 **daha fazla olumsuz kişisel içerik paylaşırlar:** Jiyoung Park vd., "When Perceptions Defy Reality: The Relationships Between Depression and Actual and Perceived Facebook Social Support", *Journal of Affective Disorders* 200 (2016): 37–44.

37 **kendini gösterme ihtiyacı:** Kendini göstermenin günlük hayattaki rolüne ilişkin iki klasik örnek için *bkz.* Erving Goffman, *The Presentation of Self in Everyday Life* (Garden City, NY: Doubleday, 1959); ve Mark R. Leary ve Robin M. Kowalski, "Impression Management: A Literature Review and Two-Component Model", *Psychological Bulletin* 107 (1990): 34–47.

37 **düzenleriz:** Randi Zuckerberg, *The New York Times* ile yaptığı röportajda Facebook'un bu yönünü oldukça isabetli tespit ediyordu. Muhabir, "Facebook'ta yaptığınız ve en suçluluk duyduğunuz şey ne?" diye sorduğunda Zuckerberg, "Ben bir pazarlamacıyım," diye yanıt veriyordu, "ve bunu kişisel hayatımın dışında bırakamadığım zamanlar oluyor. Arkadaşlarım beni arayıp, 'Hayatın muhteşem

görünüyor,' diyorlar. Onlara şöyle diyorum: 'Benim işim
pazarlamak; sadece muhteşem olan anları paylaşıyorum.'" Susan
Dominus, "Randi Zuckerberg: 'I Really Put Myself Out There'",
New York Times, 1 Kasım 2013, www.nytimes.com/2013/11/03/
magazine/randi-zuckerberg-i-really -put-myself-out-there.html.

37   **kendimizi daha iyi hissedebilir:** Amy L. Gonzales ve Jeffrey
T. Hancock, "Mirror, Mirror on My Facebook Wall: Effects of
Exposure to Facebook on Self-Esteem", *Cyberpsychology, Behavior, and
Social Networking* 14 (2011): 79–83.

38   **kendimizi başkalarıyla kıyaslama dürtümüz:** Leon Festinger, "A
Theory of Social Comparison Processes", *Human Relations* 7 (1954):
117–140; ve Katja Corcoran, Jan Crusius ve Thomas Mussweiler,
"Social Comparison: Motives, Standards, and Mechanisms",
Theories in Social Psychology içinde, ed. D. Chadee (Oxford: Wiley-
Blackwell, 2011), 119–139. Bazen belli bir konuda ne durumda
olduğumuzu görmek için kendimizi başkalarıyla kıyaslarız. Bazen
de bunu kendimizi daha iyi hissetmek için (kendimizi bize göre
bizden "aşağıda" olan biriyle kıyasayarak) ya da hayatımızın bize göre
önemli bir yanını nasıl daha iyi hale getirebileceğimizi belirlemek
için (kendimizi bize göre bizden "yukarıda" olan biriyle kıyaslayarak)
yaparız. Ayrıca kendimizi başkalarıyla kıyaslamanın kendimizi
ölçmek ve kendi hakkımızda bilgi edinmek için verimli bir yol
olduğuna dair kanıtlar var.

38   **meslektaşlarımla birlikte yayınladığımız bir çalışmayla:** Verduyn
vd., "Passive Facebook Usage Undermines Affective Well-Being".

Hayatımızı başkalarının hayatlarıyla kıyaslamakla ne kadar çok
zaman geçirirsek sonuçlar da o kadar kötü oluyor. Bu duruma bir
örnek: 268 genç yetişkinle yapılan boylamsal bir araştırmaya göre,
insanlar Facebook'ta kendilerini başkalarıyla olumsuz bir biçimde
ne kadar kıyaslarlarsa o kadar çok yinelenen olumsuz düşünce ve
depresyon yaşıyorlar: Feinstein vd., "Negative Social Comparison
on Facebook and Depressive Symptoms", *Psychology of Popular Media
Culture* 2 (2013): 161–170.

Ayrıca bkz. Melissa G. Hunt vd., "No More FOMO: Limiting
Social Media Decreases Loneliness and Depression", *Journal of Social
and Clinical Psychology* 37 (2018): 751–768; Morten Tromholt, "The
Facebook Experiment: Quitting Facebook Leads to Higher Levels
of Well-Being", *Cyberpsychology, Behavior, and Social Networking*
19 (2016): 661–666; R. Mosquera vd., "The Economic Effects
of Facebook", *Experimental Economics* (2019); Holly B. Shakya

ve Nicholas A. Christakis, "Association of Facebook Use with Compromised Well-Being: A Longitudinal Study", *American Journal of Epidemiology* 185 (2017): 203–211; ve Cesar G. Escobar-Viera vd., "Passive and Active Social Media Use and Depressive Symptoms Among United States Adults", *Cyberpsychology, Behavior, and Social Networking* 21 (2018): 437–443.

Ayrıca yapılan araştırmalar bu bulguların Instagram gibi diğer sosyal medya platformları için de geçerli olduğunu gösteriyor. Eline Frison ve Steven Eggermont, "Browsing, Posting, and Liking on Instagram: The Reciprocal Relationships Between Different Types of Instagram Use and Adolescents' Depressed Mood", *Cyberpsychology, Behavior, and Social Networking* 20 (2017): 603–609.

38 **o kadar çok imrenme duygusu yaşadıklarını:** İmrenmenin olumsuz sonuçlarına dair çok sayıda araştırma var. Bununla birlikte, imrenme tek başına kötü bir duygu değil. Küçük dozlarda işlevsel olabiliyor ve bizi daha iyi olmaya teşvik edebiliyor: Jens Lange, Aaron Weidman ve Jan Crusius, "The Painful Duality of Envy: Evidence for an Integrative Theory and a Meta-analysis on the Relation of Envy and Schadenfreude", *Journal of Personality and Social Psychology* 114 (2018): 572–598.

38 **Bu soruya verilebilecek bir yanıt:** Olumsuz etkilerine rağmen neden sosyal medya kullanmaya devam ettiğimiz üzerine ek açıklamalar: (a) içinde yaşadığımız toplulukta neler olup bittiğinden haberdar olma isteğimiz, ki bu da herhangi bir zamanda kendimizi daha iyi hissetme arzumuza baskın çıkabilir, (b) başkalarından geribildirim alma isteğimiz ve (c) insanlar çoğu zaman Facebook kullanmanın duygu durumlarını nasıl etkileyeceği hakkında yanlış tahminlerde bulunurlar (örneğin, sosyal medyanın bize sağlayacağı olası faydalara odaklanırız ve bize getirebileceği zararları görmezden geliriz [veya bunların farkında bile değilizdir]). Bu konunun ele alındığı kaynak için *bkz.* Ethan Kross ve Susannah Cazaubon, "How Does Social Media Influence People's Emotional Lives?", *Applications of Social Psychology: How Social Psychology Can Contribute to the Solution of Real-World Problems* içinde, ed. J. Forgas, William D. Crano ve Klaus Fiedler (New York: Routledge-Psychology Press, 2020), 250–264.

38 **Harvard'lı nörobilimciler:** Diana I. Tamir ve Jason P. Mitchell, "Disclosing Information About the Self Is Intrinsically Rewarding", *Proceedings of the National Academy of Sciences of the United States of America* 109 (2012): 8038–8043.

39   **pek çok dünya dilinde:** Geoff MacDonald ve Mark R. Leary,
"Why Does Social Exclusion Hurt? The Relationship Between Social
and Physical Pain", *Psychological Bulletin* 131 (2005): 202–223; Naomi
I. Eisenberger, Matthew D. Lieberman ve Kipling D. Williams,
"Does Rejection Hurt? An fMRI Study of Social Exclusion", *Science*
302 (2003): 290–292.

39   **New York'un kalbi kırık sakinleri:** Ethan Kross vd., "Social
Rejection Shares Somatosensory Representations with Physical
Pain", *Proceedings of the National Academy of Sciences of the United States of
America* 108 (2011): 6270–6275.

40   **Sekiz milyon nüfuslu bir şehirde:** https://www.health.ny.gov/
statistics/vital_statistics/2007/table02.htm.

40   **bedenlerimizde olup biteni nasıl etkilediğini:** Naomi I.
Eisenberger ve Steve W. Cole, "Social Neuroscience and Health:
Neurophysiological Mechanisms Linking Social Ties with Physical
Health", *Nature Neuroscience* 15 (2012): 669–674; ve Gregory Miller,
Edith Chen ve Steve W. Cole, "Health Psychology: Developing
Biologically Plausible Models Linking the Social World and Physical
Health", *Annual Review of Psychology* 60 (2009): 501–524.

41   **yılda 500 milyar dolarlık:** Michele Hellebuyck vd., "Workplace
Health Survey", Mental Health America, www.mhanational.org/
sites/default/files/Mind%20the%20Workplace%20-%20MHA%20
Workplace%20Health%20Survey%202017%20FINAL.pdf.

41   **olumsuz sözel akıştır:** Çoğunlukla sözel ruminasyon ve endişe
biçiminde görülen saplantılı bilişin stres yanıtının süresini nasıl
uzattığı (giriş bölümüne bakınız) konusunda *bkz.* Brosschot, Gerin
ve Thayer, "Perseverative Cognition Hypothesis"; Jos F. Brosschot,
"Markers of Chronic Stress: Prolonged Physiological Activation and
(Un)conscious Perseverative Cognition", *Neuroscience and Biobehavioral
Reviews* 35 (2010): 46–50; and Cristina Ottaviani vd., "Physiological
Concomitants of Perseverative Cognition: A Systematic Review and
Meta-analysis", *Psychological Bulletin* 142 (2016): 231–259.

42   **geniş bir yelpazedeki hastalıklar:** Andrew Steptoe ve Mika
Kivimaki, "Stress and Cardiovascular Disease", *Nature Reviews
Cardiology* 9 (2012): 360–370; Suzanne C. Segerstrom ve Gregory
E. Miller, "Psychological Stress and the Human Immune System: A
Meta-analytic Study of 30 Years of Inquiry", *Psychological Bulletin*
130 (2004): 601–630; Bruce S. McEwen, "Brain on Stress: How the
Social Environment Gets Under the Skin", *Proceedings of the National*

Academy of Sciences of the United States of America 109 (2012): 17180–17185; Ronald Glaser ve Janice Kiecolt-Glaser, "Stress-Induced Immune Dysfunction: Implications for Health", *Nature Reviews Immunology* 5 (2005): 243–251; Edna Maria Vissoci Reiche, Sandra Odebrecht Vargas Nunes ve Helena Kaminami Morimoto, "Stress, Depression, the Immune System, and Cancer", *Lancet Oncology* 5 (2004): 617–625; A. Janet Tomiyama, "Stress and Obesity", *Annual Review of Psychology* 70 (2019): 703–718; ve Gregory E. Miller vd., "A Functional Genomic Fingerprint of Chronic Stress in Humans: Blunted Glucocorticoid and Increased NF-ϰB Signaling", *Biological Psychiatry* 15 (2008): 266–272.

42   **güçlü bir sosyal destek ağından yoksun olmanın:** Julianne Holt-Lunstad, Timothy B. Smith ve J. Bradley Layton, "Social Relationships and Mortality Risk: A Meta-analytic Review", *PLOS Medicine* 7 (2010): e1000316.

42   **tanılar arası (transdiagnostik):** Susan Nolen-Hoeksema ve Edward R. Watkins, "A Heuristic for Developing Transdiagnostic Models of Psychopathology: Explaining Multifinality and Divergent Trajectories", *Perspectives on Psychological Science* 6 (2011): 589–609; Katie A. McLaughlin vd., "Rumination as a Transdiagnostic Factor Underlying Transitions Between Internalizing Symptoms and Aggressive Behavior in Early Adolescents", *Journal of Abnormal Psychology* 123(2014): 13–23; Edward R. Watkins, "Depressive Rumination and Co-morbidity: Evidence for Brooding as a Transdiagnostic Process", *Journal of Rational-Emotive and Cognitive-Behavior Therapy* 27 (2009): 160–75; Douglas S. Mennin ve David M. Fresco, "What, Me Worry and Ruminate About DSM-5 and RDoC? The Importance of Targeting Negative Self-Referential Processing", *Clinical Psychology: Science and Practice* 20 (2013): 258–267; ve Brosschot, "Markers of Chronic Stress".

43   **DNA'nızın hücrelerinizin derinliklerine gömülü bir piyano olduğunu:** Gen ekspresyonuyla bir müzik aletini çalma arasındaki benzetmeyi yaparken şu kaynaklardan faydalandım: Jane Qiu, "Unfinished Symphony", *Nature* 441 (2006): 143–145; ve University of Texas Health Science Center, San Antonio, "Study Gives Clue as to How Notes Are Played on the Genetic Piano", *EurekAlert!*, 12 Mayıs 2011, www.eurekalert.org/pub_releases/2011-05/uoth-sgc051011.php.

43   **Steve Cole:** Steven W. Cole, "Social Regulation of Human Gene Expression", *American Journal of Public Health* 103 (2013): S84–S92.

Ayrıca Steve'in Stanford'da yaptığı şu konuşmadan da faydalandım: "Meng-Wu Lecture" (Center for Compassion and Altruism Research and Education'da yapılan konuşma, 12 Kasım 2013), ccare.stanford .edu/videos/meng-wu-lecture-steve-cole-ph-d/.

44 **inflamasyon geninin:** George M. Slavich ve Michael R. Irwin, "From Stress to Inflammation and Major Depressive Disorder: A Social Signal Transduction Theory of Depression", *Psychological Bulletin* 140 (2014): 774–815; Steve W. Cole vd., "Social Regulation of Gene Expression in Human Leukocytes", *Genome Biology* 8 (2007): R189; ve Gregory E. Miller, Edith Chen ve Karen J. Parker, "Psychological Stress in Childhood and Susceptibility to the Chronic Diseases of Aging: Moving Towards a Model of Behavioral and Biological Mechanisms", *Psychological Bulletin* 137 (2011): 959–997.

44 **hastalıkların ve enfeksiyonların:** Dırdırcı iç ses duyargalarını bir başka yoldan da DNA'mıza sarıyor: *telomerlerimiz* aracılığıyla. Telomerler kromozomlarımızın ucunda bulunan ve DNA'mızın sağlığımızı ve yaşam süremizi olumsuz yönde etkileyecek şekilde hasar görmesini önleyen yapılardır. Kısa telomerler yaşlanmayla ilişkili bir dizi hastalığa zemin hazırlar. Neyse ki hepimizde *telomeraz* denen ve telomerlerin kısalmasını önleyen bir kimyasal var. Sorun, kortizol gibi stres hormonlarının vücudumuzdaki bu kimyasalın miktarını azaltarak telomerlerimizin kısalma hızını artırması.

2004 yılında Elissa Epel, Nobel Ödüllü Elizabeth Blackburn ve meslektaşları, on aylık bir dönemde kadınların stres düzeyleri ile telomer uzunlukları arasındaki ilişki üzerine çığır açan bir araştırma yayınladılar. Beklendiği gibi, kadınların stres düzeyi ne kadar yüksekse –elbette stres dırdırcı iç sesi körükler, dırdırcı iç ses ise kronik strese yol açar– telomerleri de o kadar kısaydı. Daha çarpıcı olansa en yüksek düzeyde stres yaşayan kadınların telomer boyları, en düşük düzeyde stres yaşayan ve kendilerinden on yaştan daha büyük kadınların telomer boylarıyla aynıydı. Elissa S. Epel vd., "Accelerated Telomere Shortening in Response to Life Stress", *Proceedings of the National Academy of Sciences* 101 (2004): 17312–17315.

Ayrıntılı bilgi için *bkz.* Elizabeth H. Blackburn ve Elissa S. Epel, *The Telomere Effect* (New York: Grand Central Publishing, 2017). *Ayrıca bkz.* Elizabeth Blackburn, Elissa S. Epel ve Jue Lin, "Human Telomere Biology: A Contributory and Interactive Factor in Aging, Disease Risks, and Protection", *Science* 350 (2015): 1193–1198; ve Kelly E. Rentscher vd., "Psychosocial Stressors and Telomere Length: A Current Review of the Science", *Annual Review of Public*

Health 41 (2020): 223–245.

45   **yaklaşık yirmi yıl sonra:** Matt Kelly, "This Thirty-Nine-Year-Old Is Attempting a Comeback", MLB.com, 2 Ağustos 2018, https://www .mlb.com/news/rick-ankiel-to-attempt-comeback-c288544452 (erişim 9 Şubat 2020).

Bölüm 3

47   **"Birini öldürdün mü hiç?":** Eski öğrencimin anonimliğini korumak için bu hikâyedeki isimleri ve pek çok ayrıntıyı değiştirdim. Hikâyenin diğer tüm kısımları gerçek. Ayrıca hakkında inceleme yayınlanmış biriyle de görüştüm fakat kimliğini gizli tutmak için burada adını veremiyorum.

52   **beynimizin özgönderimsel işlem (kendimiz hakkında düşünme) ve duygusal tepki üretimiyle ilgili kısımları:** Ethan Kross vd., "Coping with Emotions Past: The Neural Bases of Regulating Affect Associated with Negative Autobiographical Memories", *Biological Psychiatry* 65 (2009): 361–366; ve Ayna Baladi Nejad, Philippe Fossati ve Cedric Lemogne, "Self-Referential Processing, Rumination, and Cortical Midline Structures in Major Depression", *Frontiers in Human Neuroscience* 7 (2013): 666.

52   *uzaklaşmayı:* Ethan Kross ve Özlem Ayduk, "Self-Distancing: Theory, Research, and Current Directions", *Advances in Experimental Social Psychology* içinde, ed. J. Olson and M. Zanna (Amsterdam: Elsevier, 2017), 81–136; ve John P. Powers ve Kevin S. LaBar, "Regulating Emotion Through Distancing: A Taxonomy, Neurocognitive Model, and Supporting Meta-analysis", *Neuroscience and Biobehavioral Reviews* 96 (2019): 155–173.

52   **psikolojik bağışıklık sistemi:** Psikolojik bağışıklık sistemi kavramı hakkında *bkz.* Daniel T. Gilbert vd., "Immune Neglect: A Source of Durability Bias in Affective Forecasting", *Journal of Personality and Social Psychology* 75 (1998): 617–638.

53   **özdenetim inceleme paradigmasını:** Walter Mischel, *The Marshmallow Test: Mastering Self-Control* (New York: Little, Brown, 2014); ve Walter Mischel, Yuichi Shoda ve Monica Rodriguez, "Delay of Gratification in Children", *Science* 244 (1989): 933–938.

54   **yinelenen olumsuz düşünceyle başa çıkmanın:** Özlem Ayduk, Walter Mischel ve Geraldine Downey, "Attentional Mechanisms Linking Rejection to Hostile Reactivity: The Role of 'Hot' Versus

'Cool' Focus", *Psychological Science* 13 (2002): 443–448. *Ayrıca bkz.* Cheryl L. Rusting ve Susan Nolen-Hoeksema, "Regulating Responses to Anger: Effects of Rumination and Distraction on Angry Mood", *Journal of Personality and Social Psychology* 74 (1998): 790–803.

54   **bu yaklaşımın da bir dezavantajı vardı:** Ethan Kross ve Özlem Ayduk, "Facilitating Adaptive Emotional Analysis: Distinguishing Distanced-Analysis of Depressive Experiences from Immersed-Analysis and Distraction", *Personality and Social Psychology Bulletin* 34 (2008): 924–938.

54   **terapistlerin danışanlarıyla çalışırken kullanabilecekleri temel araçlardan biri olduğu:** Aaron T. Beck, "Cognitive Therapy: Nature and Relation to Behavior Therapy", *Behavior Therapy* 1 (1970): 184–200. *Ayrıca bkz.* Rick E. Ingram ve Steven Hollon, "Cognitive Therapy for Depression from an Information Processing Perspective", *Personality, Psychopathology, and Psychotherapy Series: Information Processing Approaches to Clinical Psychology* içinde, ed. R. E. Ingram (San Diego: Academic Press, 1986), 259–281.

54   **sorunlar hakkında *düşünmemekle*:** Kaçınmanın zararları hakkında klasik bir çalışma için *bkz.* Edna B. Foa ve Michael J. Kozak, "Emotional Processing of Fear: Exposure to Corrective Information", *Psychological Bulletin* 99 (1986): 20–35. Metinde de belirttiğim gibi, insanlar farklı amaçlarla (örneğin, duygularından kaçınmak, onları farkındalıkla kabul etmek, onlara yaklaşmak ve onları analiz etmek için) araya mesafe koyabilirler. Tıpkı duvara bir çivi çakmak için de çiviyi sökmek için de kullanılabilecek bir çekiç gibi, mesafe koymanın da pek çok uygulama alanı vardır. Ve her araç gibi, faydalı mı yoksa zararlı mı olacağı, nasıl ve neden kullanıldığına bağlıdır. Kitabın bu bölümünde ele alınan çalışmada, mesafe koymanın faydalı olduğu ortaya konan alanlara odaklanıyorum: insanların olumsuz deneyimleri üzerine etkin bir şekilde düşünmelerine ve bunları anlamlandırma çabalarına yardımcı olduğu alanlara. Bu konuların daha ayrıntılı ele alındığı kaynaklar için *bkz.* Ethan Kross ve Özlem Ayduk, "Self-Distancing: Theory, Research, and Current Directions".

55   **güçlü bir optik cihaz:** Georgia Nigro ve Ulric Neisser, "Point of View in Personal Memories", *Cognitive Psychology* 15 (1983): 467–482; John A. Robinson ve Karen L. Swanson, "Field and Observer Modes of Remembering", *Memory* 1 (1993): 169–184. İnsanlar şiddetli olumsuz duygular yaşadıkları deneyimleri olayın

içine daldıkları / birinci tekil şahıs perspektifinden hatırlamaya eğilimlidirler: Arnaud D'Argembau, "Phenomenal Characteristics of Autobiographical Memories for Positive, Negative, and Neutral Events", *Applied Cognitive Psychology* 17 (2003): 281–294; ve Heather K. McIsaac ve Eric Eich, "Vantage Point in Episodic Memory", *Psychonomic Bulletin and Review* 9 (2002): 146–150. Öte yandan, travma ve topluluk içinde utanç deneyimleri kendine mesafeli / gözlemci perspektifinden hatırlanmaya daha yatkındır: Lucy M. Kenny vd., "Distant Memories: A Prospective Study of Vantage Point of Trauma Memories", *Psychological Science* 20 (2009): 1049–1052; ve Meredith E. Coles vd., "Effects of Varying Levels of Anxiety Within Social Situations: Relationship to Memory Perspective and Attributions in Social Phobia", *Behaviour Research and Therapy* 39 (2001): 651–665. Duygu durum yönetimi için bu ayrımın önemi konusunda *bkz.* Ethan Kross ve Özlem Ayduk, "Self-Distancing: Theory, Research, and Current Directions".

55 **Duvardaki bir sineğe:** Ethan Kross, Özlem Ayduk ve Walter Mischel, "When Asking 'Why' Does Not Hurt: Distinguishing Rumination from Reflective Processing of Negative Emotions", *Psychological Science* 16 (2005): 709–715.

55 **sözel akışları arasındaki fark:** Burada alıntıladığım sözel akış örnekleri şu kaynaktan alındı: Ethan Kross ve Özlem Ayduk, "Making Meaning out of Negative Experiences by Self-Distancing", *Current Directions in Psychological Science* 20 (2011): 187–191.

56 **stres altındayken insanların kalp damar sisteminde ortaya çıkan:** Özlem Ayduk ve Ethan Kross, "Enhancing the Pace of Recovery: Self-Distanced Analysis of Negative Experiences Reduces Blood Pressure Reactivity", *Psychological Science* 19 (2008): 229–231. *Ayrıca bkz.* Rebecca F. Ray, Frank H. Wilhelm ve James J. Gross, "All in the Mind's Eye? Anger Rumination and Reappraisal", *Journal of Personality and Social Psychology* 94 (2008): 133–145.

56 **beyindeki duygusal aktiviteyi azalttığını:** Brittany M. Christian vd., "When Imagining Yourself in Pain, Visual Perspective Matters: The Neural and Behavioral Correlates of Simulated Sensory Experiences", *Journal of Cognitive Neuroscience* 27 (2015): 866–875.

56 **daha az düşmanlık ve şiddet gösterme isteği:** Dominik Mischkowski, Ethan Kross ve Brad Bushman, "Flies on the Wall Are Less Aggressive: Self-Distancing 'in the Heat of the Moment' Reduces Aggressive Thoughts, Angry Feelings, and Aggressive

Behavior", *Journal of Experimental Social Psychology* 48 (2012): 1187–1191. *Ayrıca bkz.* Tamara M. Pfeiler vd., "Adaptive Modes of Rumination: The Role of Subjective Anger", *Cognition and Emotion* 31 (2017): 580–589.

56   **depresyondaki kişilerde:** Ethan Kross vd., "'Asking Why' from a Distance: Its Cognitive and Emotional Consequences for People with Major Depressive Disorder", *Journal of Abnormal Psychology* 121 (2012): 559–569; Ethan Kross ve Özlem Ayduk, "Boundary Conditions and Buffering Effects: Does Depressive Symptomology Moderate the Effectiveness of Distanced-Analysis for Facilitating Adaptive Self-Reflection?", *Journal of Research in Personality* 43 (2009): 923–927; Emma Travers-Hill vd., "Beneficial Effects of Training in Self-Distancing and Perspective Broadening for People with a History of Recurrent Depression", *Behaviour Research and Therapy* 95 (2017): 19–28. Mesafe koymanın klinik sonuçları ve farklı koşullarda nasıl işlediği konusundaki araştırmaların bir özeti için *bkz.* Ethan Kross ve Özlem Ayduk, "Self-Distancing: Theory, Research, and Current Directions".

56   **son derece kaygılı ebeveynlerde:** Louis A. Penner vd., "Self-Distancing Buffers High Trait Anxious Pediatric Cancer Caregivers Against Short-and Longer-Term Distress", *Clinical Psychological Science* 4 (2016): 629–640.

57   **Philippe Verduyn:** Philippe Verduyn vd., "The Relationship Between Self-Distancing and the Duration of Negative and Positive Emotional Experiences in Daily Life", *Emotion* 12 (2012): 1248–1263. Mesafe koymanın olumlu etkiyi de azalttığına dair kavramsal bir replikasyon için *bkz.* June Gruber, Allison G. Harvey, and Sheri L. Johnson, "Reflective and Ruminative Processing of Positive Emotional Memories in Bipolar Disorder and Healthy Controls", *Behaviour Research and Therapy* 47 (2009): 697–704. Mesafe koymanın uzun süreli faydaları hakkında deneysel veri için *bkz.* Kross ve Ayduk, "Facilitating Adaptive Emotional Analysis".

57   **gömülmeye ya da ondan uzaklaşmaya meyilli olduğumuzu anlamıştık artık:** Özlem Ayduk ve Ethan Kross, "From a Distance: Implications of Spontaneous Self-Distancing for Adaptive Self-Reflection", *Journal of Personality and Social Psychology* 98 (2010): 809–829.

58   **Stanford Üniversitesi'ndeki araştırmacılar:** Ray, Wilhelm ve Gross, "All in the Mind's Eye?"

58 **Atlantik Okyanusu'nun öte yakasında:** Patricia E. Schartau, Tim Dalgleish ve Barnaby D. Dunn, "Seeing the Bigger Picture: Training in Perspective Broadening Reduces Self-Reported Affect and Psychophysiological Response to Distressing Films and Autobiographical Memories", *Journal of Abnormal Psychology* 118 (2009): 15–27.

58 **bir görüntüyü sadece zihninde küçültmesinin:** Joshua Ian Davis, James J. Gross ve Kevin N. Ochsner, "Psychological Distance and Emotional Experience: What You See Is What You Get", *Emotion* 11 (2011): 438–444.

58 **not ortalamalarının yükseldiği:** David S. Yeager vd., "Boring but Important: A Self-Transcendent Purpose for Learning Fosters Academic Self-Regulation", *Journal of Personality and Social Psychology* 107 (2014): 558–580.

59 **Milattan önce 1010 yılı civarıydı:** John S. Knox, "Solomon", *Ancient History Encyclopedia,* Jan. 25, 2017, www.ancient.eu/solomon/.

59 **İncil'in bize anlattığına göre:** Robert Alter, *The Hebrew Bible: A Translation with Commentary* (New York: W. W. Norton, 2018).

60 **"Süleyman'ın Paradoksu":** Igor Grossmann ve Ethan Kross, "Exploring Solomon's Paradox: Self-Distancing Eliminates the Self-Other Asymmetry in Wise Reasoning About Close Relationships in Younger and Older Adults", *Psychological Science* 25 (2014): 1571–1580.

60 **Lincoln bu olayla ilgili:** Doris Kearns Goodwin, *Team of Rivals* (New York: Simon & Schuster, 2005).

60 **bilgeliğin ne anlama geldiği:** Igor Grossmann, "Wisdom in Context", *Perspectives on Psychological Science* 12 (2017): 233–257.

61 **bilgeliği yaşla özdeşleştiririz:** Igor Grossmann vd., "Reasoning About Social Conflicts Improves into Old Age", *PNAS* 107 (2010): 7246–7250. *Ayrıca bkz.* Darrell A. Worthy vd., "With Age Comes Wisdom: Decision Making in Younger and Older Adults", *Psychological Science* 22 (2011): 1375–1380.

61 **bir başkasının başına geldiğini:** Grossmann ve Kross, "Exploring Solomon's Paradox"; ve Alex C. Huynh vd., "The Wisdom in Virtue: Pursuit of Virtue Predicts Wise Reasoning About Personal Conflicts", *Psychological Science* 28 (2017): 1848–1856.

62 **hiçbir şey yapmamayı tercih ettiğini:** Bu eğilime eylemsizlik-ihmal önyargısı deniyor. Ilana Ritov ve Jonathan Baron, "Reluctance

to Vaccinate: Omission Bias and Ambiguity", *Journal of Behavioral Decision Making* 3 (1990): 263–277.

62   **ki bu muazzam bir farktır:** Bu araştırmada insanlardan üç farklı koşulda kendileri dışında biri için tıbbi bir karar vermeleri istendi. Katılımcılara rastgele şu roller verildi: bir hasta için karar veren bir doktor, tüm hastalar için tedavi politikası belirleyen bir yönetici, çocuğu için bir karar veren bir ebeveyn. "Başkası için karar verme" koşullarının her biri birbirlerine denk olan ama katılımcıların kendileri için verdikleri kararlara üstün olan sonuçlar doğurdular. Metin için üç koşuldaki yanıtların ortalamasını aldım. Brian J. Zikmund-Fisher vd., "A Matter of Perspective: Choosing for Others Differs from Choosing for Yourself in Making Treatment Decisions", *Journal of General Internal Medicine* 21 (2006): 618–622.

62   **18 milyon:** Global Cancer Observatory, "Globocan 2018", International Agency for Research on Cancer, World Health Organization, 1, gco.iarc.fr/today/data/factsheets/cancers/39-All-cancers-fact -sheet.pdf.

62   **"içeriden bakmayı" bırakmak:** Daniel Kahneman, *Thinking, Fast and Slow* (New York: Farrar, Straus and Giroux, 2011).

62   **genel olarak karar vermeye:** Qingzhou Sun vd., "Self-Distancing Reduces Probability-Weighting Biases", *Frontiers in Psychology* 9 (2018): 611.

62   **Gereksiz bilgi kalabalığını:** Jun Fukukura, Melissa J. Ferguson ve Kentaro Fujita, "Psychological Distance Can Improve Decision Making Under Information Overload via Gist Memory", *Journal of Experimental Psychology: General* 142 (2013): 658–665.

63   **eğilimini dizginleyebilir:** Evan Polman, "Self-Other Decision Making and Loss Aversion", *Organizational Behavior and Human Decision Processes* 119 (2012): 141–150; Flavia Mengarelli vd., "Economic Decisions for Others: An Exception to Loss Aversion Law", *PLoS One* 9 (2014): e85042; ve Ola Andersson vd., "Deciding for Others Reduces Loss Aversion", *Management Science* 62 (2014): 29–36.

63   **2008 ABD başkanlık seçimlerinden:** Ethan Kross ve Igor Grossmann, "Boosting Wisdom: Distance from the Self Enhances Wise Reason ing, Attitudes, and Behavior", *Journal of Experimental Psychology: General* 141 (2012): 43–48.

63 **çatışmayı hafifletiyordu**: Özlem Ayduk ve Ethan Kross, "From a Distance: Implications of Spontaneous Self-Distancing for Adaptive Self-Reflection".

64 **romantik duyguların aşınmasına karşı bir tampon oluşturduğunu**: Eli J. Finkel vd., "A Brief Intervention to Promote Conflict Reappraisal Preserves Marital Quality over Time", *Psychological Science* 24 (2013): 1595–1601.

66 **olumlu kişisel anlatılar oluşturmak**: *Bkz*. Dan P. McAdams ve Kate C. McLean, "Narrative Identity", *Current Directions in Psychological Science* 22 (2013): 233–238.

66 *Gelecekten bakma*: Emma Bruehlman-Senecal ve Özlem Ayduk, "This Too Shall Pass: Temporal Distance and the Regulation of Emotional Distress", *Journal of Personality and Social Psychology* 108 (2015): 356–375. *Ayrıca bkz*. Emma Bruehlman-Senecal, Özlem Ayduk ve Oliver P. John, "Taking the Long View: Implications of Individual Differences in Temporal Distancing for Affect, Stress Reactivity, and Well-Being", *Journal of Personality and Social Psychology* 111 (2016): 610–635; S. P. Ahmed, "Using Temporal Distancing to Regulate Emotion in Adolescence: Modulation by Reactive Aggression", *Cognition and Emotion* 32 (2018): 812–826; ve Alex C. Huynh, Daniel Y. J. Yang ve Igor Grossmann, "The Value of Prospective Reasoning for Close Relationships", *Social Psychological and Personality Science* 7 (2016): 893–902.

67 **James Pennebaker**: *Bkz*. James W. Pennebaker, "Writing About Emotional Experiences as a Therapeutic Process", *Psychological Science* 8 (1997): 162–166; James W. Pennebaker and Cindy K. Chung, "Expressive Writing: Connections to Physical and Mental Health", *The Oxford Handbook of Health Psychology* içinde, ed. H. S. Friedman (Oxford: Oxford University Press, 2011), 417–437; *ayrıca bkz*. Eva-Maria Gortner, Stephanie S. Rude ve James W. Pennebaker, "Benefits of Expressive Writing in Lowering Rumination and Depressive Symptoms", *Behavior Therapy* 37 (2006): 292–303; Denise M. Sloan vd., "Expressive Writing Buffers Against Maladaptive Rumination", *Emotion* 8 (2008): 302–306; ve Katherine M. Krpan vd., "An Everyday Activity as a Treatment for Depression: The Benefits of Expressive Writing for People Diagnosed with Major Depressive Disorder", *Journal of Affective Disorders* 150 (2013): 1148–1151.

68 **deneyimimizden uzaklaşmamızı mümkün kılar**: Jiyoung Park, Özlem Ayduk ve Ethan Kross, "Stepping Back to Move Forward: Expressive Writing Promotes Self-Distancing", *Emotion*

16 (2016): 349–364. Park ve meslektaşlarının belirttiği gibi, duygu ve düşünceleri yazarak ifade etmenin işe yaramasının tek nedeni uzaklaşmayı sağlaması değildir.

Bölüm 4

72   **frekans yanılsaması:** Şu isimle de bilinir: "Baader-Meinhof phenomenon, Baader-Meinhof", *Oxford English Dictionary,* 6 Nisan 2020, https://www.oed.com/view/Entry/250279.

73   **LeBron James'e:** Michael Wilbon tarafından yapılan röportaj. Henry Abbott, "LeBron James' Post-decision Interviews", ESPN, 9 Temmuz 2010, https://www.espn.com/blog/truehoop/post/_/id/17856/lebron -james-post-decision-interviews and Jim Gray, "LeBron James 'The Decision,' " ESPN, 8 Temmuz 2010, https://www.youtube.com/watch ?v=bHSLw8DLm20.

73   **Malala Yusufzay'ın:** Malala Yousafzai, Jon Stewart tarafından yapılan röportaj, *The Daily Show with Jon Stewart,* 8 Ekim 2013.

74   **Jennifer Lawrence:** Brooks Barnes, "Jennifer Lawrence Has No Appetite for Playing Fame Games", *New York Times,* 9 Eylül 2015.

74   **Galya Seferi'ne:** Julius Caesar, *Caesar's Gallic War: With an Introduction, Notes, and Vocabulary by Francis W. Kelsey,* 7th ed. (Boston: Allyn and Bacon, 1895).

74   ***Henry Adams'ın Eğitimi:*** Henry Adams, *The Education of Henry Adams: An Autobiography* (Cambridge, MA: Massachusetts Historical Society, 1918).

75   **en etkili yollarından.** Sally Dickerson ve Margaret E. Kemeny, "Acute Stressors and Cortisol Responses: A Theoretical Integration and Synthesis of Laboratory Research", *Psychological Bulletin* 130 (2004): 355–391.

75   **topluluk karşısında bir konuşma:** Ethan Kross vd., "Self-Talk as a Regulatory Mechanism: How You Do It Matters", *Journal of Personality and Social Psychology* 106 (2014): 304–324.

75   **olumsuz duyguya işaret eden:** Tarihsel bir bakış ve meta-analiz için *bkz.* Allison M. Tackman vd., "Depression, Negative Emotionality, and Self-Referential Language: A Multi-lab, Multi-measure, and Multi-language-task Research Synthesis", *Journal of Personality and Social Psychology* 116 (2019): 817–834; ve To'Meisha Edwards ve Nicholas S. Holtzman, "A Meta-Analysis of Correlations Be tween

Depression and First-Person Singular Pronoun Use", *Journal of Research in Personality* 68 (2017): 63–68.

75 **Örneğin:** Metinde bahsettiğim iki çalışma bizim kendi kendine konuşma üzerine çalışmamızdan sonra yayınlandı. Bununla birlikte, bir önceki son notta bahsi geçen makalelerin de ortaya koyduğu gibi, birinci tekil şahıs kullanımı ile olumsuz etki arasındaki ilişkiyi ortaya koyan araştırmalar onlarca yıl öncesinden beri yapılıyordu. Ben bu ilişkiye kanıt olarak daha yeni çalışmaları seçtim çünkü son derece ikna edici bulgular sunuyorlar. Tackman vd., "Depression, Negative Emotionality, and Self-Referential Language: A Multi-lab, Multi-measure, and Multi-language-task Research Synthesis"; ve Johannes C. Eichstaedt vd., "Facebook Language Predicts Depression in Medical Records", *Proceedings of the National Academy of Sciences of the United States of America* 115 (2018): 11203–11208.

75 *mesafeli iç konuşma: Bkz.* Ethan Kross ve Özlem Ayduk, "Self-Distancing: Theory, Research, and Current Directions"; ve Ariana Orvell vd., "Linguistic Shifts: A Relatively Effortless Route to Emotion Regulation?", *Current Directions in Psychological Science* 28 (2019): 567–573.

77 **üçüncü tekil şahıs zamiri olan "o"ya:** Üçüncü çoğul şahıs zamiri "onlar"ı kullanmanın da aynı sonucu verip vermeyeceğini sormak gerek. Bu fikri doğrudan sınamadıysak da teoride aynı mesafe yaratan ve duygu düzenleyen etkiyi uyandırması beklenir.

77 **diğer araştırmalar:** Kross vd., "Self-Talk as a Regulatory Mechanism"; Sanda Dolcos ve Dolores Albarracin, "The Inner Speech of Behavioral Regulation: Intentions and Task Performance Strengthen When You Talk to Yourself as a You", *European Journal of Social Psychology* 44 (2014): 636–642; ve Grossmann ve Kross, "Exploring Solomon's Paradox." Kendi kendine mesafeli konuşmanın faydalarının görüldüğü başka alanlar için *bkz.* Celina Furman, Ethan Kross ve Ashley Gearhardt, "Distanced Self-Talk Enhances Goal Pursuit to Eat Healthier", *Clinical Psychological Science* 8 (2020): 366–373; Ariana Orvell vd., "Does Distanced Self-Talk Facilitate Emotion Regulation Across a Range of Emotionally Intense Experiences?", *Clinical Psychological Science* (yayına hazırlanıyor); ve Jordan B. Leitner vd., "Self-Distancing Improves Interpersonal Perceptions and Behavior by Decreasing Medial Prefrontal Cortex Activity During the Provision of Criticism", *Social Cognitive and Affective Neuroscience* 12 (2017): 534–543.

77   **2014 yılında Ebola krizinin:** Ethan Kross vd., "Third-Person Self-Talk Reduces Ebola Worry and Risk Perception by Enhancing Rational Thinking", *Applied Psychology: Health and Well-Being* 9 (2017): 387–409.

78   **dırdırcı iç sesi en çok kışkırtan senaryolardan birinde:** Aaron C. Weidman vd., "Punish or Protect: How Close Relationships Shape Responses to Moral Violations", *Personality and Social Psychology Bulletin* 46 (2019).

79   **deiktik ifadeler:** Orvell vd., "Linguistic Shifts"; ve Roman Jakobson, *Shifters, Verbal Categories, and the Russian Verb* (Cambridge, MA: Harvard University, Russian Language Project, Department of Slavic Languages and Literatures, 1957). *Ayrıca bkz.* Orvell vd., "Linguistic Shifts".

80   **milisaniyeler içinde:** *Bkz.* Orvell vd., "Linguistic Shifts".

80   **Bir saniyecik:** Jason S. Moser vd., "Third-Person Self-Talk Facilitates Emotion Regulation Without Engaging Cognitive Control: Converging Evidence from ERP and fMRI", *Scientific Reports* 7 (2017): 1–9.

80   **yönetici işlevlere aşırı bir yük bindirdiğine:** ibid

80   **Madde-22 durumu:** Orvell vd., "Linguistic Shifts".

81   **kendine yazdığı bir mektupta:** Robert Ito, "Fred Rogers's Life in 5 Artifacts", *New York Times*, 5 Haziran 2018.

82   **aşılacak bir engel:** Jim Blascovich ve Joe Tomaka, "The Biopsychosocial Model of Arousal Regulation", *Advances in Experimental Social Psychology* 28 (1996): 1–51; ve Richard S. Lazarus ve Susan Folkman, *Stress, Appraisal, and Coping* (New York: Springer, 1984).

83   **destekleyen çok sayıda araştırma:** *Bkz.* Jeremy P. Jamieson, Wendy Berry Mendes ve Matthew K. Nock, "Improving Acute Stress Responses: The Power of Reappraisal", *Current Directions in Psychological Science* 22 (2013): 51–56. *Ayrıca bkz.* Adam L. Alter vd., "Rising to the Threat: Reducing Stereotype Threat by Reframing the Threat as a Challenge", *Journal of Experimental Social Psychology* 46 (2010): 155–171; ve Alison Wood Brooks, "Get Excited: Reappraising Pre-performance Anxiety as Excitement", *Journal of Experimental Psychology: General* 143 (2014): 1144–1158.

83   **yüzde yetmiş beşi:** Kross vd., "Self-Talk as a Regulatory Mechanism".

84 **Vücut dillerinde de bunu görmek mümkün:** Jim Blascovich ve Joe Tomaka, "The Biopsychosocial Model of Arousal Regulation"; Mark D. Seery, "Challenge or Threat? Cardiovascular Indexes of Resilience and Vulnerability to Potential Stress in Humans", *Neuroscience and Biobehavioral Reviews* 35 (2011): 1603–1610.

84 **kalp damar sistemi işleyişinde:** Lindsey Streamer vd., "Not I, but She: The Beneficial Effects of Self-Distancing on Challenge/Threat Cardiovascular Responses", *Journal of Experimental Social Psychology* 70 (2017): 235–241.

85 **Batman Etkisi:** Rachel E. White vd., "The 'Batman Effect': Improving Perseverance in Young Children", *Child Development* 88 (2017): 1563–1571. Stephanie ve meslektaşları Batman Etkisini farklı bağlamlarda da incelediler. Bir çalışmada, bu aracın beş yaşındaki çocuklarda yönetici işlevleri geliştirebildiğini gördüler: Rachel E. White ve Stephanie M. Carlson, "What Would Batman Do? Self-Distancing Improves Executive Function in Young Children", *Developmental Science* 19 (2016): 419–426. Başka bir çalışmada bu aracın özellikle de çözümü olmayan zor görevler üzerinde çalışırken özdenetim düzeyleri düşük olan küçük yaştaki çocuklar ve korunmasız çocuklar için etkili olduğunu gördüler: Amanda Grenell vd., "Individual Differences in the Effectiveness of Self-Distancing for Young Children's Emotion Regulation", *British Journal of Developmental Psychology* 37 (2019): 84–100.

85 **bir ebeveynin kaybı:** Julie B. Kaplow vd., "Out of the Mouths of Babes: Links Between Linguistic Structure of Loss Narratives and Psychosocial Functioning in Parentally Bereaved Children", *Journal of Traumatic Stress* 31 (2018): 342–351.

86 **Deneyimleri *normalleştirmek*:** Robert L. Leahy, "Emotional Schema Therapy: A Bridge over Troubled Waters", *Acceptance and Mindfulness in Cognitive Behavior Therapy: Understanding and Applying New Therapies* içinde, ed. J. D. Herbert ve E. M. Forman (Hoboken, NJ: John Wiley & Sons, 2011), 109–131; ve Blake E. Ashforth ve Glen E. Kreiner, "Normalizing Emotion in Organizations: Making the Extraordinary Seem Ordinary", *Human Resource Management Review* 12 (2002): 215–235.

87 **Sheryl Sandberg'ün:** Sheryl Sandberg'ün eşinin ölümü hakkındaki Facebook gönderisi, Facebook, 3 Haziran 2015, www.facebook.com/sheryl/posts/10155617891025177:0. *Ayrıca bkz.* Sheryl Sandberg ile Oprah Winfrey, *Super Soul Sunday,* 25 Haziran 2017,

http:// www.oprah.com/own-super-soul-sunday/the-daily-habit-the
-helped-sheryl-sandberg-heal-after-tragedy-video.

87   **faydalı bir duygusal mesafe koymanın** Park, Ayduk ve Kross,
"Stepping Back to Move Forward".

88   **"jenerik 'sen'"** Ariana Orvell, Ethan Kross ve Susan Gelman, "How
'You' Makes Meaning", *Science* 355 (2017): 1299–1302. *Ayrıca bkz.*
Ariana Orvell, Ethan Kross ve Susan Gelman, "Lessons Learned:
Young Children's Use of Generic-You to Make Meaning from
Negative Experiences", *Journal of Experimental Psychology: General* 148
(2019): 184–191.

88   **bir başka dil hilesi** Orvell vd., "Linguistic Shifts".

89   **Deneyimlerinden ders çıkarmaları istenen** Orvell, Kross, anved
Gelman, "How 'You' Makes Meaning".

Bölüm 5

91   **Ardından tekrar öğrencilere ateş açtı:** Steven Gray, "How the
NIU Massacre Happened", *Time,* 16 Şubat 2008, content.time.com/
time/nation/article/0,8599,1714069,00.html.

92   **Amanda Vicary ve R. Chris Fraley:** Amanda M. Vicary ve R.
Chris Fraley, "Student Reactions to the Shootings at Virginia Tech
and Northern Illinois University: Does Sharing Grief and Support
over the Internet Affect Recovery?", *Personality and Social Psychology
Bulletin* 36 (2010): 1555–1563; Northern Illinois University silahlı
saldırısına dair 14 Şubat 2008 tarihli rapor, https://www.niu.edu/
forward/_pdfs/archives/feb14report.pdf; Susan Saulny ve Monica
Davey, "Gunman Kills at Least 5 at U.S. College", *New York Times,*
15 Şubat 2008; ve Cheryl Corley ve Scott Simon, "NIU Students
Grieve at Vigil", NPR, 16 Şubat 2008, https://www.npr.org/
templates/story/story.php?storyId=19115808&t=1586343329323.

93   **Bir Virginia Tech öğrencisi:** Vicary and Fraley, "Student Reactions
to the Shootings at Virginia Tech and Northern Illinois University".

94   **11 Eylül saldırılarının:** Mark D. Seery vd., "Expressing Thoughts
and Feelings Following a Collective Trauma: Immediate Responses
to 9/11 Predict Negative Outcomes in a National Sample",
Journal of Consulting and Clinical Psychology 76 (2008): 657–667.
11 Eylül olaylarının ardından duyguların ifade edilişini ölçmekte
kullanılan ölçek, katılımcılardan 11 Eylül hakkındaki düşüncelerini
paylaşmalarını isteyen açık uçlu bir soruydu. Yazarlar bu soruyu

insanların duygularını başkalarıyla paylaşma eğilimlerini ölçmek için kullandılar (s.663, 665). Burada önemli bir nokta, yazarların açık uçlu soruyu cevaplayan kişilerin aynı zamanda saldırılardan sonra daha çok duygusal destek almaya çalışan ve başkalarına daha çok dert yanan kişiler olduklarını ortaya koymalarıdır (s. 664).

Duyguları ifade etmenin her zaman faydalı olmadığına işaret eden daha fazla kaynak için *bkz.* Richard McNally, Richard J. Bryant ve Anke Ehlers, "Does Early Psychological Intervention Promote Recovery from Posttraumatic Stress?", *Psychological Science in the Public Interest* 4 (2003): 45–79; Arnold A. P. van Emmerik vd., "Single Session Debriefing After Psychological Trauma: A Meta-analysis", *Lancet* 360 (2002): 766–771; George A. Bonanno, "Loss, Trauma, and Human Resilience: Have We Underestimated the Human Capacity to Thrive After Extremely Aversive Events?", *American Psychologist* 59 (2004): 20–28; Bushman, "Does Venting Anger Feed or Extinguish the Flame?"; Bushman vd., "Chewing on It Can Chew You Up"; and Rimé, "Emotion Elicits the Social Sharing of Emotion".

95 **Bu yaklaşımın ilk savunucularından biri:** Aristotle, *Poetics* (Newburyport, MA: Pullins, 2006). *Ayrıca bkz.* Brad J. Bushman, "Catharsis of Aggression", *Encyclopedia of Social Psychology* içinde, ed. Roy F. Baumeister ve Kathleen D. Vohs (Thousand Oaks, CA: Sage, 2007), 135–137; ve *Encyclopaedia Britannica* editörleri, "Catharsis", *Encyclopaedia Britannica*.

96 **Sigmund Freud ve hocası:** Josef Breuer ve Sigmund Freud, *Studies on Hysteria, 1893–1895* (Londra: Hogarth Press, 1955).

96 **çok daha erken bir evresinde:** Bu kısımda Bernard Rimé'nin gelişimsel süreçlerin kişiler arası bir süreç olarak duygu yönetimindeki rolü üzerine ortaya koyduğu kusursuz sentezi kullandım. Rimé, "Emotion Elicits the Social Sharing of Emotion".

97 **çok temel bir ihtiyaç olan ait olma ihtiyacımız:** Roy F. Baumeister ve Mark R. Leary, "The Need to Belong: Desire for Interpersonal Attachments as a Fundamental Human Motivation", *Psychological Bulletin* 117 (1995): 497–529.

97 **"yaklaş ve arkadaşlık kur" tepkisi:** Shelley E. Taylor, "Tend and Befriend: Biobehavioral Bases of Affiliation Under Stress", *Current Directions in Psychological Science* 15 (2006): 273–77.

97 **başka insanlara yönelmek:** Araştırmalar, sadece başkalarını önemsediğimizi düşünmenin, zihnimizde görüntülerini canlandırmanın bile beynimizde hazır bir senaryo varmışçasına

içimizdeki rehberi harekete geçirdiğini gösteriyor. Bağlanma üzerine araştırmaların öncülerinden psikologlar Mario Mikulincer ve Phillip Shaver'a göre, dile getirilmeyen zihinsel senaryo şöyle bir şey: "Bir engelle karşılaşır veya bir zorluk yaşarsam yanına gidip yardım isteyebileceğim belirli birisi var; büyük ihtimalle bana yardım etmeye hazır ve istekli; bu insana yakınlığım sonucunda sıkıntımdan kurtulma ve rahatlama yaşayabilirim; ardından diğer eylemleri yapmaya dönebilirim." Mario Mikulincer vd., "What's Inside the Minds of Securely and Insecurely Attached People? The Secure-Base Script and Its Associations with Attachment-Style Dimensions", *Journal of Personality and Social Psychology* 97 (2002): 615–633.

Bu senaryo fikrini 2015 yılında meslektaşım, Cornell'dan psikolog Vivian Zayas ve öğrencileriyle yaptığımız ve bağlılık duyulan kişilerin fotoğraflarına bakmanın insanların dırdırcı iç sesle başa çıkmalarında bir etkisi olup olmadığını araştırdığımız bir dizi çalışmada da kullandık. İnsanlardan özellikle dırdırcı iç sese neden olan olumsuz bir deneyimi akıllarından geçirmelerini ve ardından kendi annelerinin ya da başka birinin annesinin fotoğrafına bakmalarını istedik. Tıpkı Mikulincer ve Shaver'ın da tahmin edecekleri gibi, kendi annelerinin fotoğrafına bakan insanların duygusal acısı azalıyordu ve kendilerini çok daha iyi hissettiklerini belirtiyorlardı. Emre Selçuk vd., "Mental Representations of Attachment Figures Facilitate Recovery Following Upsetting Autobiographical Memory Recall", *Journal of Personality and Social Psychology* 103 (2012): 362–378.

98   **bilişsel ihtiyaçlarımızdan ziyade duygusal ihtiyaçlarımızı:** Experience", *Journal of Social and Personal Relationships* 32 (2014): 757–787. *Ayrıca bkz.* Lisanne S. Pauw vd., "Sense or Sensibility? Social Sharers' Evaluations of Socio-affective vs. Cognitive Support in Response to Negative Emotions", *Cognition and Emotion* 32 (2018): 1247–1264.

99   **bizi dinleyen kişinin bu işaretleri gözden kaçırmaya meyilli olduğunu:** Lisanne S. Pauw vd., "I Hear You (Not): Sharers' Expressions and Listeners' Inferences of the Need for Support in Response to Negative Emotions", *Cognition and Emotion* 33 (2019): 1129–1243.

99   **birlikte ruminasyon:** Amanda J. Rose, "Co-rumination in the Friendships of Girls and Boys", *Child Development* 73 (2002): 1830–1843; Jason S. Spendelow, Laura M. Simonds ve Rachel E. Avery, "The Relationship Between Co-rumination and Internalizing

Problems: A Systematic Review and Meta-analysis", *Clinical Psychology and Psychotherapy* 24 (2017): 512–527; Lindsey B. Stone vd., "Co-rumination Predicts the Onset of Depressive Disorders During Adolescence", *Journal of Abnormal Psychology* 120 (2011): 752–757; ve Benjamin L. Hankin, Lindsey Stone ve Patricia Ann Wright, "Co-rumination, Interpersonal Stress Generation, and Internalizing Symptoms: Accumulating Effects and Transactional Influences in a Multi-wave Study of Adolescents", *Developmental Psychopathology* 22 (2010): 217–235. *Ayrıca bkz.* Rimé, "Emotion Elicits the Social Sharing of Emotion".

100 **Söz konusu iç sesimiz olduğunda:** Yayılan aktivasyon teorilerinin yinelenen olumsuz düşüncede oynadığı rol hakkında *bkz.* Rusting ve Nolen-Hoeksema, "Regulating Responses to Anger".

101 **En verimli sohbetler:** Andrew C. High ve James Price Dillard, "A Review and Meta-analysis of Person-Centered Messages and Social Support Outcomes", *Communication Studies* 63 (2012): 99–118; Frederic Nils ve Bernard Rimé, "Beyond the Myth of Venting: Social Sharing Modes Determine Emotional and Social Benefits from Distress Disclosure", *European Journal of Social Psychology* 42 (2012): 672–681; Stephen J. Lepore vd., "It's Not That Bad: Social Challenges to Emotional Disclosure Enhance Adjustment to Stress", *Anxiety, Stress, and Coping* 17 (2004): 341–361; Anika Batenburg ve Enny Das, "An Experimental Study on the Effectiveness of Disclosing Stressful Life Events and Support Messages: When Cognitive Reappraisal Support Decreases Emotional Distress, and Emotional Support Is Like Saying Nothing at All", *PLoS One* 9 (2014): e114169; ve Stephanie Tremmel ve Sabine Sonnentag, "A Sorrow Halved? A Daily Diary Study on Talking About Experienced Workplace Incivility and Next-Morning Negative Affect", *Journal of Occupational Health Psychology* 23 (2018): 568–583.

102 **bilişsel bir çerçeveye oturtmak istemediklerini:** Gal Sheppes, "Transcending the 'Good and Bad' and 'Here and Now' in Emotion Regulation: Costs and Benefits of Strategies Across Regulatory Stages", *Advances in Experimental Social Psychology* 61 (2020). Sosyal etkileşimlerde zamanın oynadığı rol hakkında daha fazlası için *bkz.* Rimé, "Emotion Elicits the Social Sharing of Emotion".

102 **derhal öldürülmeyeceklerine ikna olduklarında:** Christopher S. Wren, "2 Give Up After Holding 42 Hostages in a Harlem Bank", *New York Times,* 19 Nisan 1973; Barbara Gelb, "A Cool-Headed Cop Who Saves Hostages", *New York Times,* 17 Nisan 1977; Gregory

M. Vecchi vd., "Crisis (Hostage) Negotiation: Current Strategies
and Issues in High-Risk Conflict Resolution", *Aggression and Violent
Behavior* 10 (2005): 533–551; Gary Noesner, *Stalling for Time* (New
York: Random House, 2010); "Police Negotiation Techniques from
the NYPD Crisis Negotiations Team", Harvard Law School, 11
Kasım 2019, https://www.pon.harvard.edu/daily/crisis-negotiations/
crisis -negotiations-and-negotiation-skills-insights-from-the-new-
york -city-police-department-hostage-negotiations-team/.

104   **destek kaynaklarını çeşitlendiren:** Elaine O. Cheung, Wendi L.
Gardner ve Jason F. Anderson, "Emotionships: Examining People's
Emotion-Regulation Relationships and Their Consequences for
Well-Being", *Social Psychological and Personality Science* 6 (2015):
407–414.

105   **tüm dünyada destek bulan bir sivil toplum hareketi:** It Gets
Better Project, itgetsbetter.org/; "How It All Got Started", https://
itgetsbetter.org/blog/initiatives/how-it-all-got-started/; Brian
Stelter, "Campaign Offers Help to Gay Youths", *New York Times,* 18
Ekim 2010; ve Dan Savage, "Give 'Em Hope", *The Stranger,* 23 Eylül
2010.

106   **psikolojik anlattırma:** McNally, Bryant ve Ehlers, "Does Early
Psychological Intervention Promote Recovery from Posttraumatic
Stress?"; ve van Emmerik vd., "Single Session Debriefing After
Psychological Trauma".

106   **oldukça güçlü bir etki yaratan nörobiyolojik bir deneyimdir:**
Duygudaşlık literatürüne bir bakış için *bkz.* Zaki, *War for Kindness;*
de Waal ve Preston, "Mammalian Empathy" ve Erika Weisz ve Jamil
Zaki, "Motivated Empathy: A Social Neuroscience Perspective",
Current Opinion in Psychology 24 (2018): 67–71.

107   **sadece kendimize olan saygımızın değil:** İlişki bilimciler Eshkol
Rafaeli ve Marci Gleason şu kaynakta sosyal destek literatürüne
keskin bir bakış sunuyorlar: Eshkol Rafaeli ve Marci Gleason,
"Skilled Support Within Intimate Relationships", *Journal of Family
Theory and Review* 1 (2009): 20–37. Ayrıca, gözle görülür desteğin
ters tepebileceği pek çok başka durumu da ayrıntılı bir şekilde ele
alıyorlar. Bunun dikkati stres kaynağına çekebileceğini, kişinin
partnerine karşı kendini daha da borçlu hissetmesine yol açabileceğini
ve destek verilirken (ne kadar iyi niyetli olursa olsun) eleştiri de
yapılırsa düşmanca algılanabileceğini belirtiyorlar.

108   **New York baro sınavlarına:** Niall Bolger, Adam Zuckerman ve
Ronald C. Kessler, "Invisible Support and Adjustment to Stress",

Journal of Personality and Social Psychology 79 (2000): 953–61. Bu sonuçların deneysel kavramsal replikasyonu için *bkz*. Niall Bolger and David Amarel, "Effects of Social Support Visibility on Adjustment to Stress: Experimental Evidence", *Journal of Personality and Social Psychology* 92 (2007): 458–475.

109 **evlilikler üzerine yapılmış bir çalışma:** Yuthika U. Girme vd., "Does Support Need to Be Seen? Daily Invisible Support Promotes Next Relationship Well-Being", *Journal of Family Psychology* 32 (2018): 882–893.

109 **kendilerini geliştirme hedefleri konusunda:** Yuthika U. Girme, Nickola C. Overall ve Jeffry A. Simpson, "When Visibility Matters: Short-Term Versus Long-Term Costs and Benefits of Visible and Invisible Support", *Personality and Social Psychology Bulletin* 39 (2013): 1441–1454.

109 **hangi koşullarda etkili olduğuna:** Katherine S. Zee ve Niall Bolger, "Visible and Invisible Social Support: How, Why, and When", *Current Directions in Psychological Science* 28 (2019): 314–320. *Ayrıca bkz*. Katherine S. Zee vd., "Motivation Moderates the Effects of Social Support Visibility", *Journal of Personality and Social Psychology* 114 (2018): 735–765.

109 **sevecen bir şekilde bize dokunmaları:** Brittany K. Jakubiak ve Brooke C. Feeney, "Affectionate Touch to Promote Relational, Psychological, and Physical Well-Being in Adulthood: A Theoretical Model and Review of the Research", *Personality and Social Psychology Review* 21 (2016): 228–252.

110 **bir saniye boyunca dokunmanın:** Sander L. Koole, Mandy Tjew A. Sin ve Iris K. Schneider, "Embodied Terror Management: Interpersonal Touch Alleviates Existential Concerns Among Individuals with Low Self-Esteem", *Psychological Science* 25 (2014): 30–37.

110 **oyuncak ayı:** Ibid.; ve Kenneth Tai, Xue Zheng ve Jayanth Narayanan, "Touching a Teddy Bear Mitigates Negative Effects of Social Exclusion to Increase Prosocial Behavior", *Social Psychological and Personality Science* 2 (2011): 618–626.

110 **benzer şekilde kodlaması:** Francis McGlone, Johan Wessberg ve Hakan Olausson, "Discriminative and Affective Touch: Sensing and Feeling", *Neuron* 82 (2014): 737–751. C tipi sinir liflerinin sosyal destekte oynadığı rol için *bkz*. Jakubiak ve Feeney, "Affectionate Touch to Promote Relational, Psychological, and Physical Well-Being in Adulthood."

110   **sosyal organımız:** India Morrison, Line S. Loken ve Hakan
Olausson, "The Skin as a Social Organ", *Experimental Brain Research*
204 (2009): 305–314.

111   **sosyal medya üzerinden birlikte ruminasyonun:** David S. Lee vd.,
"When Chatting About Negative Experiences Helps—and When It
Hurts: Distinguishing Adaptive Versus Maladaptive Social Support
in Computer-Mediated Communication", *Emotion* 20 (2020):
368–375. Sosyal paylaşma süreçlerinin genel olarak sosyal medya
etkileşimlerine yayıldığına işaret eden kanıtlar için *bkz.* Mina Choi ve
Catalina L. Toma, "Social Sharing Through Interpersonal Media".

Bölüm 6

113   **1963'te:** Erik Gellman, Robert Taylor Homes, Chicago Historical
Society, http://www.encyclopedia.chicagohistory.org/pages/2478.
html.

113   **Robert Taylor Homes:** Aaron Modica, "Robert R. Taylor
Homes, Chicago, Illinois (1959–2005)", BlackPast, 19 Aralık 2009,
blackpast.org/aah/robert-taylor-homes-chicago-illinois-1959-2005;
D. Bradford Hunt, "What Went Wrong with Public Housing in
Chicago? A History of the Robert Taylor Homes", *Journal of the
Illinois State Historical Society* 94 (2001): 96–123; Hodding Carter,
Crisis on Federal Street, PBS (1987).

114   **Ming Kuo'nun:** Frances E. Kuo, "Coping with Poverty: Impacts
of Environment and Attention in the Inner City", *Environment and
Behavior* 33 (2001): 5–34.

114   **Roger Ulrich:** Roger S. Ulrich, "View Through a Window May
Influence Recovery from Surgery", *Science* 224 (1984): 420–421.

116   **yeşilin faydasına dair çok şey öğrendik:** Doğaya maruz kalma ile
sağlık arasındaki ilişkiye dair güncel bulgulara bakış için *bkz.* Gregory
N. Bratman vd., "Nature and Mental Health: An Ecosystem Service
Perspective", *Science Advances* 5 (2019): eaax0903; Roly Russell vd.,
"Humans and Nature: How Knowing and Experiencing Nature
Affect Well-Being", *Annual Review of Environmental Resources* 38
(2013): 473–502; Ethan A. McMahan ve David Estes, "The Effect of
Contact with Natural Environments on Positive and Negative Affect:
A Meta-analysis", *Journal of Positive Psychology* 10 (2015): 507–519; ve
Terry Hartig vd., "Nature and Health", *Annual Review of Public Health*
35 (2014): 207–228.

116 **İngiltere'de on binden fazla kişi üzerinde:** Mathew P. White vd., "Would You Be Happier Living in a Greener Urban Area? A Fixed-Effects Analysis of Panel Data", *Psychological Science* 24 (2013): 920–928.

116 **yedi yaş daha genç olmalarıyla:** Omid Kardan vd., "Neighborhood Greenspace and Health in a Large Urban Center", *Scientific Reports* 5 (2015): 11610.

116 **emeklilik yaşının altındaki tüm nüfus:** Richard Mitchell ve Frank Popham, "Effect of Exposure to Natural Environment on Health Inequalities: An Observational Population Study", *Lancet* 372 (2008): 1655–1660. *Ayrıca bkz.* David Rojas-Rueda vd., "Green Spaces and Mortality: A Systematic Review and Meta-analysis of Cohort Studies", *Lancet Planet Health* 3 (2019): 469–477.

117 **Stephen ve Rachel Kaplan:** Rachel Kaplan ve Stephen Kaplan, *The Experience of Nature: A Psychological Perspective* (New York: Cambridge University Press, 1989). Ayrıca Kaplan'ların hikayesini anlatırken şu makaleden faydalandım: Rebecca A. Clay, "Green Is Good for You", *Monitor on Psychology* 32 (2001): 40.

117 **William James'in:** William James, *Psychology: The Briefer Course* (New York: Holt, 1892).

118 **beynimizin kısıtlı kaynakları:** Doğa ve dikkat yenilenmesi bağlamında istemli ve istemsiz dikkat arasındaki ayrımın kusursuz bir şekilde ele alındığı bir kaynak için *bkz.* Stephen Kaplan ve Marc G. Berman, "Directed Attention as a Common Resource for Executive Functioning and Self-Regulation", *Perspectives on Psychological Science* 5 (2010): 43–57. *Ayrıca bkz.* Timothy J. Buschman ve Earl K. Miller, "Top-Down Versus BottomUp Control of Attention in the Prefrontal and Posterior Parietal Cortices", *Science* 315 (2007): 1860–1862.

118 **Bugün artık bir klasik olarak kabul edilen bir çalışma:** Marc G. Berman, John Jonides ve Stephen Kaplan, "The Cognitive Benefits of Interacting with Nature", *Psychological Science* 19 (2008): 1207–1212. *Ayrıca bkz* Terry Hartig vd., "Tracking Restoration in Natural and Urban Field Settings", *Journal of Environmental Psychology* 23 (2003): 109–123.

119 **klinik depresyon tanısı konmuş katılımcılarla:** Marc G. Berman vd., "Interacting with Nature Improves Cognition and Affect for Individuals with Depression", *Journal of Affective Disorders* 140 (2012): 300–305.

119   **uydu görüntülerinin kullanıldığı bir çalışmada:** Kristine
Engemann vd., "Residential Green Space in Childhood Is Associated
with Lower Risk of Psychiatric Disorders from Adolescence into
Adulthood", *Proceedings of the National Academy of Sciences of the United
States of America* 116 (2019): 5188–5193. *Ayrıca bkz.* White vd.,
"Would You Be Happier Living in a Greener Urban Area?"

120   **Kaliforniya, Palo Alto'daki:** Gregory N. Bratman vd., "Nature
Experience Reduces Rumination and Subgenual Prefrontal Cortex
Activation", *Proceedings of the National Academy of Sciences of the United
States of America* 112 (2015): 8567–8572. Davranışsal düzeyde bir
kavramsal replikasyon için *bkz.* Gregory N. Bratman vd., "The
Benefits of Nature Experience: Improved Affect and Cognition",
Landscape and Urban Planning 138 (2015): 41–50. Bu çalışmada şehirde
yürüyüşün aksine, doğada yürüyüşle yinelenen olumsuz düşünce
ve kaygı düzeyinde azalma, olumlu etki ve işleyen bellek işlevleri
arasında ilişki bulunuyor.

120   **Şehirde doğmuş ve büyümüş biri olarak:** Doğanın bilişsel ve
duygusal açıdan iyileştirici etkileri üzerine bu türden bulgular birçok
insanda doğal olarak bir miktar şüphe uyandırıyor. Nitekim akıllıca
tasarlanmış bir araştırma dizisi, yeşil alanlarla etkileşimde olmanın,
insanların duygu durumları üzerindeki olumlu etkisini şaşmaz bir
biçimde azımsadığını gösteriyor. Elizabeth K. Nisbet ve John M.
Zelenski, "Underestimating Nearby Nature: Affective Forecasting
Errors Obscure the Happy Path to Sustainability", *Psychological Science*
22 (2011): 1101–1106.

120   **dünya nüfusunun yüzde altmış sekizinin:** Birleşmiş Milletler,
Ekonomik ve Sosyal İşler Dairesi, Nüfus Bölümü, *World Urbanization
Prospects: The 2018 Revision* (New York: Birleşmiş Milletler, 2019);
ve Hannah Ritchie ve Max Roser, "Urbanization", *Our World
in Data* (2018, güncelleme 2019), https://ourworldindata.org/
urbanization#migration-to-towns-and-cities-is-very-recent-mostly
-limited-to-the-past-200-years.

121   **sokak görüntülerinden oluşan altışar dakikalık videolar:** Bin
Jiang vd., "A Dose-Response Curve Describing the Relationship
Between Urban Tree Cover Density and Self-Reported Stress
Recovery", *Environment and Behavior* 48 (2016): 607–629. *Ayrıca bkz.*
Daniel K. Brown, Jo L. Barton ve Valerie F. Gladwell, "Viewing
Nature Scenes Positively Affects Recovery of Autonomic Function
Following Acute-Mental Stress", *Environmental Science and Technology*
47 (2013): 5562–5569; Berman, Jonides ve Kaplan, "Cognitive

Benefits of Interacting with Nature"; McMahan ve Estes, "Effect of Contact with Natural Environments on Positive and Negative Affect".

122 **dikkat gerektiren görevlerdeki performanslarını artırdığını:** Stephen C. Van Hedger vd., "Of Cricket Chirps and Car Horns: The Effect of Nature Sounds on Cognitive Performance", *Psychonomic Bulletin and Review* 26 (2019): 522–530.

122 **doğaya ne kadar çok maruz kalırsak:** Danielle F. Shanahan vd., "Health Benefits from Nature Experiences Depend on Dose", *Scientific Reports* 6 (2016): 28551. *Ayrıca bkz.* Jiang vd., "Dose-Response Curve Describing the Relationship Between Urban Tree Cover Density and Self-Reported Stress Recovery".

122 **ReTUNE:** ReTUNE (Restoring Through Urban Nature Experience), The University of Chicago, https://appchallenge. uchicago .edu/retune/, erişim 4 Mart 2020. ReTUNE app: https:// retune -56d2e.firebaseapp.com/.

123 **Suzanne Bott:** Suzanne Bott, Ethan Kross tarafından yapılan röportaj, 1 Ekim 2008.

124 **"Irak'taki en tehlikeli yer":** Mark Kukis, "The Most Dangerous Place in Iraq", *Time,* 11 Aralık 2006.

125 **psikolog Craig Anderson:** Craig L. Anderson, Maria Monroy ve Dacher Keltner, "Awe in Nature Heals: Evidence from Military Veterans, At-Risk Youth, and College Students", *Emotion* 18 (2018): 1195–1202.

125 **Huşu, açıklamakta zorlandığımız güçlü bir şeyle karşı karşıya kaldığımızda yaşadığımız şaşkınlık ve hayranlık duygusudur:** Jennifer E. Stellar vd., "Self-Transcendent Emotions and Their Social Functions: Compassion, Gratitude, and Awe Bind Us to Others Through Prosociality", *Emotion Review* 9 (2017): 200–207; Paul K. Piff vd., "Awe, the Small Self, and Prosocial Behavior", *Journal of Personality and Social Psychology* 108 (2015): 883–899; ve Michelle N. Shiota, Dacher Keltner ve Amanda Mossman, "The Nature of Awe: Elicitors, Appraisals, and Effects on Self-Concept", *Cognition and Emotion* 21 (2007): 944–963.

125 **Bizde huşu uyandıran deneyimler esnasında beynimizde:** Michiel van Elk vd., "The Neural Correlates of the Awe Experience: Reduced Default Mode Network Activity During Feelings of Awe", *Human Brain Mapping* 40 (2019): 3561–3574.

125   **Meditasyon yapan:** Judson A. Brewer vd., "Meditation Experience Is Associated with Differences in Default Mode Network Activity and Connectivity", *Proceedings of the National Academy of Sciences of the United States of America* 108 (2011): 20254–20259. Huşunun altta yatan beyin işlevleri açısından psikedelik maddelerle nasıl bir ilişkisi olduğu üzerine bilgi için *bkz.* van Elk vd., "The Neural Correlates of the Awe Experience: Reduced Default Mode Network Activity During Feelings of Awe". *Ayrıca bkz.* Robin L. Carhart-Harris vd., "The Entropic Brain: A Theory of Conscious States Informed by Neuroimaging Research with Psychedelic Drugs", *Frontiers in Human Neuroscience* 3 (2014): 20.

125   **böyle bir duygu geliştirdiğimizi:** *Bkz.* Stellar vd., "Self-Transcendent Emotions and Their Social Functions".

127   **dünyanın merkezi olduğu düşüncesini:** Örneğin *bkz.* Yang Bai vd. "Awe, the Diminished Self, and Collective Engagement: Universals and Cultural Variations in the Small Self", *Journal of Personality and Social Psychology* 113 (2017): 185–209.

127   **diğer mesafe koyma teknikleri:** Benzeri bir argüman için *bkz.* Phuong Q. Le vd., "When a Small Self Means Manageable Obstacles: Spontaneous Self-Distancing Predicts Divergent Effects of Awe During a Subsequent Performance Stressor", *Journal of Experimental Social Psychology* 80 (2019): 59–66. Bu çalışma aynı zamanda ilginç bir önermede bulunarak olumsuz deneyimleri üzerine düşünürken kendiliklerinden araya mesafe koymaya meyilli insanlar için stresli bir konuşmayı yapmadan önce huşu deneyimi yaşamanın, kalp damar sisteminin stres yanıtı üzerinde faydalı olabileceğini ileri sürüyor.

127   **düşüncelerinizin sinaptik akışını:** van Elk vd., "Neural Correlates of the Awe Experience."

127   **yeni bir kol saati satın almak:** Melanie Rudd, Kathleen D. Vohs ve Jennifer Aaker, "Awe Expands People's Perception of Time, Alters Decision Making, and Enhances Well-Being", *Psychological Science* 23 (2012): 1130–1136.

127   **vücuttaki inflamasyonun azalması:** Jennifer E. Stellar vd., "Positive Affect and Markers of Inflammation: Discrete Positive Emotions Predict Lower Levels of Inflammatory Cytokines", *Emotion* 15 (2015): 129–133.

127   **bir dizi araştırma:** Jennifer E. Stellar vd., "Awe and Humility", *Journal of Personality and Social Psychology* 114 (2018): 258–269.

127   **bilgeliğin belli başlı özellikleri:** Grossmann ve Kross, "Exploring Solomon's Paradox."

127 **dikkatli olmamız gereken bir nokta:** Amie Gordon vd., "The Dark Side of the Sublime: Distinguishing a Threat-Based Variant of Awe", *Journal of Personality and Social Psychology* 113 (2016): 310–328.

129 **Bir tenis maçında en büyük mücadeleyi:** Rafael Nadal, *Rafa: My Story,* John Carlin ile birlikte (New York: Hachette Books, 2013); Chris Chase, "The Definitive Guide to Rafael Nadal's 19 Bizarre Tennis Rituals", *USA Today,* 5 Haziran 2019.

129 **telafi edici kontrol:** Mark J. Landau, Aaron C. Kay ve Jennifer A. Whitson, "Compensatory Control and the Appeal of a Structured World", *Psychological Bulletin* 141 (2015): 694–722.

129 **kendimi maçın içine yerleştirmek:** Nadal, *Rafa.*

130 **tüm dünyada bu denli tanınmasının:** Maria Kondo, *The Life-Changing Magic of Tidying Up: The Japanese Art of Decluttering and Organizing* (Berkeley, CA: Ten Speed Press, 2014).

130 *kontrol algısının:* Mark Landau, Aaron Kay ve Jennifer Whitson'ın "Compensatory Control and the Appeal of a Structured World", çalışmasında ustaca ortaya koydukları gibi, bu konu geçtiğimiz altmış yıl içinde çok sayıda araştırmanın odak noktası olmuş ve çok farklı açılardan ele alınmıştır.

130 **hedeflerimize ulaşmaya çalışıp çalışmayacağımızı:** Albert Bandura, *Social Foundations of Thought and Action: A Social Cognitive Theory* (Englewood Cliffs, NJ: Prentice-Hall, 1986); ve Bandura, *Self-Efficacy: The Exercise of Control* (New York: Freeman, 1997).

130 **fiziksel sağlıklarının ve duygu durumlarının daha iyi olması:** *Bkz.* Landau, Kay ve Whitson, "Compensatory Control and the Appeal of a Structured World"; D. H. Shapiro, Jr., C. E. Schwartz ve J. A. Astin, "Controlling Ourselves, Controlling Our World: Psychology's Role in Understanding Positive and Negative Consequences of Seeking and Gaining Control", *The American Psychologist* 51 (1996): 1213–1230; ve Bandura, *Self-Efficacy: The Exercise of Control. Ayrıca bkz.* Richard M. Ryan ve Edward L. Deci, "Self-Determination Theory and the Facilitation of Intrinsic Motivation, Social Development, and Well-Being", *American Psychologist* 55 (2000): 68–78.

130 **okulda ve işte daha iyi performans göstermeleri:** Michelle Richardson, Charles Abraham ve Rod Bond, "Psychological Correlates of University Students' Academic Performance: A Systematic Review and Meta-analysis", *Psychological Bulletin* 138 (2012): 353–387; Michael Schneider ve Franzis Preckel, "Variables

Associated with Achievement in Higher Education: A Systematic Review of Meta-analyses", *Psychological Bulletin* 143 (2017): 565–600; Alexander D. Stajkovic ve Fred Luthans, "Self-Efficacy and Work-Related Performance: A Meta-analysis", *Psychological Bulletin* 124 (1998): 240–261.

130   **kişilerarası ilişkilerinde daha çok tatmin duymaları:** Toni L. Bisconti ve C. S. Bergeman, "Perceived Social Control as a Mediator of the Relationships Among Social Support, Psychological Well-Being, and Perceived Health", *Gerontologist* 39 (1999): 94–103; Tanya S. Martini, Joan E. Grusec ve Silvia C. Bernardini, "Effects of Interpersonal Control, Perspective Taking, and Attributions on Older Mothers' and Adult Daughters' Satisfaction with Their Helping Relationships", *Journal of Family Psychology* 15 (2004): 688–705.

130   **dırdırcı iç sesin aniden yükselmesine sebep olur:** *Bkz.* Nolen-Hoeksema, Wisco ve Lyubomirsky, "Rethinking Rumination."

130   **dizginleri yeniden ele almak:** İnsanların kontrolü elde tutma duygusu yaşamak için sıklıkla başvurdukları bir başka kaynak da hem pratikte hem de spiritüel düzeyde düzen, yapı ve organizasyon sağlayan dindir. Aaron C. Kay vd., "God and the Government: Testing a Compensatory Control Mechanism for the Support of External Systems", *Journal of Personality and Social Psychology* 95 (2008): 18–35. *Ayrıca bkz.* Landau, Kay ve Whitson, "Compensatory Control and the Appeal of a Structured World."

131   **yolumuzu bulmak ve başımıza neler geleceğini tahmin etmek:** Landau, Kay ve Whitson, "Compensatory Control and the Appeal of a Structured World."

131   **hayali örüntüler:** Jennifer A. Whitson ve Adam D. Galinsky, "Lacking Control Increases Illusory Pattern Perception", *Science* 322 (2008): 115–117.

131   **görsel bir düzen işareti olan siyah çerçeveli kartpostaldan:** Keisha M. Cutright, "The Beauty of Boundaries: When and Why We Seek Structure in Consumption", *Journal of Consumer Research* 38 (2012): 775–790. *Ayrıca bkz.* Samantha J. Heintzelman, Jason Trent ve Laura A. King, "Encounters with Objective Coherence and the Experience of Meaning in Life", *Psychological Science* 24 (2013): 991–998.

131   **bir metni okumanın:** Alexa M. Tullett, Aaron C. Kay ve Michael Inzlicht, "Randomness Increases Self-Reported Anxiety and Neurophysiological Correlates of Performance Monitoring", *Social Cognitive and Affective Neuroscience* 10 (2015): 628–635.

132 **çevrelerinde algıladıkları:** Catherine E. Ross, "Neighborhood Disadvantage and Adult Depression", *Journal of Health and Social Behavior* 41 (2000): 177–187.

132 **bir grup insanı:** Obsesif kompulsif bozukluk tanısı alan herkes etrafını düzene sokma ihtiyacı duymaz: Miguel Fullana, "Obsessions and Compulsions in the Community: Prevalence, Interference, Help-Seeking, Developmental Stability, and Co-occurring Psychiatric Conditions", *American Journal of Psychiatry* 166 (2009): 329–336.

132 **her an yüzlercesi ortaya atılan komplo teorilerine:** *Bkz.* Landau, Kay ve Whitson, "Compensatory Control and the Appeal of a Structured World".

Bölüm 7

135 **Franz Anton Mesmer:** Mesmer'in hikâyesini anlatırken şu kaynaklardan faydalandım: George J. Makari, "Franz Anton Mesmer and the Case of the Blind Pianist", *Hospital and Community Psychiatry* 45 (1994): 106- 110; Derek Forrest, "Mesmer", *International Journal of Clinical and Experimental Hypnosis* 50 (2001): 295–308; Douglas J. Lanska ve Joseph T. Lanska, "Franz Anton Mesmer and the Rise and Fall of Animal Magnetism: Dramatic Cures, Controversy, and Ultimately a Triumph for the Scientific Method", *Brain, Mind, and Medicine: Essays in Eighteenth-Century Neuroscience* içinde, ed. Harry Whitaker (New York: Springer, 2007), 301–320; Sadie F. Dingfelder, "The First Modern Psychology Study: Or How Benjamin Franklin Unmasked a Fraud and Demonstrated the Power of the Mind", *Monitor on Psychology* 41 (2010), www.apa.org/monitor/2010/07-08/franklin; ve David A. Gallo ve Stanley Finger, "The Power of a Musical Instrument: Franklin, the Mozarts, Mesmer, and the Glass Armonica", *History of Psychology* 3 (2000): 326–343.

138 **meseleyi yakalamıştı:** Benjamin Franklin, *Report of Dr. Benjamin Franklin, and Other Commissioners, Charged by the King of France, with the Examination of Animal Magnetism, as Now Practiced at Paris* (Londra: J. Johnson için baskı, 1785).

138 **yirminci yüzyılın ortalarında:** Bu büyük atılımı 1955 yılında "The Powerful Placebo" başlıklı bir makale yayınlayan Henry Beecher adlı bir anestezi uzmanına borçluyuz: Henry Beecher, "The Powerful Placebo", *Journal of the American Medical Association* 159 (1955): 1602–1606.

139   **kadim insan geleneği:** *Encyclopaedia Britannica* editörleri, "Amulet", *Encyclopaedia Britannica*.

139   **efsanevi mühr ünde:** Joseph Jacobs ve M. Seligsohn, "Solomon, Seal of", *Jewish Encyclopedia*, www.jewishencyclopedia.com/articles/13843 -solomon-seal-of.

139   **uğur getirdiğine:** Mukti J. Campion, "How the World Loved the Swastika—Until Hitler Stole It", *BBC News,* Oct. 23, 2014, www. bbc.com/news/magazine-29644591.

139   **endişe bebekleri:** Charles E. Schaefer ve Donna Cangelosi, *Essential Play Therapy Techniques: Time-Tested Approaches* (New York: The Guilford Press, 2016).

139   **Heidi Klum:** Dan Snierson, "Heidi Klum Reveals Victoria's Secret", *Entertainment Weekly,* 21 Kasım, 2003.

139   **Michael Jordan:** NBA.com Staff, "Legends Profile: Michael Jordan", NBA, www.nba.com/history/legends/profiles/ michael-jordan.

139   **kristallerin iyileştirici gücü büyük bir sektöre:** Rina Raphael, "Is There a Crystal Bubble? Inside the Billion-Dollar 'Healing' Gemstone Industry", *Fast Company,* 5 Mayıs 2017.

139   **gayet rasyonel:** Rasyonel bireylerin batıl inançları nasıl benimsediğini açıklayan psikolojik jimnastiğin kusursuz bir biçimde ele alındığı bir kaynak için *bkz.* Jane Risen, "Believing What We Do Not Believe: Acquiescence to Superstitious Beliefs and Other Powerful Intuitions", *Psychological Review* 123 (2016): 182–207.

139   **Birbiri ardına yapılan araştırmalar:** Yoni K. Ashar, Luke J. Chang ve Tor D. Wager, "Brain Mechanisms of the Placebo Effect: An Affective Appraisal Account", *Annual Review of Clinical Psychology* 13 (2017): 73–98; Ted J. Kaptchuk ve Franklin G. Miller, "Placebo Effects in Medicine", *New England Journal of Medicine* 373 (2015): 8–9; ve Tor D. Wager ve Lauren Y. Atlas, "The Neuroscience of Placebo Effects: Connecting Context, Learning and Health", *Nature Reviews Neuroscience* 16 (2015): 403–418.

139   **huzursuz bağırsak sendromundan (IBS) mustarip kişiler:** Ted J. Kaptchuk vd., "Components of Placebo Effect: Randomized Controlled Trial in Patients with Irritable Bowel Syndrome", *British Medical Journal* 336 (2008): 999–1003.

139   **migren hastaları:** Karin Meissner vd., "Differential Effectiveness of Placebo Treatments: A Systematic Review of Migraine Prophylaxis", *JAMA Internal Medicine* 173 (2013): 1941–1951.

139   **solunum güçlüğü semptomları hafifliyor:** Michael E. Wechsler
vd., "Active Albuterol or Placebo, Sham Acupuncture, or No
Intervention in Asthma", *New England Journal of Medicine* 365 (2011):
119–126.

139   **hastadan hastaya ve hastalıktan hastalığa büyük oranda
değişiklik gösterse de:** Örnekler için *bkz.* Andrew L. Geers vd.,
"Dispositional Optimism Predicts Placebo Analgesia", *The Journal
of Pain* 11 (2010): 1165–1171; Marta Pecina vd., "Personality Trait
Predictors of Placebo Analgesia and Neurobiological Correlates",
Neuropsychopharmacology 38 (2013): 639–646.

140   **büyük umut vaat eden yeni bir kimyasal tedavi enjekte ettiler:**
C. Warren Olanow vd., "Gene Delivery of Neurturin to Putamen
and Substantia Nigra in Parkinson Disease: A Double-Blind,
Randomized, Controlled Trial", *Annals of Neurology* 78 (2015):
248–257. Plaseboların Parkinson hastalığında faydaları üzerine daha
fazla bilgi için *bkz.* Raul de la Fuente-Fernandez vd., "Expectation
and Dopamine Release: Mechanism of the Placebo Effect in
Parkinson's Disease", *Science* 293 (2001): 1164–1166; Christopher
G. Goetz, "Placebo Response in Parkinson's Disease: Comparisons
Among 11 Trials Covering Medical and Surgical Interventions",
Movement Disorders 23 (2008): 690–699; American Parkinson Disease
Association, "The Placebo Effect in Clinical Trials in Parkinson's
Disease", March, 6, 2017, www.apda parkinson.org/article/the-
placebo-effect-in-clinical-trials-in -parkinsons-disease/.

141   **Katılımcılar bu safhayı tamamlayınca:** Leonie Koban vd.,
"Frontal-Brainstem Pathways Mediating Placebo Effects on Social
Rejection", *Journal of Neuroscience* 37 (2017): 3621–3631.

142   **dırdırcı iç ses konusunda doğrudan yardımı olabileceğini:**
Plaseboların duygusal yoldan etki güçlendirici yönü, tam tersine de
işliyor. Nosebo etkisi adı verilen bu olguda, bir maddenin zararlı
olduğuna inanmanın bazı durumlarda zararlı etki yaratabildiği
görülmüş. Paul Enck, Fabrizio Benedetti ve Manfred Schedlowski,
"New Insights into the Placebo and Nocebo Responses", *Neuron* 59
(2008): 195–206.

142   **klinik depresyon ve kaygı:** *Bkz.* Ashar, Chang ve Wager, "Brain
Mechanisms of the Placebo Effect".

142   **aylarca sürdüğünü:** Arif Khan, Nick Redding ve Walter A. Brown,
"The Persistence of the Placebo Response in Antidepressant Clinical
Trials", *Journal of Psychiatric Research* 42 (2008): 791–796.

142   **Tig Notaro:** Stuart Heritage, "Tig Notaro and Her Jaw-Dropping
Cancer Standup Routine", *Guardian,* 19 Ekim 2012; Andrew
Marantz, "Good Evening. Hello. I Have Cancer", *New Yorker,* 5 Ekim
2012; Vanessa Grigoriadis, "Survival of the Funniest", *Vanity Fair,* 18
Aralık 2012; and Tig Notaro, *Live,* 2012.

144   **bir tahmin makinesidir:** Andy Clark, "Whatever Next? Predictive
Brains, Situated Agents, and the Future of Cognitive Science",
Behavioral and Brain Sciences 36 (2013): 181–204.

144   **Vücudumuzun içindeki deneyimlerimizde de geçerlidir:** Irving
Kirsch, "Response Expectancy and the Placebo Effect", *International
Review of Neurobiology* 138 (2018): 81–93; ve Christian Büchel vd.,
"Placebo Analgesia: A Predictive Coding Perspective", *Neuron* 81
(2014): 1223–1239.

144   **inançlarımızı etkilediğini:** Bilinç öncesi ve istemli süreçlerin
plasebo etkilerinde oynadığı rolün kusursuz bir biçimde ele alındığı
kaynaklar için *bkz.* Ashar, Chang ve Wager, "Brain Mechanisms of
the Placebo Effect"; Donald D. Price, Damien G. Finniss ve Fabrizio
Benedetti, "A Comprehensive Review of the Placebo Effect: Recent
Advances and Current Thought", *Annual Review of Psychology* 59
(2008): 565–590; ve Karin Meissner ve Klaus Linde, "Are Blue Pills
Better Than Green? How Treatment Features Modulate Placebo
Effects", *International Review of Neurobiology* 139 (2018): 357–378;
John D. Jennings vd., "Physicians' Attire Influences Patients'
Perceptions in the Urban Outpatient Surgery Setting", *Clinical
Orthopaedics and Related Research* 474 (2016): 1908–1918.

145   **kemirgenlerin ve diğer hayvanların da plasebolara aynı
otomatik kanaldan tepki verdiklerini:** Ashar, Chang ve Wager,
"Brain Mechanisms of the Placebo Effect". *Ayrıca bkz.* R. J.
Herrnstein, "Placebo Effect in the Rat", *Science* 138 (1962): 677–678;
ve Jian-You Gou vd., "Placebo Analgesia Affects the Behavioral
Despair Tests and Hormonal Secretions in Mice", *Psychopharmacology*
217 (2011): 83–90; ve K. R. Munana, D. Zhang ve E. E. Patterson,
"Placebo Effect in Canine Epilepsy Trials", *Journal of Veterinary
Medicine* 24 (2010): 166–170.

145   **beyindeki ve omurilikteki:** Tor D. Wager ve Lauren Y. Atlas, "The
Neuroscience of Placebo Effects."

145   **beyindeki zevk devresindeki:** Hilke Plassmann vd., "Marketing
Actions Can Modulate Neural Representations of Experienced
Pleasantness", *Proceedings of the National Academy of Sciences* 105 (2008):
1050–1054.

146   **açlık hormonu olan grelin:** Alia J. Crum vd., "Mind over
Milkshakes: Mindsets, Not Just Nutrients, Determine Ghrelin
Response", *Health Psychology* 30 (2011): 424–429.

146   **psikolojik etkilerinin (örneğin, dırdırcı iç ses üzerindeki
etkileri) fiziksel etkilerinden daha güçlü olmaya yatkın
olduklarını biliyoruz:** Ashar, Chang ve Wager, "Brain Mechanisms
of the Placebo Effect".

146   **faydalarını artırdığına:** Slavenka Kam-Hansen vd., "Altered
Placebo and Drug Labeling Changes the Outcome of Episodic
Migraine Attacks", *Science Translational Medicine* 6 (2014): 218ra5.

146   **oldukça etkili bir ikna yoludur:** Klasik bir referans kaynağı için
bkz. Richard E. Petty ve John T. Cacioppo, "The Elaboration
Likelihood Model of Persuasion", *Advances in Experimental Social
Psychology* 19 (1986): 123–205.

147   **Ted Kaptchuk ve Harvard'daki ekibi:** Ted J. Kaptchuk vd.,
"Placebos Without Deception: A Randomized Controlled Trial in
Irritable Bowel Syndrome", *PLoS One* 5 (2010): e15591.

147   **kendi deneyimizi:** Darwin Guevarra vd., "Are They Real? Non-
deceptive Placebos Lead to Robust Declines in a Neural Biomarker of
Emotional Reactivity", *Nature Communications*.

148   **aldatmacasız plasebolarla:** James E. G. Charlesworth vd., "Effects
of Placebos Without Deception Compared with No Treatment:
A Systematic Review and Meta-analysis", *Journal of Evidence-Based
Medicine* 10 (2017): 97–107.

148   **Bronislaw Malinowski'ye:** Raymond W. Firth, "Bronislaw
Malinowski: Polish-Born British Anthropologist", *Encyclopaedia
Britannica,* Şubat 2019; Katharine Fletcher, "Bronislaw Malinowski—
LSE pioneer of Social Anthropology", 13 Haziran 2017, LSE
History, https://blogs.lse.ac.uk/lsehistory/2017/06/13/bronislaw
-malinowski-lse-pioneer-of-social-anthropology/; Michael W.
Young and Bronislaw Malinowski, *Malinowski's Kiriwina: Fieldwork
Photography, 1915–1918* (Chicago: University of Chicago Press,
1998).

149   **betel cevizi:** Cindy Sui ve Anna Lacey, "Asia's Deadly Secret: The
Scourge of the Betel Nut", *BBC News,* https://www.bbc.com/news/
health-3192120; "Bronislaw Malinowski (1884–1942)", *Lapham's
Quarterly,* www.laphamsquarterly.org/contributors/malinowski.

150   **"Tekmemle seni dibe gönderiyorum:** Bronislaw Malinowski,
Argonauts of the Western Pacific: An Account of Native Enterprise and

Adventure in the Archipelagoes of Melanesian New Guinea (Long Grove, IL: Waveland Press, 2010), loc. 5492–5493, Kindle; Bronislaw Malinowski, "Fishing in the Trobriand Islands", *Man* 18 (1918): 87–92; Bronislaw Malinowski, *Man, Science, Religion, and Other Essays* (Boston: Beacon Press, 1948).

150   **tüm insanların psikolojisine:** Kitabın bu bölümünde ritüellerin psikolojisi konusunda şu kusursuz kaynaktan faydalandım: Nicholas M. Hobson vd., "The Psychology of Rituals: An Integrative Review and Process-Based Framework", *Personality and Social Psychology Review* 22 (2018): 260–284.

150   **West Point'te:** "10 Facts: The United States Military Academy at West Point", American Battlefield Trust, www.battlefields.org/learn/articles/10-facts-united-states-military-academy-west-point.

150   **iş dünyasında da:** Samantha McLaren, "A 'No Shoes' Policy and 4 Other Unique Traditions That Make These Company Cultures Stand Out", Linkedin Talent Blog, 12 Kasım 2018, business.linkedin .com/talent-solutions/blog/company-culture/2018/unique-traditions-that-make-these-company-cultures-stand-out.

150   **Wade Boggs:** George Gmelch, "Baseball Magic", *Ritual and Belief* içinde, ed. David Hicks (Plymouth, UK: AltaMira Press, 2010): 253–262; Jay Brennan, "Major League Baseball's Top Superstitions and Rituals", Bleacher Report, 3 Ekim 2017, bleacherreport.com/articles/375113-top-mlb-superstitions-and-rituals ve Matthew Hutson, "The Power of Rituals", *Boston Globe,* 18 Ağustos 2016.

151   **Steve Jobs'ın:** Steve Jobs, Açılış Konuşması, Stanford Üniversitesi, 12 Haziran 2005, *Stanford News,* 14 Haziran 2005.

151   **Michael Norton ve Francesca Gino:** Michael I. Norton ve Francesca Gino, "Rituals Alleviate Grieving for Loved Ones, Lovers, and Lotteries", *Journal of Experimental Psychology: General* 143 (2014): 266–272.

151   **doğal olarak yöneldiklerini:** Martin Lang vd., "Effects of Anxiety on Spontaneous Ritualized Behavior", *Current Biology* 25 (2015): 1892–1897; Giora Keinan, "Effects of Stress and Tolerance of Ambiguity on Magical Thinking", *Journal of Personality and Social Psychology* 67 (1994): 48–55; ve Stanley J. Rachman ve Ray J. Hodgson, *Obsessions and Compulsions* (Upper Saddle River, NJ: Prentice-Hall, 1980).

151   **sürekli ilahi okuyanların:** Richard Sosis ve W. Penn Handwerker, "Psalms and Coping with Uncertainty: Religious Israeli Women's

Responses to the 2006 Lebanon War", *American Anthropologist* 113 (2011): 40–55.

151   **tespih çekerek dua okumak:** Matthew W. Anastasi ve Andrew B. Newberg, "A Preliminary Study of the Acute Effects of Religious Ritual on Anxiety", *Journal of Alternative and Complementary Medicine* 14 (2008): 163–165.

151   **daha az kalori aldıkları:** Allen Ding Tian vd., "Enacting Rituals to Improve Self-Control", *Journal of Personality and Social Psychology* 114 (2018): 851–876.

151   **"Don't Stop Believin"i:** Alison Wood Brooks vd., "Don't Stop Believing: Rituals Improve Performance by Decreasing Anxiety", *Organizational Behavior and Human Decision Processes* 13 (2016): 71–85. Ayrıca ritüelleri yerine getirmenin insanların kaygı yaşadıklarında aktif hale gelen beyin sistemlerindeki aktiviteyi azalttığına işaret eden kanıtlar var. Nicholas M. Hobson, Devin Bonk ve Michael Inzlicht, "Rituals Decrease the Neural Response to Performance Failure", *PeerJ* 5 (2017): e3363.

152   **salt alışkanlıktan ya da rutinden ibaret olmadığını:** Hobson vd., "Psychology of Rituals".

152   **Avustralyalı Olimpiyat yüzücüsü Stephanie Rice'ın:** Gary Morley, "Rice's Rituals: The Golden Girl of Australian Swimming", CNN, June 28, 2012, www.cnn.com/2012/06/28/sport/olympics-2012 -stephanie-rice-australia/index.html.

154   **temizlik alışkanlıklarının da gitgide ritüelleşen bir hal aldığını:** Lang vd., "Effects of Anxiety on Spontaneous Ritualized Behavior".

154   **yaşıtları tarafından dışlanan:** Rachel E. Watson-Jones, Harvey Whitehouse ve Cristine H. Legare, "In-Group Ostracism Increases High-Fidelity Imitation in Early Childhood", *Psychological Science* 27 (2016): 34–42.

154   **arzu ettiğimiz hedeflere:** E. Tory Higgins, "Self-Discrepancy: A Theory Relating Self and Affect", *Psychological Review* 94 (1987): 319–340; ve Charles S. Carver ve Michael F. Scheier, "Control Theory: A Useful Conceptual Framework for Personality-Social, Clinical, and Health Psychology", *Psychological Bulletin* 92 (1982): 111–135. *Ayrıca bkz.* Earl K. Miller ve Jonathan D. Cohen, "An Integrative Theory of Prefrontal Cortex Function", *Annual Review of Neuroscience* 24 (2001): 167–202.

155   **karaoke deneyinde:** Brooks vd., "Don't Stop Believing".

Sonuç

159   **bunu yaparak varlığını sürdürecek şekilde evrimleşmedi:** Bu, meditasyonun ve farkındalık pratiğinin faydasız olduğu anlamına gelmiyor. Bu bölümde ele alınan diğer teknikler gibi bunlar da bazı bağlamlarda faydalı olabilen araçlar. Burada asıl vurgulanmak istenen şu: Sürekli olarak şimdiki zamana odaklanmak faydalı (veya uygulanabilir) değildir çünkü başarılı olmak için çoğu zaman geleceği ve geçmişi de düşünmemiz gerekir.

159   **küçük dozlarda yaşamak faydalıdır:** Dacher Keltner ve James J. Gross, "Functional Accounts of Emotions", *Cognition and Emotion* 13 (1999): 467–480; ve Randolph M. Nesse, "Evolutionary Explanations of Emotions", *Human Nature* 1 (1989): 261–289.

159   **acı duymalarını imkânsız kılan:** U.S. National Library of Medicine, "Congenital Insensitivity to Pain", National Institutes of Health, 10 Aralık 2019, ghr.nlm.nih.gov/condition/congenital-insensitivity -to-pain#genes.

161   **ortaokul ve lise müfredatında yer alabilecek bir derse:** Bu proje için hazırlanan müfredat büyük ölçüde öğrencilere *Geveze*'de ele alınan stratejileri ve deneylerle etkinliği kanıtlanmış başka araçları kullanarak duygularını kontrol etmeyi öğretmeye odaklanıyor.

162   **Pilot çalışmada:** Bu çalışma 2019 kışında ABD'nin kuzeydoğusundaki bir lisede gerçekleştirildi. Öğrenciler rastgele bir şekilde alet kutusu müfredatına veya öğrencilere öğrenmenin bilimini öğreten "kontrol" müfredatına alındılar. Müfredatlar bilim insanları (Angela Duckworth, Daniel Willingham, John Jonides, Ariana Orvell, Benjamin Katz ve ben) ve öğretmenler (Rhiannon Killian ve Keith Desrosiers) tarafından ortak bir çalışmayla hazırlandı.

164   **farklı durumlarda:** Farklı duygu yönetim stratejilerini kullanırken esnek olmanın önemi üzerine *bkz.* Cecilia Cheng, "Cognitive and Motivational Processes Underlying Coping Flexibility: A Dual-Process Model", *Journal of Personal and Social Psychology* 84 (2003): 425–438; ve George A. Bonanno ve Charles L. Burton, "Regulatory Flexibility: An Individual Differences Perspective on Coping and Emotion Regulation", *Perspectives on Psychological Science* 8 (2013): 591–612.

164   **birbirlerinin yerine nasıl kullanılabileceklerini:** James J. Gross, "Emotion Regulation: Current Status and Future Prospects", *Psychological Inquiry* 26 (2015): 1–26; Ethan Kross, "Emotion

Regulation Growth Points: Three More to Consider", *Psychological Inquiry* 26 (2015): 69–71.

Dizin